Antike Amerika

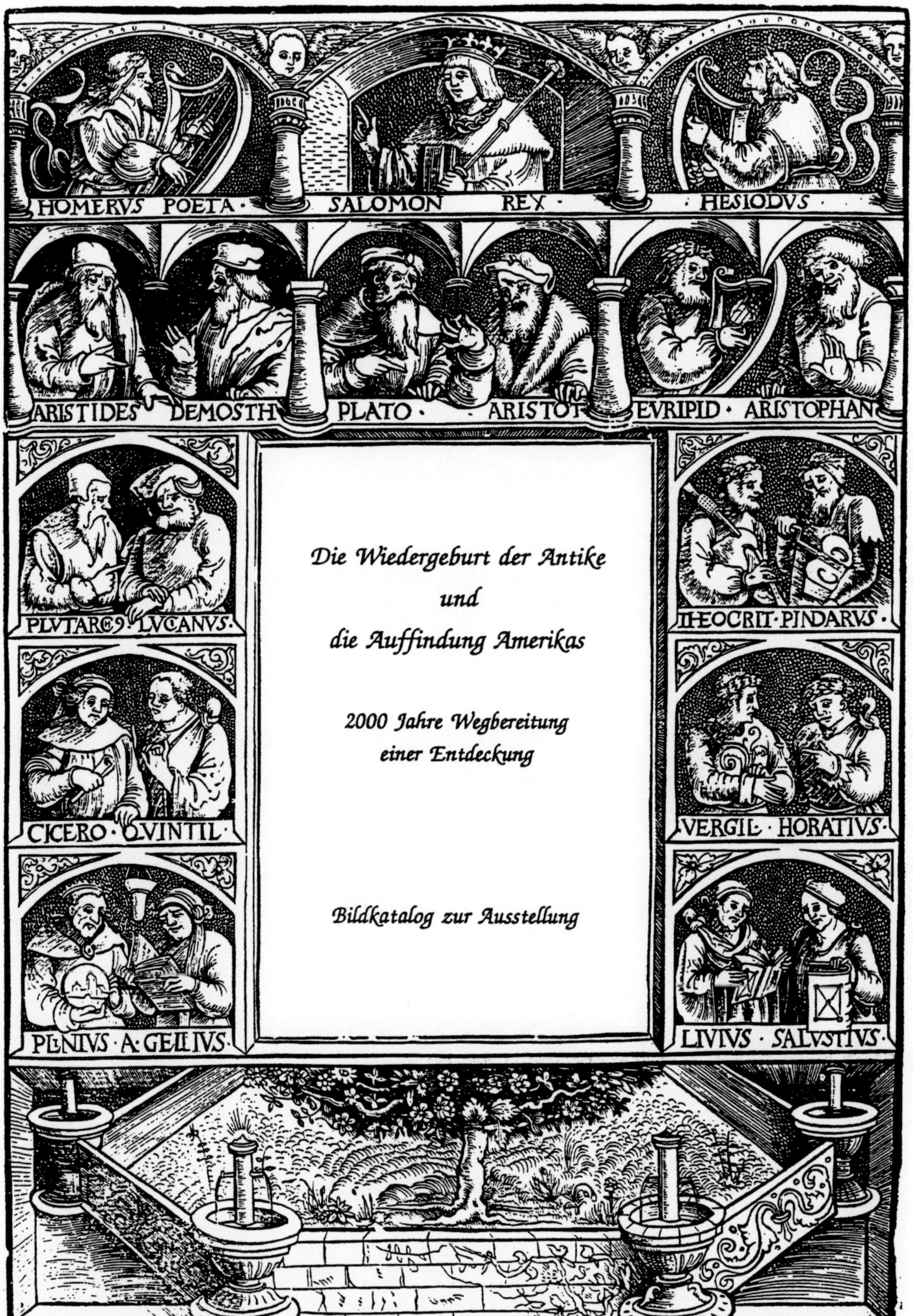

Die Wiedergeburt der Antike
und
die Auffindung Amerikas

2000 Jahre Wegbereitung
einer Entdeckung

Bildkatalog zur Ausstellung

Ausstellung in der Staats- und Universitätsbibliothek Hamburg - Carl von Ossietzky - vom 15.12.1992 bis 2.2.1993

Ausstellung und Katalog: Dieter Harlfinger
Unter Mitwirkung von: Christian Brockmann, Carl Wolfram Brunschön, Ilse Tsagris
Mit Beiträgen von: Ángel Escobar, Peter Thiermann, Koen Vanhaegendoren, Beate Zielke

Leihgeber: Basel, Öffentliche Bibliothek der Universität
Berlin, Freie Universität, Seminar für Klassische Philologie
Berlin, Freie Universität, Universitätsbibliothek
Bielefeld, Kunstgewerbesammlung der Stadt Bielefeld, Stiftung Huelsmann
Bremen, Staats- und Universitätsbibliothek
Düsseldorf, Verlag Bibliotheca Rara
Frankfurt, Johann Wolfgang Goethe-Universität, Institut für Geschichte der Arabisch-Islamischen Wissenschaften
Hamburg, Commerzbibliothek
Hamburg, Museum für Kunst und Gewerbe
Hannover, Niedersächsisches Hauptstaatsarchiv
Kiel, Universitätsbibliothek
München, Bayerische Staatsbibliothek
Rostock, Universitätsbibliothek
Stuttgart, Schuler-Verlag
Tübingen, Universitätsbibliothek
Wolfenbüttel, Herzog August Bibliothek
Zürich, Belser-Verlag

Die Deutsche Bibliothek - CIP-Einheitsaufnahme

Die **Wiedergeburt der Antike und die Auffindung Amerikas**: 2000 Jahre Wegbereitung einer Entdeckung; Bildkatalog zur Ausstellung; [Ausstellung in der Staats- und Universitätsbibliothek Hamburg - Carl von Ossietzky - vom 15.12.1992 bis 2.2.1993]/[Ausstellung und Katalog: Dieter Harlfinger. Unter Mitw. von: Christian Brockmann ...]. - Wiesbaden: Reichert, 1992
ISBN 3-88226-564-7
NE: Harlfinger, Dieter; Staats- und Universitätsbibliothek Hamburg Carl von Ossietzky

Außenumschlag: Unter Verwendung von Nr. 30
Titelblatt: Unter Verwendung des von Urs Graf geschaffenen Titelschmucks der Ausgabe *Erasmus, Proverbiorum Chiliades*, Basel (Ioannes Frobenius) 1515 (vgl. Hieronymus, Nr. 151)

Druck: Druck & Kopie, Grindelallee 53, 2000 Hamburg 13

In Kommission bei: Dr. Ludwig Reichert Verlag, Wiesbaden

Inhalt

VII Vorbemerkung

1 Homer

10 Anaximander

12 Hekataios und Herodot

16 Pythagoras oder Parmenides

19 Aristophanes

22 Platon

31 Aristoteles

44 Eratosthenes

58 Ptolemaios

72 Tabula Peutingeriana

73 Die Ambivalenz der Seefahrt in der Antike

81 Zur Tradition des griechischen Weltbildes im römischen Reich und in der Spätantike

98 Im Mittelalter

110 Griechisch-byzantinische Spezimina

117 Jüngste Wegbereiter und Instrumente

133 Aus der Bibliothek des Columbus

138 Nach der Auffindung der Neuen Welt

146 Die Taufe Amerikas

153 Literaturverzeichnis

157 Index

Vorbemerkung

Die zahlreichen nationalen und internationalen Veranstaltungen und Publikationen anläßlich der sich 1992 zum 500. Mal jährenden Westfahrt des Columbus sind in erster Linie den Ereignissen selbst und ihren Folgen gewidmet: Begegnung zweier Welten, Ausstrahlung der Neuen Welt auf Europa, Veränderungen tiefgreifender Art in Süd- und Nordamerika usw.

Der Ausstellung in der Staats- und Universitätsbibliothek Hamburg geht es vor allem um die wissenschaftshistorischen Voraussetzungen der Entdeckung oder richtiger der Auffindung Amerikas:

- Schon im 6. Jahrhundert v.Chr. hat man in Milet versucht, die Erde kartographisch darzustellen.

- Die Kugelgestalt der Erde hatten griechische Naturforscher und Philosophen spätestens um 500 v.Chr., d.h. 2.000 Jahre vor Columbus, erkannt und bewiesen.

- Den Erdumfang hatte Eratosthenes (3. Jahrhundert v.Chr.) in Alexandreia erstaunlich genau auf knapp unter 40.000 km berechnet.

- Der Atlantische Ozean galt der Antike als im Westen durch Spanien, im Osten durch Indien begrenzt.

- Die Möglichkeit einer Westfahrt nach Indien hatten Seneca und andere Autoren diskutiert.

- Die Eratosthenische Berechnung des Erdumfangs ließ davor zurückschrekken, der viel zu geringe Ansatz anderer Gewährsleute, vor allem des Ptolemaios (2. Jahrhundert n.Chr.), hat ermutigen können.

- Spätestens seit der Atlantis-Erzählung Platons lebt die Vorstellung von Inseln, ja Kontinenten jenseits der Säulen des Herakles (Gibraltar).

- Die Existenz von Erdteilen und Menschen außerhalb der bekannten Oikumene wird seit der Antike diskutiert.

Diese Erkenntnisse und Vorstellungen der Antike, vor allem der griechischen, wurden - wie die antike Kunst und Literatur überhaupt - im 15. Jahrhundert "wiedergeboren". Dieser Renaissance zu Beginn der Neuzeit waren andere Wiederhinwendungen zur Antike vorangegangen (im byzantinischen Reich besonders im 9./10. und im 13./14. Jahrhundert), ohne welche die relevanten Texte gar nicht in die Hände der Humanisten gelangt wären.

Die Hamburger Ausstellung will einerseits als Schwerpunkt die erwähnten Aspekte beleuchten, andererseits auch einen Blick werfen lassen auf das mythische Weltbild wie auch auf spätantike und mittelalterliche Vorstellungen; das Entdeckungszeitalter selbst darf natürlich nicht außer acht bleiben.

Es sind vor allem Handschriften, Alte Drucke und Karten, die im Original oder als Nachbildung vorgestellt werden. Einige wenige Instrumente kommen hinzu, ohne daß der philologische Aussteller eigene Kompetenz für diese Wahl beanspruchen darf. Statt auch etwas über Nautik zu erfahren, muß der Besucher mit dem Thema "Ambivalenz der Seefahrt" und den Wasserzeichenschiffen (Nr. 72) vorliebnehmen.

Für das außerfachliche Publikum werden die einschlägigen griechischen und lateinischen Texte im vorliegenden Katalog ausführlich aus deutschen Übersetzungen zitiert. Vielleicht vermittelt sich auf diese Weise hier und da ein Eindruck vom Denken der Antike.

Ausstellung und Katalog dürfen sich wohl auch an die engere und weitere Fachwelt richten. Nicht daß der Anspruch bestünde, forschungsrelevante Fragen in einer Ausstellung klären zu wollen, aber vielleicht kann gerade eine kleine Schau von Dokumenten gezielt oder auch unbeabsichtigt wissenschaftliche Anregungen geben.

Eine ganze Reihe von wichtigen Exponaten ist bisher an eher versteckter Stelle oder überhaupt nicht präsentiert worden. Auf die kartographisch singuläre Ptolemaios-Handschrift aus dem Serail (natürlich nur im Photo vorgestellt) sei eigens hingewiesen (Nr. 30).

Wer für die Vorbereitung einer Ausstellung über die verschiedensten Primärquellen und in der Sekundärliteratur nach geeigneten Ausstellungsobjekten sucht, wird schnell auf Desiderate aufmerksam. Warum werden z.B. zu manchen antiken Texten genuin hinzugehörige Zeichnungen nicht adäquat mitediert? Eine Neuausgabe des geographischen Werks des Ptolemaios ist dringend geboten. Eine systematische Untersuchung zum Weltbild in byzantinischen Texten scheint zu fehlen. Die in jüngster Zeit zu beobachtende Tendenz, das Wissen um die Kugelgestalt der Erde im Mittelalter als weitverbreitet darzustellen, scheint nicht genug zwischen der Welt der Gelehrten und der der "einfachen Leute" (vgl. S. 19ff.) zu differenzieren. Haben wirklich alle Schreiber und Zeichner von schematischen Darstellungen des runden Weltbilds an eine Kugel gedacht? Überhaupt wäre es lohnend, dem semantischen Bereich von "rund" und verwandten Begriffen sprachhistorisch nachzugehen. Ähnliches würde übrigens auch für das Wortfeld "entdecken - (auf)finden usw." gelten. Die Rollen Toscanellis (S. 117ff.) und Regiomontans (S. 122ff.) als Gräzisten sind nicht untersucht. Die Problematik der Columbus-Originale müßte mit den modernen Methoden etwa der paläographischen Statistik einer Klärung näher gebracht werden können.

Der Gedanke an eine Ausstellung wie diese wurde im Dezember 1986 in Berlin zum ersten Mal mit jüngeren Freunden und Schülern besprochen. Das interdisziplinäre Milieu des Hamburger Graduiertenkollegs "Textüberlieferung", in welchem Philologie, Geschichte der Naturwissenschaften und der Medizin sowie die historische Bibliothekskunde eine Verbindung eingegangen sind, ist dem Projekt zugute gekommen.

Ich habe bei der Vorbereitung der Ausstellung und des Katalogs große Hilfe erfahren. Dafür möchte ich aufrichtig danken. Mein Dank gilt den Verantwortlichen und Mitarbeitern der Staats- und Universitätsbibliothek Hamburg, insbesondere der Handschriftenabteilung, der Foto- und Restaurierungsstelle, der Fotostelle der Universitätsbibliothek der Freien Universität Berlin, den leihgebenden Institutionen und ihren Verantwortlichen, den Kollegen, Mitarbeitern und Studenten, die mich durch Rat und Tat unterstützt haben. Namentlich nennen möchte ich drei Studierende: Christiane Krause in Berlin, Frank Oborski und Karen-Hilke Peter in Hamburg.

Die Universität Hamburg hat mich dankenswerterweise im Wintersemester 1991/92 über den sogenannten 'Forschungspool' von Lehraufgaben entlastet.

Daß alles zu einem guten Ende gekommen ist, wird allein denen verdankt, die innerhalb der Gruppe der im Impressum Genannten zu finden sind.

Dieter Harlfinger 10. Dezember 1992

Abb. 1: W. Dörpfeld, Tafel zu seiner Rekonstruktion des homerischen Weltbilds (1925) (= Nr. 1).

Homer

Als Schöpfer der beiden Großepen 'Ilias' und 'Odyssee' (zusammen ca. 28.000 Hexameter) am Anfang der europäischen Literatur in der zweiten Hälfte des 8. Jahrhunderts bzw. um 700 v.Chr. haben die Griechen Homer bezeichnet. Beim Vater Homer, wie ihn J.H. Voß genannt hat, sind die Griechen in die Schule gegangen, an seiner Art, die Welt - die äußere wie die innere in ihren mannigfaltigen Aspekten - wahrzunehmen und darzustellen, konnten sie ihre eigenen Erfahrungen und Kenntnisse bestätigen und erweitern, zuerst hat man aus ihm vor allem gelernt, z.B. in Bereichen wie Geographie, Zoologie, Botanik, Handwerk, Technik, Kunst usw., später hat man ihn überboten.

Welches ist die homerische Vorstellung von der Gestalt der Erde, ihren Grenzen und dem Kosmos, die es zu rezipieren, zu modifizieren oder außer Kraft zu setzen galt? Die Forschung hat zahlreiche Anspielungen in den beiden Gedichten gesammelt, die mitunter allerdings geringen Aussagewert haben. Danach scheint sich Homer die Erde als vom Okeanos umflossene runde Scheibe oder Diskus und das Weltganze als Kugel vorzustellen. Aus der Reihe der modernen Interpretationen und Rekonstruktionen, die in Einzelheiten sich nicht immer decken und ihren hypothetischen Charakter nicht leugnen können, sei der 1925 veröffentlichte Entwurf des großen Archäologen Wilhelm Dörpfeld (1853-1940) der Betrachtung (Abb. 1) und der Lektüre (Abb. 2: S. 231-233) empfohlen.

Versuche, eine homerische 'Welttafel' zu zeichnen, gab es spätestens seit dem 18. Jahrhundert immer wieder (vgl. z.B. die Abbildungen bei Wolf, Armin und Hans-Helmut: Die wirkliche Reise des Odysseus. Zur Rekonstruktion des Homerischen Weltbildes, München-Wien 1983, 157ff.; dort S. 157 auch eine Rekonstruktion des Johann Heinrich Voß von 1793). Eine besonders aufwendige lithographische Falttafel findet sich - fast 100 Jahre vor Dörpfeld - in einem Buch von K.H.W. Völcker aus Giessen, das Dörpfeld zustimmend zitiert hat.

Exponat Nr. 1: Dörpfeld, Wilhelm und Rüter, Heinrich: Die Heimkehr des Odysseus. Homers Odyssee in ihrer ursprünglichen Gestalt wiederhergestellt von W. D., übersetzt von H. R., Band 1: Homers Odyssee. Die Wiederherstellung des ursprünglichen Epos von der Heimkehr des Odysseus nach dem Tageplan. Mit Beigaben über Homerische Geographie und Kultur, von Wilhelm Dörpfeld, München 1925.

Das Buch eines bedeutenden Archäologen und eines dezidierten Mitstreiters der Homer-Analyse (Überschrift des zusammenfassenden Abschnitts V F: "Reihenfolge und Umfang der Gesänge sind nach unserem Tageplan wiederherzustellen") mit fünf Beigaben vor allem zu kulturhistorischen Fragen. In Beigabe III (S. 205-269, Tafel 1-4) widmet sich Dörpfeld der Geographie; die Gliederung umfaßt: Homerische Geographie (Ithaka, Griechenland, Weltbild), A. Die wahre Insel Ithaka, B. Das achäische Land, C. Das Weltbild der Achäer: 1. Erde und Hades, Himmel und Tartaros, 2. Die Sonnenbahn und der Lauf des Okeanos, 3. Die Ausdehnung der homerischen Erde nach Osten und Westen, 4. Das homerische Bild der Erde, 5. Die Irrfahrten des Odysseus, 6. Die Fahrt der Argo.

Ausgestellt: Tafel 3: Das homerische Weltbild, Durchschnitt durch die Weltkugel.
Abb. 1 und 2.

Exponat Nr. 2: Völcker, K.H.W.: Über Homerische Geographie und Weltkunde. Nebst einer Charte, Hannover 1830.

FU Berlin, Seminar f. Klass. Philol.: Bh 9368.

Ausgestellt: Falttafel (mm 480x350): Homerische Welttafel.
Abb. 3.

---

230 BEIGABE III. HOMERISCHE GEOGRAPHIE

schiedenen orientalischen Stämme hatten in der zweiten Hälfte des II. Jahrtausends und in den ersten Jahrhunderten des I. Jahrtausends fast allein die Schiffahrt im östlichen Mittelmeer, die vorher in den Händen der Karer und Thyrsener gelegen hatte und nachher von den Griechen übernommen wurde. Erst im 8. Jahrhundert dehnten diese ihre Seeherrschaft bis Sizilien und bis zum schwarzen Meere aus.

C. Das Weltbild der Achäer.

In beiden homerischen Epen finden wir nicht nur eine genaue Kenntnis der Karte von Griechenland, sondern auch ein einheitliches Bild der Erde und der ganzen Welt, das aber merkwürdigerweise in mehreren Punkten bisher noch nicht richtig erkannt und dargestellt ist. Es sind namentlich die falschen Anschauungen der antiken und heutigen Homerforscher über die Lage der Inseln der Kalypso und der Kirke und über die Fernfahrten des Odysseus und der Argo, die eine richtige Erkenntnis des wirklichen Weltbildes Homers bisher verhindert haben. Die Schuld hieran tragen aber nicht die Angaben des Dichters. Diese sind vielmehr, wie wir sehen werden, durchaus klar und eindeutig und gestatten uns die Zeichnung einer Weltkarte; nur einige spätere Veränderungen des Homer-Textes und mehrere Mißverständnisse haben zu unrichtigen Ansichten über das achäische Weltbild geführt.

Für das Verständnis unseres Heimkehr-Epos und besonders auch der Irrfahrten des Odysseus ist die Wiedergewinnung des wirklichen homerischen Bildes der Erde und Welt von großem Werte. Sie soll daher hier im Anschluß an das Bild des achäischen Landes versucht werden. Grundriß und Durchschnitt der Weltkugel sind auf Tafel 3 gezeichnet.

ERDE UND HADES 231

1. Erde und Hades; Himmel und Tartaros.

Es kann kein Zweifel darüber bestehen, daß Homer sich die Erde noch als Scheibe denkt, über der sich der Himmel als Halbkugel wölbt. Die Kugelgestalt der Erde ist ihm noch unbekannt. Nach Od. 5, 282 konnte Poseidon, als er von den östlichen Äthiopien zurückkehrte, von den Bergen der Solymer, von dem am Ostrande der Erde gelegenen Taurus aus, den Odysseus auf seinem Floß im westlichen Meere bei Scheria erblicken. Das war nur möglich, wenn die Erde eine Scheibe war. Damit steht im Einklang, daß die Erde im Gegensatze zum Himmelsgewölbe ausdrücklich (Jl. 8, 21) als Ebene (πεδίον) bezeichnet wird. Aber nicht die ganze Erde, sondern nur die große Mitte bildete eine ebene Scheibe. Ihr äußerster Rand lag tiefer als die Mitte. Die Erde hatte die Gestalt eines gebogenen Schildes, dessen flacher Rand von dem etwas tiefer als die Erde selbst fließenden Okeanos gebildet war (Jl. 18, 483 und 607). An den Ufern dieses Weltstromes wohnte im Osten und Westen das Volk der Äthiopen, zu dem der Dichter die Götter gehen läßt, wenn sie aus irgendeinem Grunde die Ereignisse auf der Erde nicht sehen sollen. Vom Himmel und von den hohen Bergen konnten sie die ganze Erde überblicken; in den Hades und Tartaros gingen sie nie; nur wenn sie sich bei den Äthiopen am tief fließenden Okeanos aufhielten, blieben ihnen die Menschen und ihre Taten unsichtbar.

Dieser Okeanos war ein breiter Strom, der nach Homers Auffassung die ganze Erdscheibe umfloß; eine Ansicht, die auch bei den Griechen der klassischen Zeit noch bestand; nur wuchs der Strom immer mehr zum Weltmeere und entfernte sich auch immer weiter von ihnen, je mehr Länder und Meere sie im Westen und Osten kennenlernten. Er lag an den Enden

232 BEIGABE III. HOMERISCHE GEOGRAPHIE

der Erde (Jl. 14, 301), und zwar auf allen Seiten, denn Sonne, Mond und Sterne badeten sich in seinen Fluten (Od. 5, 275 und Jl. 18, 489). Woher die Achäer die große Ausdehnung des Weltstromes kannten, woher sie wußten, daß es östlich von Kleinasien, Phönikien und Ägypten und südlich und westlich von Libyen und den anderen westlichen Ländern noch ein Meer gab, scheint uns zunächst ganz rätselhaft. Aus eigener Erfahrung konnten sie es nicht wissen, weil sie im II. Jahrtausend noch keine Seefahrer waren und über das östliche Mittelmeer nicht hinauszufahren pflegten. Wir müssen annehmen, daß sie diese Kenntnis von den orientalischen Seevölkern, besonders von den Phönikiern und Minyern erhalten hatten, die damals, wie wir noch sehen werden, bereits Afrika zu umfahren pflegten und daher wußten, daß man durch das rote Meer nach Südosten ins südliche Weltmeer fahren und über den Westen, also über Sizilien und Kerkyra nach Griechenland zurückkehren konnte.

Über der Erdscheibe und dem Okeanos wölbte sich der Himmel als Halbkugel. Einige hohe Berge am Rande der Scheibe und besonders der mächtige Olymp Thessaliens reichten, wie man meinte, bis an das Himmelsgewölbe hinan. Daher befanden sich die auf dem Olymp wohnenden Götter zugleich im Himmel. Die am Rande der Erdscheibe liegenden Berge schienen den Himmel zu stützen (Od. 1, 52—54). Ein Fels dieser Art am westlichen Erdrande war der Berg der Skylla, der auf Sizilien lag und wohl mit dem Ätna gleichgesetzt werden darf; am östlichen Erdrande entsprechen ihm die Berge der Solymer, der heutige Taurus.

Unterhalb der Erdscheibe dachte man sich überall den Hades, den wir uns als ausgedehnte Höhlung innerhalb der Erde vorzustellen haben. Er lag nach Homer ὑπὸ oder κατὰ χθονός (Jl. 23, 100) und ὑπὸ κεύθεσι γαίης (Jl. 22, 482). Des-

HIMMEL UND TARTAROS 233

halb konnte man durch Erdschlünde zur Unterwelt, wie zum Kellergeschoß der Erde, hinabsteigen; auch das Wasser der Styx, das in die Erde hinabstürzte und verschwand, floß in den Hades hinab. Besonders wichtig für die Gewinnung einer richtigen Anschauung vom homerischen Hades sind die Worte Jl. 20, 61: Aidoneus, der Herrscher der Unterwelt, fürchtet beim Erdbeben, daß die Erde über dem Hades (γαῖαν ὕπερθεν) sich spalten könne, und daß dann Helios und die Menschen in sein Reich hinabblicken könnten.

Tief unter dem Hades denkt der Dichter sich ferner den Tartaros, offenbar als untere, der Himmelskuppel entsprechende Halbkugel. Über seine Tiefe macht uns Homer die wichtige Angabe (Jl. 8, 16), daß der Tartaros ebenso tief unter dem Hades liege wie der Himmel über der Erde. Die ähnlichen Worte Hesiods (Theogonie 720), daß der Tartaros ebenso weit unter der Erde liege, wie der Himmel über ihr, sind nicht so genau, wie die Angabe Homers, die uns ermöglicht, die auf Tafel 3 gegebene schematische Zeichnung von der Erde, dem Hades, dem Himmel und dem Tartaros zu entwerfen. Die ganze Welt war demnach für Homer und die Achäer eine Kugel, also der vollkommenste Körper, und in ihrer Mitte schwebte die Erdscheibe mit dem Hades und dem Okeanos.

Das Tor des Tartaros, in dem ewiges Dunkel herrschte, denkt sich der Dichter aus Eisen mit eherner Schwelle (Jl. 8, 15); wo es lag, sagt er nicht. Dagegen gibt er uns an, daß man zum Hades, außer durch tiefe Erdschlünde, auch auf dem Okeanos gelangen konnte, nämlich dort, wo dieser so tief unter der Erde floß, daß er gerade den Boden des Hades erreichte. Daß es eine solche Stelle gab, werden wir sogleich erkennen. Sie lag am südlichen Ende der Erdscheibe, dort, wo der Okeanos als Acheron in den Hades hineinfloß.

Abb. 2: W. Dörpfeld, Textausschnitt aus seiner Rekonstruktion des homerischen Weltbilds (1925) (= Nr. 1).

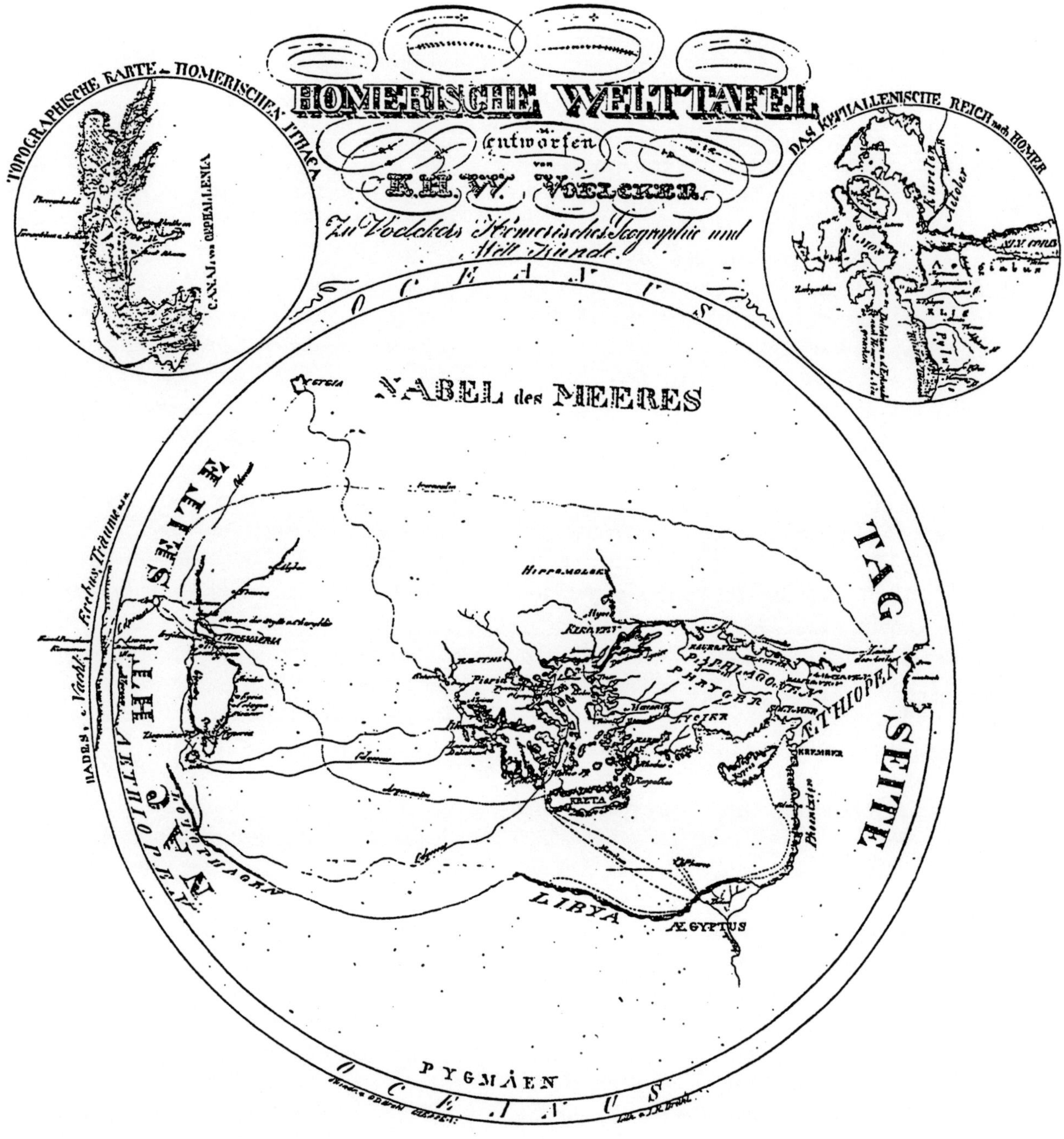

Abb. 3: K.H.W. Völcker, Faltkarte mit "Homerischer Welttafel" (1830) (= Nr. 2).

Zu den wichtigsten Stellen bei der Erschließung des homerischen Weltbilds gehören der Anfang und das Ende der berühmten Schildbeschreibung in der Ilias (18, 478-607), die einen Ruhepunkt im Handlungsablauf des Epos darstellt, unmittelbar bevor Achill den Kampf wieder aufnimmt. Auf dem von Hephaist für Achill kunstvoll geschmiedeten Schild sind Makro- und Mikrokosmos in der Darstellung vereint: Erde, Himmel, Meer, Sterne, eine Stadt im Frieden, eine andere im Krieg, Szenen aus dem Landleben, Reigentanz und der alles umfließende Okeanos. Diese homerische Schildbeschreibung ist der literarische Archetyp aller Ekphraseis späterer Zeit.

Lit.: Hardie, P.R.: Imago mundi, Cosmological and Ideological Aspects of the Shield of Achilles, in: Journal of Hellenic Studies 105 (1985) 11-31, Plates I-II. - Edwards, Mark W.: The Ilias. A Commentary, Vol. V.: Books 17-20, Cambridge 1991, 200-233.

Die in unserem Zusammenhang interessierenden Verse lauten in der Übersetzung von Johann Heinrich Voß, die Homer in Deutschland populär gemacht hat (18, 478-489 und 607-609): *Erst nun formte der Meister den Schild, den großen und starken,/ Ganz ihn verzierend, und legte darum einen schimmernden Reifen,/ Dreifach und blank, verbunden mit silbernem Tragegehänge./ Schichten zählte man fünf an dem Schild, und oben auf diesem/ Formte er zierliche Bilder viel mit erfindsamem Geiste;/ Bildete oben darauf die Erde, das Meer und den Himmel,/ Ferner den vollen Mond und die unermüdliche Sonne,/ Dann auch alle Sterne dazu, die den Himmel umkränzen,/ Oben, das Siebengestirn, die Hyaden, die Kraft des Orion,/ Und den Bären, den auch mit Namen den Wagen sie nennen,/ Der auf der Stelle sich dreht und stets den Orion belauert,/ Doch als einziger teil nicht hat an Okeanos' Bade./ (...) Endlich schuf er darauf die Gewalt des Okeanosstromes/ Rings um den äußersten Rand des festgebildeten Schildes./ Aber sobald er den Schild nun vollendet, den großen und starken, (...)*

Ein weiterer einschlägiger Text aus dem Anfang des 8. Gesangs der Ilias, aus der Drohpredigt des Zeus an die Mitgötter, sich nicht in den Kampf der Achäer und Troer einzumischen, schließt sich an - er spricht für sich (8, 10-27; Übers. von J.H. Voß): *Wen ich aber getrennt von den anderen Göttern erblicke,/ Willens, den Troern oder Achaiern zu Hilfe zu eilen,/ Der soll schmählich geschlagen zurück zum Olympos kehren!/ Oder ich fass' und schwing ihn hinab in des Tartaros Dunkel,/ Ferne, wo tief sich öffnet der Abgrund unter der Erde,/ Wo die Pforten von Eisen erglänzen, von Erze die Schwelle,/ So weit unter dem Hades, wie über der Erde der Himmel!/ Dann erkennt er, wie weit ich der mächtigste bin von den Göttern!/ Auf, ihr Götter, versucht es, damit ihr es alle nun wisset:/ Eine goldene Kette befestigt ihr oben am Himmel,/ Hängt euch alle daran, ihr Götter und Göttinnen alle;/ Dennoch zöget ihr nie vom Himmel herab auf den Boden/ Zeus, den Ordner der Welt, wie sehr ihr strebtet und ränget!/ Aber sobald auch mir im Ernst es gefiele, zu ziehen,/ Selbst mit der Erd' euch zög' ich empor und selbst mit dem Meere,/ Und die Kette darauf um das Felsenhaupt des Olympos/ Bänd' ich fest, daß schwebend das Weltall hing' in der Höhe!/ Also tu' ichs den Göttern zuvor und also den Menschen!*

Unter den handschriftlichen Zeugen der Ilias ist einer besonders prominent, der Cod. Venetus A. Seine Edition durch Villoison (Venedig 1788), die in den Scholien die gelehrte Homerexegese der antiken Philologen erkennen ließ, gab Friedrich August Wolf den Anstoß zu seinen "Prolegomena ad Homerum" (1795), mit denen der bis heute reichende Disput um die "Homerische Frage" einsetzte.

Exponat Nr. 3: Codex Marcianus gr. 454 (coll. 822) "Venetus A" 10. Jahrhundert Pergament ff. 327 mm 395x290.

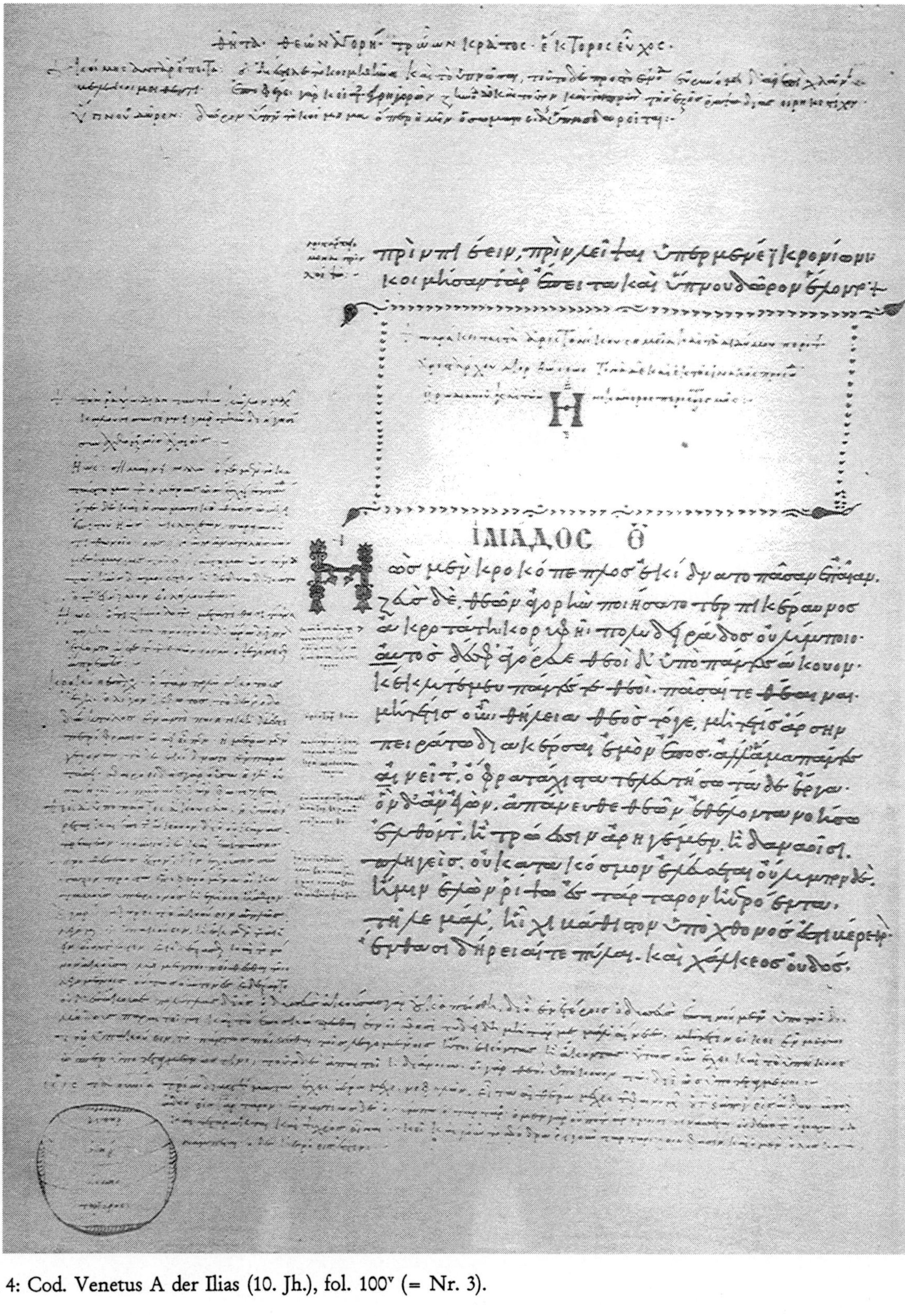

Abb. 4: Cod. Venetus A der Ilias (10. Jh.), fol. 100ᵛ (= Nr. 3).

Facsimile: Homeri Ilias cum scholiis. Codex Venetus A, Marcianus 454 ... Praef. est Dominicus Comparetti (Codices Graeci et Latini photographice depicti duce Scatone De Vries Bibliothecae Universitatis Leidensis Praefecto 6), Leiden 1901.

Der Homertext ist von fortlaufenden Scholien an den Rändern umgeben. Die Schrift ist eine geübte rechtsgeneigte Minuskel; die kleineren Scholienblöcke sind häufig in sog. Semiunziale (Auszeichnungsmajuskel) stilisiert. - Zu den oben zitierten Versen vom Anfang des 8. Gesangs findet sich in den Scholien (fol. 100v unten links; vgl. Abb. 4) eine Kugel mit den überirdischen (Aër und Aither) und den unterirdischen (Hades und Tartaros) Bereichen.

Lit.: Mioni, Thes. Ant. 300-625, S. 236-240. - Erbse, Hartmut (rec.), Scholia Graeca in Homeri Iliadem (Scholia Vetera), bes. Bd. I, Berlin 1969, Praefatio.

Universität Hamburg, Inst. f. Griech. u. Lat. Philol.: Ka 1255.

Ausgestellt: fol. 100v/101: Ilias 7,481 - 8,40.
Abb. 4.

Die in der Odyssee geschilderten abenteuerlichen und leidensvollen Irrfahrten des Helden bei der Rückkehr von Troja haben naturgemäß die Leser Homers seit der Antike nach der Topographie und der Ausdehnung der damaligen Oikumene fragen lassen. Die oben vorgestellten "Welttafeln" sind Beispiele für die jeweils unterschiedlichen Antworten (die kühnste aus der Feder der Wiener Ethnologin Christine Pellech: "Die Odyssee - Eine antike Weltumseglung", Berlin 1983).

Auch über das lange Umherschweifen eines anderen Trojaheimkehrers, des Menelaos, hören wir in der Odyssee (3, 276-302 und 317-323: Nestor spricht zu Telemach; 4, 78-92: Menelaos zu Telemach und einem Nestorsohn). Hier der Wortlaut in der bekannten Prosaübersetzung von Wolfgang Schadewaldt:

Indessen fuhren von Troja her der Atreus-Sohn und ich zusammen, die wir einander Liebes wußten. Doch als wir zum heiligen Sunion, dem Vorgebirge Athens, gelangten, kam über den Steuermann des Menelaos Phoibos Apollon mit seinen sanften Geschossen und tötete ihn, während er das Ruder des fahrenden Schiffes in den Händen hielt: Phrontis, den Sohn des Onetor, der sich hervortat unter den Stämmen der Menschen im Steuern eines Schiffes, wenn die Sturmböen wüteten. So wurde der dort aufgehalten, so sehr es ihn mit dem Wege drängte, bis er den Gefährten begraben und Totenopfer geopfert hatte. Doch als auch er in den gewölbten Schiffen auf das weinfarbene Meer gefahren und zu dem steilen Berge von Maleia gekommen war in seinem Laufe, da sann ihm eine bittere Fahrt der weit umblickende Zeus, und überschüttete ihn mit dem Geblase sausender Winde und mit schwellenden Wogen, gewaltigen, gleich Bergen. Da trennte er sie, und brachte die einen nach Kreta hin, wo die Kydonen zu beiden Seiten der Strömungen des Jardanos wohnten. Dort ist ein glatter Fels, der jäh ins Meer abfällt, an der äußersten Spitze von Gortyn in dem dunstigen Meere. Dort treibt der Süd das große Gewoge links ab, nach Phaistos hin, auf einen Vorsprung zu, und das geringe Gestein drängt ab die große Woge. Dorthin gelangte ein Teil der Schiffe, und nur mit Mühe entrannen die Männer dem Verderben, die Schiffe aber zerschmetterten die Wogen an den Klippen. Die andern fünf schwarzbugigen Schiffe trugen bis nach Ägypten Wind und Wasser. So fuhr er mit den Schiffen dort umher und sammelte viel Lebensgut und Gold unter den Menschen fremder Zunge. (...)

Jedoch zu Menelaos treibe und heiße ich dich zu gehen. Denn er ist kürzlich aus der Fremde heimgekommen von solchen Menschen, von woher wiederzukommen keiner in seinem Sinne hoffen könnte, den einmal die Sturmwinde auf das Meer, das so gewaltige, abgetrieben, von wo nicht einmal Vögel in demselben Jahr geflogen kommen, da es so groß wie furchtbar ist. (...)

Liebe Kinder! nein, mit Zeus kann sich von den Sterblichen wohl keiner messen: denn unsterblich sind seine Häuser und seine Besitztümer. Jedoch unter Menschen möchte sich wohl mancher mit mir an Besitztümern messen - oder auch nicht. Freilich, viel habe ich gelitten, und viel bin ich umhergeirrt, ehe ich sie in den Schiffen hergeschafft, und bin im achten Jahr gekommen, nachdem ich nach Kypros und Phoinike und zu den Ägyptern umhergeirrt bin, und bin zu den Aithiopen hingelangt und den Sidoniern und Erembern und nach Lybien, wo die Böcke gleich mit Hörnern da sind - denn dreimal werfen die Schafe über das volle Jahr hin -, da mangelt es weder Herrn noch Hirten irgend an Käse und Fleisch noch auch an süßer Milch, sondern sie geben immer Milch zum Melken auf das ganze Jahr hin. Indessen ich nun dort umhergeirrt bin und habe viel Lebensgut gesammelt, indessen hat mir ein anderer den Bruder getötet, meuchlings, ungeahnt, durch die Arglist des verfluchten Weibes.

Es wird uns nicht mehr wundern, daß die Irrfahrt des Menelaos bereits in der Antike als eine äquatoriale Umseglung gedeutet wurde (Einzelheiten z.B. bei Berger, 445 ff.).

Exponat Nr. 4: Codex Hamburgensis in Scrinio 56 13. Jahrhundert Orientalisches Papier fol. 117 mm 280x175.

Einer der wichtigsten Textzeugen aus der kleinen Sammlung griechischer Handschriften der Staats- und Universitätsbibliothek Hamburg: die Odyssee (nicht vollständig) umgeben von Scholien. Ziemlich ungezügelte Schrift des 13. Jahrhunderts, aufdringlich große Buchstaben, vor allem Beta und Gamma dominieren.

Lit.: Brandis, 117-118.

Ausgestellt: fol. 52^{v}/53: Odyssee 4, 44-97.
Abb. 5.

Exponat Nr. 5: Fragmente eines Hamburger Homer-Papyrus (Inv. Nr. 650) etwa um 200 v.Chr.

Das mit Jahrtausendabstand älteste buchhistorische Testimonium der Ausstellung, welches im Original präsentiert wird. Hamburg schätzt sich glücklich, eine nicht unerhebliche Zahl von Papyri zu beherbergen, unter ihnen einige Homer-Fragmente. Unter der Leitung von Bruno Snell ist von Mitgliedern des Seminars für Klassische Philologie der Universität Hamburg ein guter Teil dieser Papyri wissenschaftlich erschlossen und der Fachwelt 1954 zugänglich gemacht worden. Da sich unter den Hamburger Fragmenten anscheinend keine in unserem Rahmen einschlägige Textstelle findet, ist ein Papyrus-Fenster mit 18 Fetzen aus dem 11. und 12. Gesang der Ilias ausgewählt. Papyrus war der wichtigste Beschreibstoff der Antike. Die Fetzen sind Reste einer Buchrolle; die kleine griechische Schrift - ohne Akzente oder Lesezeichen - dürfte in die frühptolemäische Zeit zu datieren sein.

Lit.: Griechische Papyri der Hamburger Staats- und Universitätsbibliothek ..., hrsg. vom Seminar für Klassische Philologie der Universität Hamburg, eingel. von Bruno Snell, mit 15 Tafeln (Veröffentlichungen aus d. Hamb. Staats- und Universitätsbibliothek 4), Hamburg 1954, Nr. 153, S. 97 ff. (Beschreibung von R. Merkelbach).

Abb. 6.

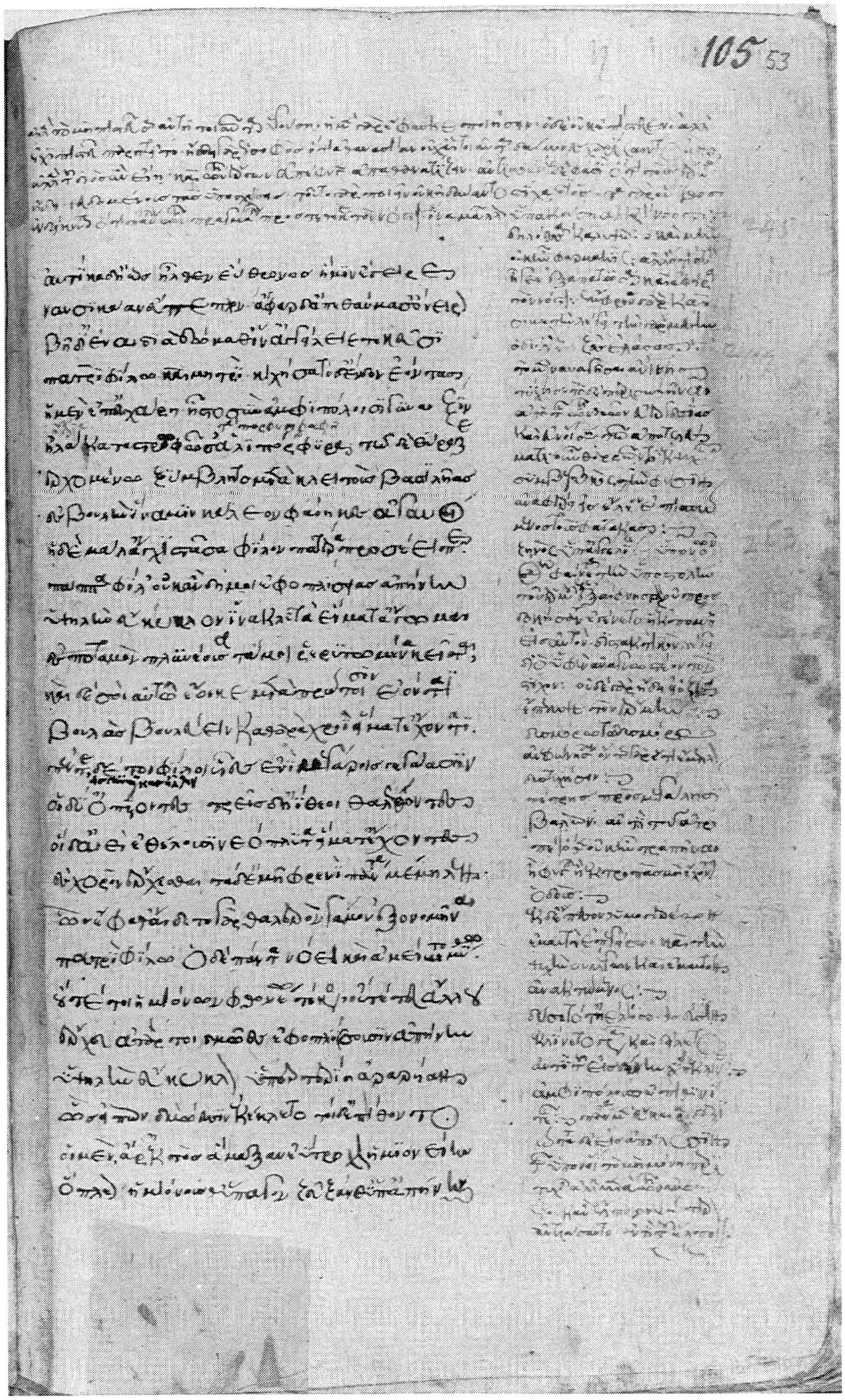

Abb. 5: Cod. Hamburgensis in Scrinio 56 (13. Jh.), fol. 53 (= Nr. 4).

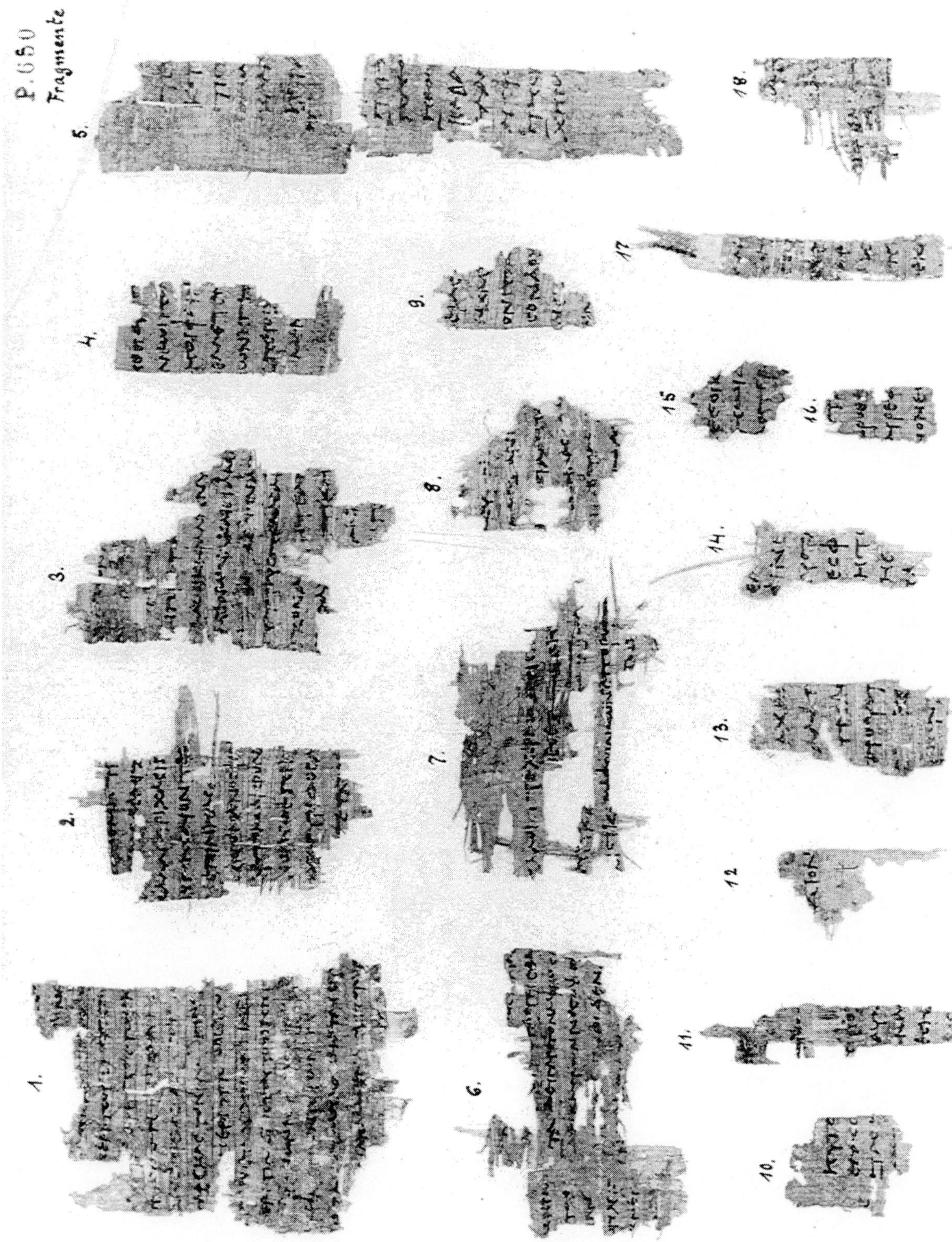

Abb. 6: Fragmente eines Hamburger Homer-Papyrus (um 200 v.Chr.) (= Nr. 5).

Anaximander

"Vom Mythos zum Logos": Um 600 v.Chr. bahnt sich im ostgriechischen Kolonialland Ionien an der Westküste Kleinasiens der Übergang vom epischen zum wissenschaftlichen Weltbild an. Die Metropole Milet, Nahtstelle zu den Hochkulturen des Orients, ist das erste der bedeutenden abendländischen Kulturzentren (später Athen, Alexandreia, Rom, Byzanz), die Wiege der westlichen Zivilisation. Hier entwickelt Anaximander (um 610-546), der erste der sog. Vorsokratischen Denker, den die Überlieferung als Schüler und Nachfolger des Thales bezeichnet, sein bahnbrechendes philosophisches Denkmodell: *"Anfang und Ursprung der seienden Dinge ist das Apeiron (das grenzenlos-Unbestimmbare). Woraus aber das Werden ist den seienden Dingen, in das hineingeschieht auch ihr Vergehen nach der Schuldigkeit; denn sie zahlen einander gerechte Strafe und Buße für ihre Ungerechtigkeit nach der Zeit Anordnung"* (Fragment 12 B 1 und Übers. bei Diels-Kranz). Dies ist die einzige (nahezu) wörtlich erhaltene Aussage der frühesten milesischen Denker, zugleich das erste Zeugnis europäischer Prosa.

Abb. 7: Anaximander. Fragment eines kleinen Reliefs im Museo Nazionale Romano delle Terme (nach Richter, Fig. 299).

In unserem Rahmen interessiert vor allem das Weltbild des Anaximander; seine Vorstellung über die Gestalt der Erde; die doxographische Tradition weiß folgendes darüber zu berichten: *"Die Erde hat die Gestalt eines Zylinders, dessen Höhe ein Drittel seiner Breite sei"* oder *"Die Gestalt der Erde sei gewölbt, abgerundet, einer Säule ähnlich. Auf der einen ihrer beiden Grundflächen gehen wir; die andere liegt dieser gegenüber"* (Capelle, 79-80, Nr. 15).

Bei Agathemeros, einem jüngeren griechischen Geographen (nicht vor der Augusteischen Zeit), der hier wohl auf Eratosthenes (zu ihm vgl. unten S. 44ff.) basiert, lesen wir - und es ist der erste Satz seiner geographischen Skizze (12 A 16 Diels-Kranz):

Anaximander von Milet, der Schüler des Thales, hat als erster gewagt, die bewohnte Erde auf einer Karte zeichnerisch darzustellen. Nach ihm hat dann Hekataios von Milet, ein weitgereister Mann, seine Zeichnung im einzelnen verbessert, so daß die Sache allgemein bewundert wurde. (Übers. von Wilhelm Capelle)

Die Kühnheit des Anaximander als des ersten Kartographen der Oikumene, die Horizonterweiterung durch Reisen: die Kolonisationsbewegungen der Ionier zuerst ins Schwarzmeergebiet, dann auch in Richtung Westen nach Unteritalien, vermitteln neue geographische Erkenntnisse. So wird es Generation für Generation weitergehen. Der Fortschritt der beschreibenden Geographie vollzieht sich Hand in Hand mit der Erschließung der Räume, sei es nun kolonisatorisch, exploratorisch, ökonomisch, militärisch, 'touristisch' oder wie auch immer.

Lit.: Kahn.

Exponat Nr. 6: Dall' Italia immaginata all' immagine dell' Italia, dalle prime concezioni cosmografiche ai rilevamenti da satellite. Istituto Geografico Militare (Mostra), Firenze 1986.

Rein hypothetische Rekonstruktion der Oikumene-Karte des Anaximander in blassen Farben. Man vergleiche die kaum differierende Hekataios-Karte auf Abb. 9.

Ausgestellt: Farbphotokopie der Tafel I A 2 auf S. 47: Ecumene di Anassimandro (Ipotesi di ricostruzione - IGMI 1986).
Abb. 8.

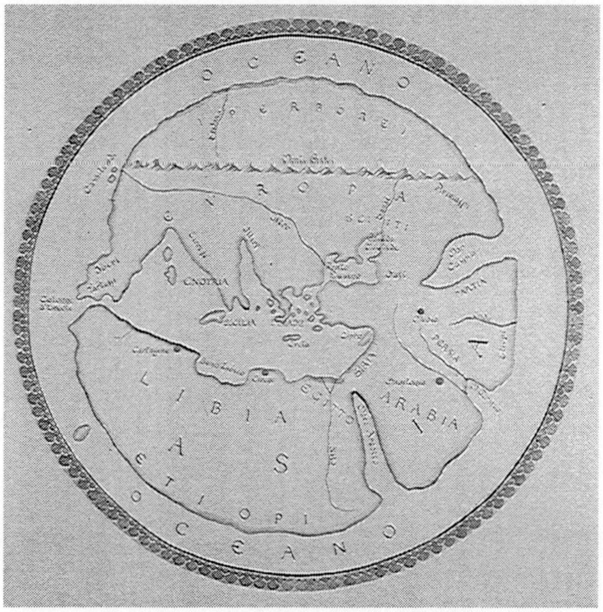

Abb. 8: Rekonstruktion der Oikumene-Karte des Anaximander, rein hypothetisch (1986) (= Nr. 6).

Hekataios und Herodot

Abb. 9: Rekonstruktion der Oikumene-Karte des Hekataios (aus: Großer Historischer Weltatlas, I. Teil, hrsg. v. Bayer. Schulbuchverlag, München [5]1972, Tafel 12c).

Daß Hekataios von Milet (um 500 v.Chr.) in Anlehnung an Anaximander eine eigene Erdkarte entworfen hat, hörten wir schon im Agathemeros-Zitat (oben S. 10). Die Meeresflächen des Mittel-, Schwarzen und Kaspischen Meeres, das als Busen des Okeanos gilt, teilen bei ihm die vom Okeanos umflossene runde Erdscheibe in eine nördliche und eine südliche Hälfte: Europa und Asien. Zur Karte gehörte eine Beschreibung in zwei Büchern, die später als *Periegesis* (eigtl. 'Rundumführung') bezeichnet wurde. In der Moderne ist mehrfach versucht worden, die Erdkarte des Hekataios zu rekonstruieren. Zwei Beispiele bieten die Abb. 9 und 11.

Exponat Nr. 7: Hecataei Milesii Fragmenta. Scylacis Caryandensis Periplus, ed. Rud. Henr. Klausen (in Academia Fridericia Wilhelmia Rhenana literas Graecas et Latinas docens). Addita est tabula geographica, Berlin 1831.

Universität Hamburg, Inst. f. Griech. u. Lat. Philol.: Bh 65.

Ausgestellt: Falttafel (mm 260x390) am Ende "Tabula Europae, Asiae, Libyae. Ad Hecataei opiniones descripsit R.H. Klausen".
Abb. 11.

Nicht dem Hekataios, sondern dem Herodot (etwa 485-425 v.Chr.) hat Cicero den Ehrentitel 'Vater der Geschichte' verliehen. Sein Geschichtswerk, von den alexandrinischen Philologen später in neun Bücher eingeteilt und nach den Musen benannt, umfaßt die Zeit vom Trojanischen Krieg bis zu Xerxes' Zug gegen Griechenland; die weltgeschichtliche Auseinandersetzung zwischen Griechen und Barbaren stellt den Forschungshintergrund dar. In ausgedehnten Reisen besorgte sich Herodot Informationen und Material; der wichtigste Quellenautor ist Hekataios. Ihn läßt er das eine um das andere Mal auch seinen Spott spüren, ein Zug der Überheblichkeit, die schon die Antike an ihm getadelt hat und die er gar nicht nötig gehabt hätte.

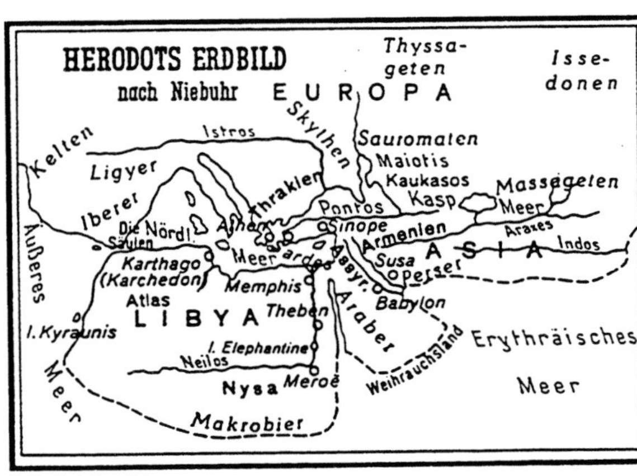

Abb. 10: Herodots Erdbild (Quelle wie Abb. 9, Taf. 21b).

Wenn es nun Menschen jenseits des Nordens gibt, gibt es auch solche jenseits des Südens. Ich muß aber lachen, wenn ich sehe, wie sie ihre Erdkarten zeichnen, viele Leute schon, aber keiner mit rechtem Verstand bei der Ausführung, die den Okeanos auf ihrer Zeichnung rings um die Erde fließen lassen, kreisrund wie abgezirkelt, und einige machen Asien gleich groß wie Europa. Ich will denn selbst mit wenig Worten die Größe eines jeden Teils anzeigen und wie jeder etwa zu zeichnen wäre. (...)

Ich wundere mich also über die Leute, die abgrenzen und einteilen in Libyen und Asien und Europa. Denn die Unterschiede im Ausmaß sind doch nicht so gering. Denn in der Länge kommt Europa beiden zusammen gleich, und in der Breite lohnt es sich gar nicht, die mit ihm zu vergleichen. Denn Libyen läßt es nicht im unklaren, daß es ringsum Meer hat, das Stück ausgenommen, wo es an Asien angrenzt. (Herodot IV 36 und 42. Übers. von Walter Marg)

Unschwer läßt sich erahnen, über wen sich Herodot lustig macht, über die Milesier Anaximander und Hekataios.

Es versteht sich, daß man in der Neuzeit auch bemüht war, die Summe der neuen geographischen Erkenntnisse des Herodot, zu denen auch die erste Afrika-Umsegelung durch Phönizier und die Umschiffung Arabiens durch Skylax von Karyanda (zwischen 519 und 512 v.Chr.) nicht unerheblich beigesteuert haben, in Kartenbildern festzuhalten.

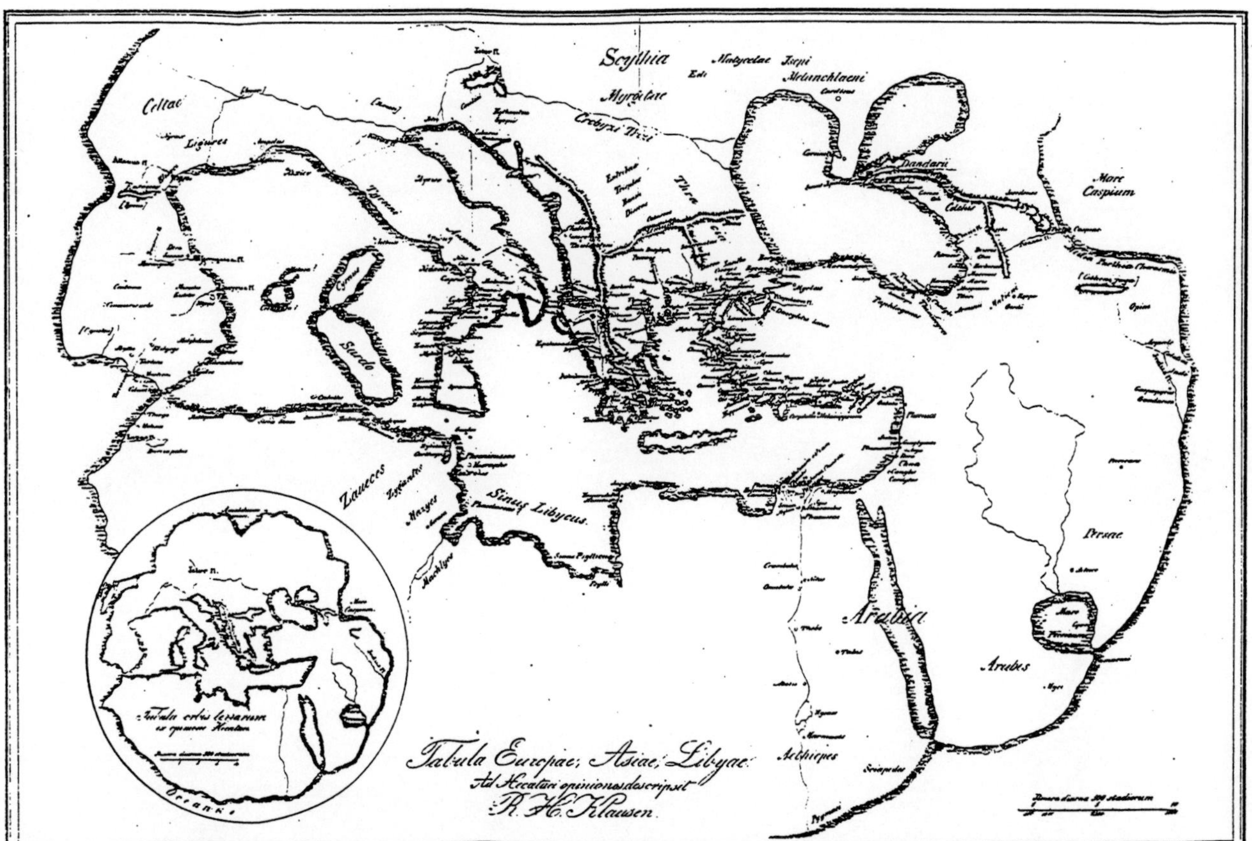

Abb. 11: Rekonstruktion der Oikumene-Karte des Hekataios (1831) (= Nr. 7).

Exponat Nr. 8: The Nine Books of the History of Herodotus Translated ... by Peter Edmund Laurent (... Author of "An Introduction to the Study of Ancient Geography"), Second Edition with ... A Map of the World of Herodotus, Vol. I, Oxford 1837.

FU Berlin, Seminar f. Klass. Philol.: Bh 2651.

Ausgestellt: Falttafel (mm 195x285) mit der dem Herodot bekannten Welt.
Ohne Abb. (aber vgl. Abb. 12).

Exponat Nr. 9: Herodot: Editio princeps, Venedig (Aldus Manutius) 1502 mm 305x206.

Die Erstausgabe des griechischen Herodottextes des berühmten Venezianischen Druckers und Humanisten Aldus Manutius, in dessen Offizin ein großer Teil des griechischen Schrifttums zum ersten Mal gedruckt worden ist (vgl. Nr. 11). Der Druck besticht durch schlichte Eleganz. Das ausgestellte Exemplar stammt aus der Sammlung Huth - dort erhielt es auch den prachtvollen Maroquinband des 19. Jahrhunderts mit reicher Vergoldung -, die vor dem 1. Weltkrieg in London versteigert wurde, war dann im Besitz des Earl of Cromer und des italienischen Sammlers Lucius Wilmerding.

FU Berlin, Universitätsbibliothek: 44/74/240 86 (4).

Ausgestellt: fol. ΘΘ HH iii[v]/ΘΘ HH iiii (mit der ersten oben zitierten Herodotstelle im 4. Buch = Melpomene). Abb. 13 (Das erste Zitat beginnt auf Zeile 19 von unten).

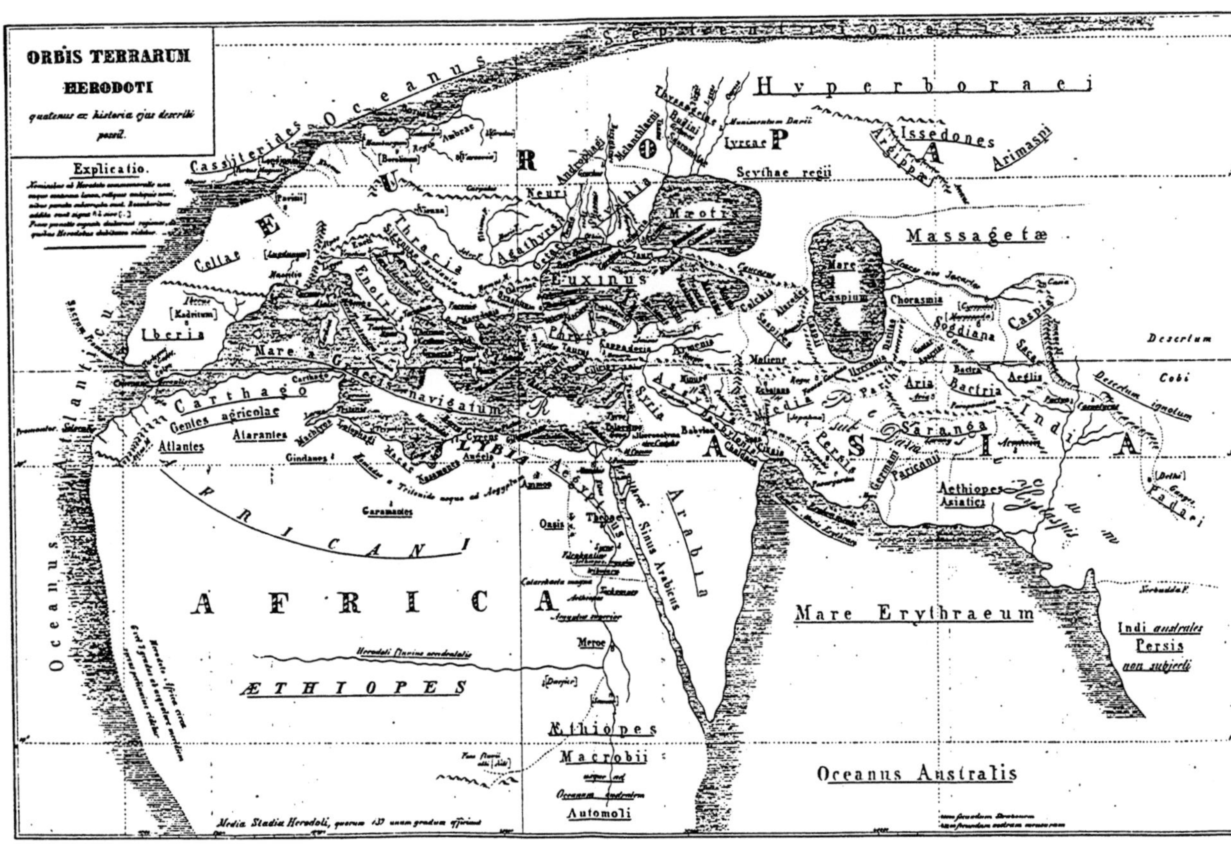

Abb. 12: Der 'Orbis Terrarum' des Herodot (aus: Herodoti Musae, rec. Fr. Creuzer - J.C.F. Baehr, Vol. IV, Leipzig [2]1861, Falttafel I hinten, Originalgröße mm 235x360) (vgl. Nr. 8).

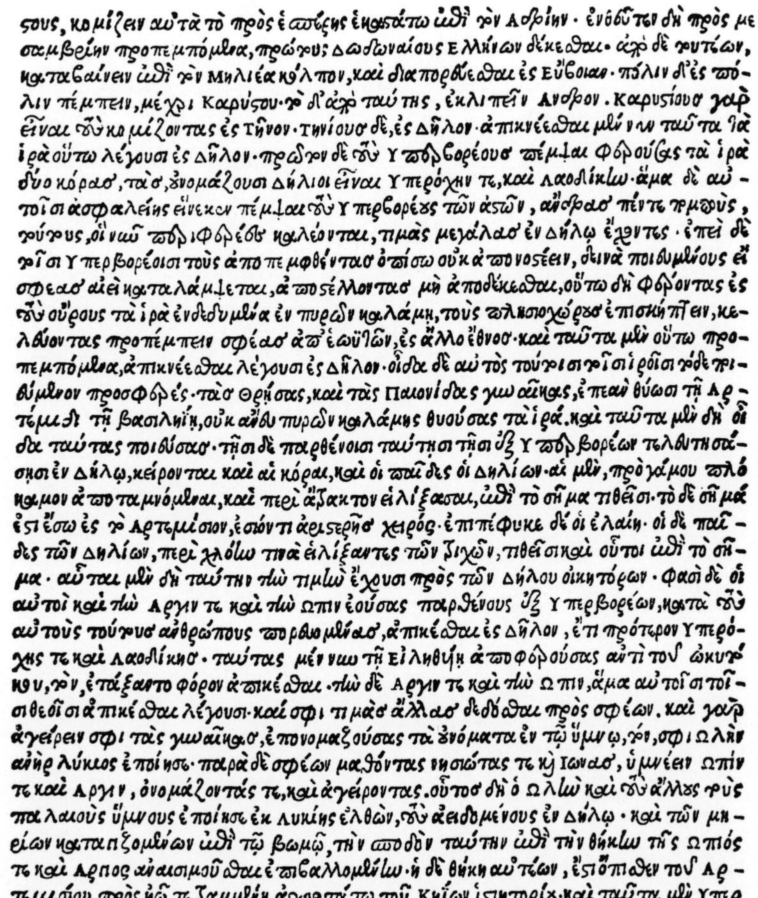

ΗΡΟΔΟΤΟΥ

ϛους, κομίζειν αὐτὰ τὸ πρὸς ἑσπέρης ἑκαστάτω ἐπὶ τὸν Ἀδρίην· ἐνθεῦτεν δὲ πρὸς με-
σαμβρίην προπεμπόμενα, πρώτους Δωδωναίους Ἑλλήνων δέκεσθαι· ἀπὸ δὲ τουτέων,
καταβαίνειν ἐπὶ τὸν Μηλιέα κόλπον, καὶ διαπορεύεσθαι ἐς Εὔβοιαν· πόλιν δὲ ἐς πόλιν πέμπειν, μέχρι Καρύστου· τὸ δ' ἀπὸ ταύτης, ἐκλιπεῖν Ἄνδρον. Καρυστίους γὰρ
εἶναι τοὺς κομίζοντας ἐς Τῆνον· Τηνίους δὲ, ἐς Δῆλον. ἀπικνέεσθαι μέν νυν ταῦτα τὰ
ἱρὰ οὕτω λέγουσι ἐς Δῆλον. πρῶτον δὲ τοὺς Ὑπερβορέους πέμψαι φερούσας τὰ ἱρὰ
δύο κόρας, τὰς ὀνομάζουσι Δήλιοι εἶναι Ὑπερόχην τε, καὶ Λαοδίκην· ἅμα δὲ αὐ-
τῇσι ἀσφαλείης εἵνεκεν πέμψαι τοὺς Ὑπερβορέους τῶν ἀστῶν, ἄνδρας πέντε πομποὺς,
τούτους, οἳ νῦν περφερέες καλέονται, τιμὰς μεγάλας ἐν Δήλῳ ἔχοντες· ἐπεὶ δὲ
τοῖσι Ὑπερβορέοισι τοὺς ἀποπεμφθέντας ὀπίσω οὐκ ἀπονοστέειν, δεινὰ ποιευμένους εἰ
σφέας αἰεὶ καταλάμψεται, ἀποστέλλοντας μὴ ἀποδέκεσθαι, οὕτω δὴ φέροντας ἐς
τοὺς οὔρους τὰ ἱρὰ ἐνδεδεμένα ἐν πυρῶν καλάμῃ, τοὺς πλησιοχώρους ἐπισκήπτειν, κε-
λεύοντας προπέμπειν σφέας ἀπ' ἑωυτῶν, ἐς ἄλλο ἔθνος. καὶ ταῦτα μὲν οὕτω προπεμπόμενα, ἀπικνέεσθαι λέγουσι ἐς Δῆλον. οἶδα δὲ αὐτὸς τούτοισι τοῖσι ἱροῖσι τόδε ποι-
εύμενον προσφερές· τὰς Θρηΐσσας, καὶ τὰς Παιονίδας γυναῖκας, ἐπεὰν θύωσι τῇ Ἀρ-
τέμιδι τῇ βασιληΐῃ, οὐκ ἄνευ πυρῶν καλάμης θυούσας τὰ ἱρά. καὶ ταῦτα μὲν δὴ οἶδα ταύτας ποιεύσας. τῇσι δὲ παρθένοισι ταύτῃσι τῇσι ἐξ Ὑπερβορέων τελευτησά-
σῃσι ἐν Δήλῳ, κείρονται καὶ αἱ κόραι, καὶ οἱ παῖδες οἱ Δηλίων· αἱ μὲν, πρὸ γάμου πλό-
καμον ἀποταμνόμεναι, καὶ περὶ ἄτρακτον εἱλίξασαι, ἐπὶ τὸ σῆμα τιθεῖσι. τὸ δὲ σῆμά
ἐστι ἔσω ἐς τὸ Ἀρτεμίσιον, ἐσιόντι ἀριστερῆς χειρός. ἐπιπέφυκε δέ οἱ ἐλαίη. οἱ δὲ παῖδες τῶν Δηλίων, περὶ χλόην τινὰ εἱλίξαντες τῶν τριχῶν, τιθεῖσι καὶ οὗτοι ἐπὶ τὸ σῆμα. αὗται μὲν δὴ ταύτην τὴν τιμὴν ἔχουσι πρὸς τῶν Δήλου οἰκητόρων. φασὶ δὲ οἱ
αὐτοὶ καὶ τὴν Ἄργιν τε καὶ τὴν Ὦπιν ἐούσας παρθένους ἐξ Ὑπερβορέων, κατὰ τοὺς
αὐτοὺς τούτους ἀνθρώπους πορευομένας, ἀπικέσθαι ἐς Δῆλον, ἔτι πρότερον Ὑπερό-
χης τε καὶ Λαοδίκης· ταύτας μέν νυν τῇ Εἰληθυίῃ ἀποφερούσας ἀντὶ τοῦ ὠκυτό-
κου, τὸν ἐτάξαντο φόρον ἀπικέσθαι· τὴν δὲ Ἄργιν τε καὶ τὴν Ὦπιν, ἅμα αὐτοῖσι τοῖσι θεοῖσι ἀπικέσθαι λέγουσι· καί σφι τιμὰς ἄλλας δεδόσθαι πρὸς σφέων. καὶ γὰρ
ἀγείρειν σφι τὰς γυναῖκας, ἐπονομαζούσας τὰ οὐνόματα ἐν τῷ ὕμνῳ, τόν σφι Ὠλὴν
ἀνὴρ Λύκιος ἐποίησε· παρὰ δὲ σφέων μαθόντας νησιώτας τε καὶ Ἴωνας, ὑμνέειν Ὦπίν
τε καὶ Ἄργιν, ὀνομάζοντάς τε, καὶ ἀγείροντας. οὗτος δὴ ὁ Ὠλὴν καὶ τοὺς ἄλλους τοὺς
παλαιοὺς ὕμνους ἐποίησε ἐκ Λυκίης ἐλθὼν, τοὺς ἀειδομένους ἐν Δήλῳ. καὶ τῶν μη-
ρίων καταγιζομένων ἐπὶ τῷ βωμῷ, τὴν σποδὸν ταύτην ἐπὶ τὴν θήκην τῆς Ὤπιός
τε καὶ Ἄργιος ἀναισιμοῦσθαι ἐπιβαλλομένην. ἡ δὲ θήκη αὐτέων, ἔστι ὄπισθεν τοῦ Ἀρ-
τεμισίου πρὸς ἠῶ τε τραμμένη, ἀγχοτάτω τοῦ Κηΐων ἱστιητορίου. καὶ ταῦτα μὲν Ὑπερβορέων πέρι εἰρήσθω· τὸν γὰρ περὶ Ἀβάριος λόγον τοῦ λεγομένου εἶναι Ὑπερβο-
ρέω, οὐ λέγω, λέγων ὡς τὸν ὀϊστὸν περιέφερε κατὰ πᾶσαν τὴν γῆν οὐδὲν σιτεόμενος.
εἰ δὲ εἰσί τινες Ὑπερβόρεοι ἄνθρωποι, εἰσὶ καὶ ὑπερνότιοι ἄλλοι. γελῶ δὲ ὁρέων γῆς πε-
ριόδους γράψαντας πολλοὺς ἤδη, καὶ οὐδένα νόον ἔχοντας ἐξηγησάμενον· οἳ Ὠκεανόν τε
ῥέοντα γράφουσι πέριξ τήν τε γῆν ἐοῦσαν κυκλοτερέα ὡς ἀπὸ τόρνου, καὶ τὴν Ἀσίην
τῇ Εὐρώπῃ ποιεῦσι ἴσην. ἐν ὀλίγοισι γὰρ ἐγὼ δηλώσω μέγαθός τε ἑκάστης αὐτέων,
καὶ οἵη τίς ἐστι ἐς γραφὴν ἑκάστη. Πέρσαι οἰκέουσι κατήκοντες ἐπὶ τὴν νοτίην θάλασσαν, τὴν ἐρυθρὴν καλεομένην· τουτέων δ' ὑπεροικέουσι πρὸς βορέην ἄνεμον, Μῆ-
δοι. Μήδων δὲ, Σάσπειρες· Σασπείρων δὲ, Κόλχοι κατήκοντες ἐς τὴν βορηΐην θάλασσαν· ἐς
τὴν, Φᾶσις ποταμὸς ἐκδιδοῖ· ταῦτα τέσσερα ἔθνεα οἰκέει ἐκ θαλάσσης ἐς θάλασσαν. ἐνθεῦτεν δὲ τὸ πρὸς ἑσπέρης, ἀκταὶ διφάσιαι ἀπ' αὐτῆς κατατείνουσι ἐς θάλασσαν,
τὰς ἐγὼ ἀπηγήσομαι. ἔνθεν μὲν ἡ ἀκτὴ ἡ ἑτέρη τὰ πρὸς βορέην ἀπὸ Φάσιος ἀρξαμένη, παρατέταται ἐς θάλασσαν παρά τε τὸν Πόντον, καὶ τὸν Ἑλλήσποντον, μέχρι Σι-
γείου τοῦ Τρωϊκοῦ. τὰ δὲ πρὸς νότου, ἡ αὐτὴ αὕτη ἀκτὴ ἀπὸ τοῦ Μαριανδυνῶν κόλ-
που τοῦ πρὸς Φοινίκην κειμένου τείνει τὰ ἐς θάλασσαν μέχρι Τριοπίου ἄκρης. οἰκέει δὲ
ἐν τῇ ἀκτῇ ταύτῃ, ἔθνεα ἀνθρώπων τριήκοντα. αὕτη μέν νυν ἡ ἑτέρη τῶν ἀκτέων. ἡ
δὲ δὴ ἑτέρη ἀπὸ Περσέων ἀρξαμένη, παρατέταται ἐς τὴν ἐρυθρὴν θάλασσαν· ἥ τε Περ-
σικὴ, καὶ ἀπὸ ταύτης ἐκδεκομένη Ἀσσυρίη· καὶ ἀπὸ Ἀσσυρίης, ἡ Ἀραβίη. λήγει δὲ
αὕτη, οὐ λήγουσα εἰ μὴ νόμῳ, ἐς τὸν κόλπον τὸν Ἀράβιον, ἐς τὸν Δαρεῖος ἐκ τοῦ Νείλου
διώρυχα ἐσήγαγε. μέχρι μέν νυν Φοινίκης ἀπὸ Περσέων, χῶρος πλατὺς καὶ πολλὸς
ἐστί. τὸ δ' ἀπὸ Φοινίκης παρήκει διὰ τῆσδε τῆς θαλάσσης, ἡ ἀκτὴ αὕτη παρά τε Συρίην
τὴν

Abb. 13: Aldina des Herodot (1502), fol. ΘΘ HH iii[v] (= Nr. 9).

Pythagoras oder Parmenides

Kugelgestalt der Erde: Entdeckung des Pythagoras oder des Parmenides

"Seltsamerweise bereitet es nun außergewöhnliche Schwierigkeiten, die wichtigste Errungenschaft der frühen kosmologischen Astronomie der Griechen, die Entdeckung der Kugelgestalt der Erde, auch nur annähernd mit einiger Sicherheit zu datieren. Die modernen Ansätze erstrecken sich von der zweiten Hälfte des 6. bis zur Mitte des 4. Jahrhunderts, differieren also um nahezu 200 Jahre, eine höchst eigentümliche Situation, wenn man bedenkt, wie viele Einzelheiten über die astronomisch-kosmologischen Spekulationen dieser Zeitspanne uns sonst überliefert sind" (Kurt von Fritz, 145). Die Verwirrung darüber, wen man als Archegeten der Erkenntnis der Kugelgestalt anzunehmen habe, ist bereits in der antiken Doxographie gestiftet worden. Besonders bezeichnend ist ein Beispiel aus Diogenes Laertios 8, 48: *Von unserem Pythagoras sagt Favorin, er habe (...). Auch habe er das Himmelsgebäude zuerst Kosmos genannt und die Erde als rund bezeichnet, nach Theophrast dagegen Parmenides, und nach Zenon Hesiod.* (Übers. von Otto Apelt)

Moderne Fachwissenschaftler haben Argumente für folgende Kandidaten, die die Kugelgestalt behauptet oder als Möglichkeit in Betracht gezogen haben sollen, ins Feld geführt (eine Auswahl): Anaximander von Milet (um 610-546) (zu ihm vgl. oben S. 10f.), Pythagoras (2. Hälfte des 6. Jh.), Parmenides von Elea in Unteritalien (2. Hälfte des 6. bis 1. Hälfte des 5. Jh.), Anaxagoras aus Klazomenai in Ionien (5. Jh.), Archytas von Tarent (1. Hälfte des 4. Jh.), Philolaos aus Kroton in Unteritalien (5. Jh.), Aristoteles (384-322).

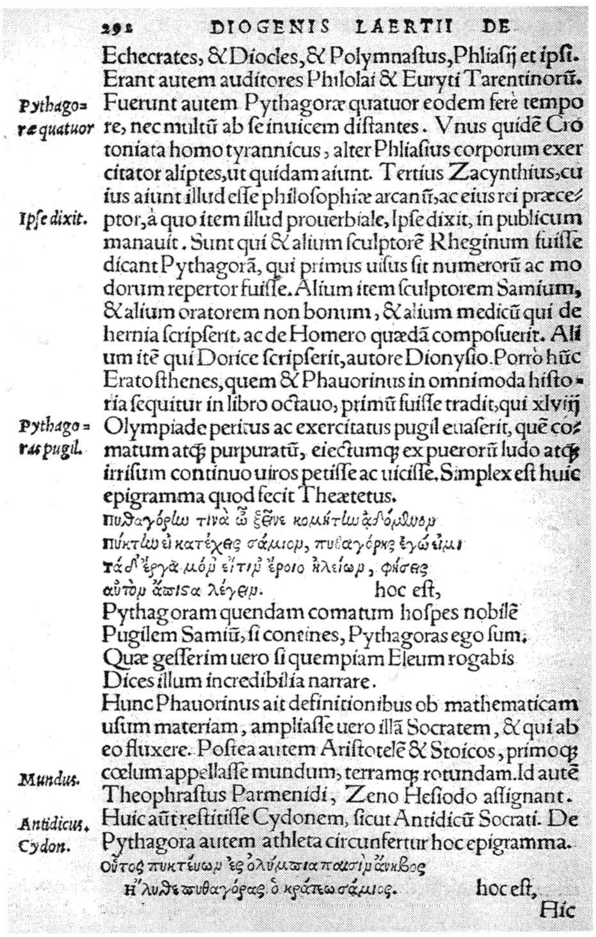

292 DIOGENIS LAERTII DE

Echecrates, & Diocles, & Polymnastus, Phliasij et ipsi. Erant autem auditores Philolai & Euryti Tarentinorū. Fuerunt autem Pythagoræ quatuor eodem ferè tempore, nec multū ab se inuicem distantes. Vnus quidē Crotoniata homo tyrannicus, alter Phliasius corporum exercitator aliptes, ut quidam aiunt. Tertius Zacynthius, cuius aiunt illud esse philosophiæ arcanū, ac eius rei præceptor, à quo item illud prouerbiale, Ipse dixit, in publicum manauit. Sunt qui & alium sculptorē Rheginum fuisse dicant Pythagorā, qui primus uisus sit numerorū ac modorum repertor fuisse. Alium item sculptorem Samium, & alium oratorem non bonum, & alium medicū qui de hernia scripserit, ac de Homero quædā composuerit. Alium itē qui Dorice scripserit, autore Dionysio. Porrò hūc Eratosthenes, quem & Phauorinus in omnimoda historia sequitur in libro octauo, primū fuisse tradit, qui xlviij Olympiade peritus ac exercitatus pugil euaserit, quē comatum atq; purpuratū, eiectumq; ex puerorū ludo atq; irrisum continuo uiros petisse ac uicisse. Simplex est huic epigramma quod fecit Theætetus.

Pythago- ræ quatuor

Ipse dixit.

Pythago- ras pugil.

πυθαγόρην τινὰ ὦ ξεῖνε κομήτην ἀδόμενον
πύκτην εἰ κατέχεις σάμιον, πυθαγόρης ἐγώ εἰμι
τὰ δ᾽ ἔργα μόν εἴ τιν᾽ ἔροιο ἠλείων, φήσεις
αὐτὸν ἄπιστα λέγειν. hoc est,

Pythagoram quendam comatum hospes nobilē
Pugilem Samiū, si contines, Pythagoras ego sum.
Quæ gesserim uero si quempiam Eleum rogabis
Dices illum incredibilia narrare.

Hunc Phauorinus ait definitionibus ob mathematicam usum materiam, ampliasse uero illā Socratem, & qui ab eo fluxere. Postea autem Aristotelē & Stoicos, primoq; cœlum appellasse mundum, terramq; rotundam. Id autē Theophrastus Parmenidi, Zeno Hesiodo assignant. Huic aūt restitisse Cydonem, sicut Antidicū Socrati. De Pythagora autem athleta circunfertur hoc epigramma.

Mundus.

Antidicus. Cydon.

οὗτος πυκτεύσων ἐς ὀλύμπια παισὶν ἄνηβος
ἤλυθε πυθαγόρας ὁ κράτεω σάμιος. hoc est,

Hic

Abb. 14: Latein. Ausgabe des Diogenes Laertios (Basel 1524), p. 292 (= Nr. 10).

Abb. 15: Pythagoras, sitzend, auf einen Globus zeigend. Münze von Samos (röm. Periode) (nach Richter, Fig. 302).

Abb. 16a: Parmenides.

Abb. 16c: Archytas.

Abb. 16b: Anaxagoras.

Abb. 16d: Demokrit.

Abb. 16a - 16d: Fiktive Holzschnittbildchen von Parmenides, Anaxagoras, Archytas und Demokrit aus Schedels Weltchronik von 1493 (vgl. Nr. 35), fol. LXXII^{v}, LXXI, LXXIII^{v}, LXX^{v}.

Nach den relativ zuverlässigsten antiken Gewährsmännern sind es Parmenides oder Pythagoras (bzw. ein Pythagoreer), die am ehesten in Frage kommen. "Daß diese Theorie nicht durchdrang, daß noch Demokrit an der merkwürdigen beckenförmigen Erdgestalt festhielt, ist einer jener Rückschritte, mit denen in der Geschichte der Naturwissenschaften zu rechnen ist" (Walter Burkert, 283/4). Jedenfalls dürfte aus den unten (S. 22ff. und 31ff.) angeführten direkten Belegen aus Platon und Aristoteles doch wohl deutlich hervorgehen, daß im Peripatos des Aristoteles wie bereits in der Akademie des Platon die Tatsache der Kugelgestalt der Erde festes Wissensgut war. - Übrigens stehen, was die Einteilung der Erde in Zonen betrifft, ebenfalls Pythagoras und Parmenides in der Überlieferung rivalisierend nebeneinander.

Welche Gründe hatte der Archeget der Kugelgestalt, wer auch immer er war? Mit Blick auf seinen Kandidaten Pythagoras hat Theodor Gomperz (Griechische Denker. Eine Geschichte der antiken Philosophie, I, Leipzig 1911, 90) drei Möglichkeiten erwogen (Heath, 48-49 und Kahn, 116-117, letzterer mit Bezug auf Parmenides, haben sich im wesentlichen angeschlossen): "Sogleich von jener ersten Errungenschaft wissen wir nicht zu sagen, was an ihr größeren Anteil hatte, ob die richtige Deutung der Phänomene (vor allem der Rundung des in den Mondfinsternissen erkennbaren Erdschattens) oder die grundlose Annahme, daß wie der Himmel selbst eine Kugel sei, das Gleiche auch von den einzelnen Himmelskörpern gelten müsse, oder endlich das Vorurteil, vermöge dessen diesen "die vollkommenste" der Körpergestalten, die Kugelgestalt gebühre. Doch wie dem auch sein mag, es war damit ein neuer, mächtiger Schritt getan in der Richtung der wahren, der kopernikanischen Ansicht vom Weltall. Denn die Kugelgestalt ward nicht nur der Erde, sie war zweifelsohne auch dem Monde, dessen Phasen vielleicht am frühesten zu der richtigen Einsicht führten, der Sonne und den Planeten zugewiesen, und somit war die bevorrechtete Sonderstellung unseres Weltkörpers aufgehoben."

Exponat Nr. 10: Diogenis Laertii ... de vita et moribus philosophorum libri decem ... , Basel (in aedibus Valentini Curionis) 1524: lateinische Übersetzung.

Die einzige erhaltene vollständige Philosophiegeschichte des Altertums in Einzelbildern, wohl vom Ende des 3. Jahrhunderts n.Chr., eine Mischung aus Biographie und Doxographie nach dem Schema der Abfolge von Lehrmeinungen und Schulhäuptern; leider eine nachrangige Kompilation in mehrfachen Brechungen aus älteren Texten.

FU Berlin, Universitätsbibliothek: 48/71/124 835.

Ausgestellt: p. 292/293 (mit der zitierten Stelle aus der Pythagoras-Vita 8, 48).

Abb. 14.

Aristophanes

Weltbild, Kartographie, Kugelgestalt der Erde: bisher war von Homer, den Denkern, den Historikern und Geographen bis hinab ins 5. bzw. 4. Jahrhundert v.Chr. die Rede. Welche Vorstellungen hatte der 'einfache Mann' in Griechenland, welche Rolle spielten diese Fragen außerhalb der 'Fachliteratur'?

Daß Karten natürlich bei militärstrategischen Erörterungen von Bedeutung waren, bestätigt uns Herodot in seiner schönen Novelle (V 49) über die Mission des Aristagoras in Sparta. Aber auch auf der attischen Bühne erleben wir Reflexe mit.

Im Komödienwettbewerb des Jahres 423 v.Chr. konnte Aristophanes sein Publikum und die Preisrichter mit der Aufführung der 'Wolken' nicht überzeugen. Ihm blieb nur der 3. Platz. Doch gerade diese Komödie wurde zu einem Klassiker und ist bis heute das bekannteste Stück des Dichters. Allerdings liegt der enormen Nachwirkung nicht die Fassung der Uraufführung zugrunde, sondern eine Bearbeitung, zu der sich Aristophanes nach seinem Mißerfolg entschlossen hatte.

In den 'Wolken' wird die Sophistik, der neue Intellektualismus, das neue Denken und die neumodische Erziehung karikiert und der Lächerlichkeit preisgegeben. Der alte Bauer Strepsiades steht angesichts des aufwendigen Lebenswandels seines Sohnes vor dem Ruin. Er sieht nur noch eine Rettung vor den Gläubigern: die "Denkbude" nebenan. Hier gibt es neue, mächtige Weisheiten und vor allem die Rhetorik, mit deren Hilfe jeder Prozeß gewonnen wird, denn durch sie wird selbst die ungerechte Sache zur gerechten. Doch Strepsiades' Sohn ist keineswegs gewillt, sich in die Schar der bleichen, lebensfernen Anhänger des Sokrates einzureihen. Da bleibt dem Bauern keine Wahl, er muß sich selbst in den neuen Künsten unterrichten lassen ...

Doch bevor der Meister Sokrates sich aus luftiger Höhe von seiner Hängematte, in der er gehobener Weisheit nachsinnt, zu dem armen Erdenwurm herabläßt, wird Strepsiades durch einen Studenten in die Geheimnisse der Denkbude eingeführt: Scharfsinnige Dialektik und empirisches Experiment, die es Sokrates gerade ermöglicht hatten, der Frage eines Schülers "Wie viele Flohfuß mißt der Sprung des Flohs?" auf den Grund zu gehen, Himmelskunde, Landvermessung und Geographie. Offensichtlich zum erstenmal in seinem Leben sieht sich der Bauer mit einer Landkarte konfrontiert und ist unfähig, einen solchen abstrakten Entwurf zu begreifen. Für ihn ist Athen, sind Attika und Sparta nur konkret faßbar. Und auch als ihm das Symbolhafte der Darstellung bewußt wird, sieht er die Karte nicht als rein geistige Abstraktion, sondern scheint, in magischem Denken verhaftet, Symbol und Sache selbst zu identifizieren. Der Feind Sparta, mit dem man schon Jahre im Krieg liegt, ist zu nah bei Athen. Die Weisen der Denkbude möchten doch dafür sorgen, daß Sparta weiter abgerückt werde.

Manfred Fuhrmann hat für seine deutschsprachige Bühnenfassung der Wolken (1977) einige Änderungen vorgenommen, um die Dialoge auch für ein heutiges Publikum unmittelbar verständlich zu machen. Der bäurische Held heißt hier "Beugemann" (wörtlich etwa "Verdreher"), das Gegensatzpaar Athen - Sparta erscheint als Griechenland - Türkei und der Witz über Euboia wird auf das heutige Zypern verlegt.

[Man blickt in das Innere der Denkanstalt. Sonderbare Instrumente, geometrische Zeichnungen, Globus, Landkarte. Einige Schüler, in wunderlichen Verrenkungen die Erde musternd. Im Hintergrund oben in einer Art Hängematte Sokrates.]

BEUGEMANN *Hilf, Herakles: was sind denn das für Tiere?*
SCHÜLER *Du wunderst dich? Wie kommen sie dir vor?*
BEUGEMANN *Wie bleiche ausgemergelte Gefangne.*
Was blicken sie so forschend auf die Erde?
SCHÜLER *Sie suchen zu ergründen, was sich dort verbirgt.*
BEUGEMANN *Ach so - sie suchen Zwiebeln. He!*

Bemüht euch nicht! Ich weiß, wo's welche gibt,
und lauter schöne, große! - Hm, und was
tun die, die sich so schrecklich bücken müssen?
SCHÜLER *Sie dringen bohrend bis zur Hölle vor.*
BEUGEM. *Doch warum guckt ihr Arsch so dreist zum Himmel?*
SCHÜLER *Der treibt auf eigne Faust Astronomie. -*
[Ein paar Schüler sind neugierig nähergekommen.]
Hsch, Hsch ...
Hinein mit euch, daß er euch nicht erwischt!
BEUGEMANN *Nein, laß sie noch, hör auf! Sie müssen wissen,*
weshalb ich hier erschienen bin!
SCHÜLER *Das geht nicht!*
Sie kommen mir sonst viel zu lange an
die frische Luft!
BEUGEMANN *Ihr Götter, sag, was ist*
denn das?
[Er deutet auf ein Instrument.]
SCHÜLER *Astronomie, mein Freund.*
BEUGEMANN *Und das da?*
[Auf andere Instrumente deutend.]
SCHÜLER *Geometrie.*
BEUGEMANN *Und wozu soll das gut sein?*
SCHÜLER *Das Land zu messen.*
BEUGEMANN *Land? Das Beuteland,*
das wir verteilen wollen?
SCHÜLER *Nein, das ganze!*
BEUGEMANN *Das ganze Land wird umverteilt? Famos*
und sehr sozial!
SCHÜLER [zeigt auf die Landkarte]
Hier haben wir die gan-
ze Welt. Das ist Athen.
BEUGEMANN *Das soll Athen sein?*
Wo sitzen denn die Richter, die Beamten?
SCHÜLER *Verlaß dich drauf: dies Stück ist Attika.*
BEUGEM. *Wo ist mein Haus, und wo sind meine Nachbarn?*
SCHÜLER *Die stecken da mit drin! Das da ist Zypern,*
die Insel in der Ecke dort!
BEUGEMANN *Ich weiß:*
das Reich des Erzbischofs - da sind wir bö-
se angeeckt! Wo liegt denn die Türkei,
die uns so übel mitspielt?
SCHÜLER *Hier: da ist sie!*
BEUGEMANN *So nah bei uns? Ihr solltet euch bemühen,*
sie von uns wegzuschieben - möglichst weit!
SCHÜLER *Hoho, das geht nicht.*
BEUGEMANN *Geht nicht? Da könnt ihr*
zum Teufel gehn! -
[Er sieht in die Höhe und erblickt Sokrates.]
Herrje, was ist denn das:
der Kerl da oben in der Hängematte?
SCHÜLER *Pssst - ER.*
BEUGEMANN *Er? Wer? Was für ein "er"?*
SCHÜLER *Er selbst:*
der Meister, Sokrates!

(Aristophanes, Wolken 185-219).

Exponat Nr. 11: Aristophanes: Editio princeps, Venedig (Aldus Manutius) 1498 mm 290x205.

Die Erstausgabe des griechischen Textes von neun der elf erhaltenen Komödien des Aristophanes aus der Druckerei des Aldus Manutius, der sich wie kaum ein anderer um die Verbreitung der griechischen Literatur in der Renaissance verdient gemacht hat. Das philologische Verdienst an der Ausgabe kommt dem Gräzisten Markos Musuros zu. Wiederum - wie bei Nr. 9 - beeindruckt die elegante Schlichtheit des Druckes, in dem die Komödienverse von Prosascholien am Rand umgeben sind.

Lit.: Sicherl, Martin: Die Editio princeps des Aristophanes, in: Fuhlrott, Rolf - Haller, Bertram (Hrsg.): Das Buch und sein Haus, I, Wiesbaden 1979, 189-231.

Staats- und Universitätsbibliothek Hamburg: AC VIII 156.

Ausgestellt: fol. ζ ii^{v}/iii (mit der oben zitierten Passage aus den 'Wolken').
Abb. 17.

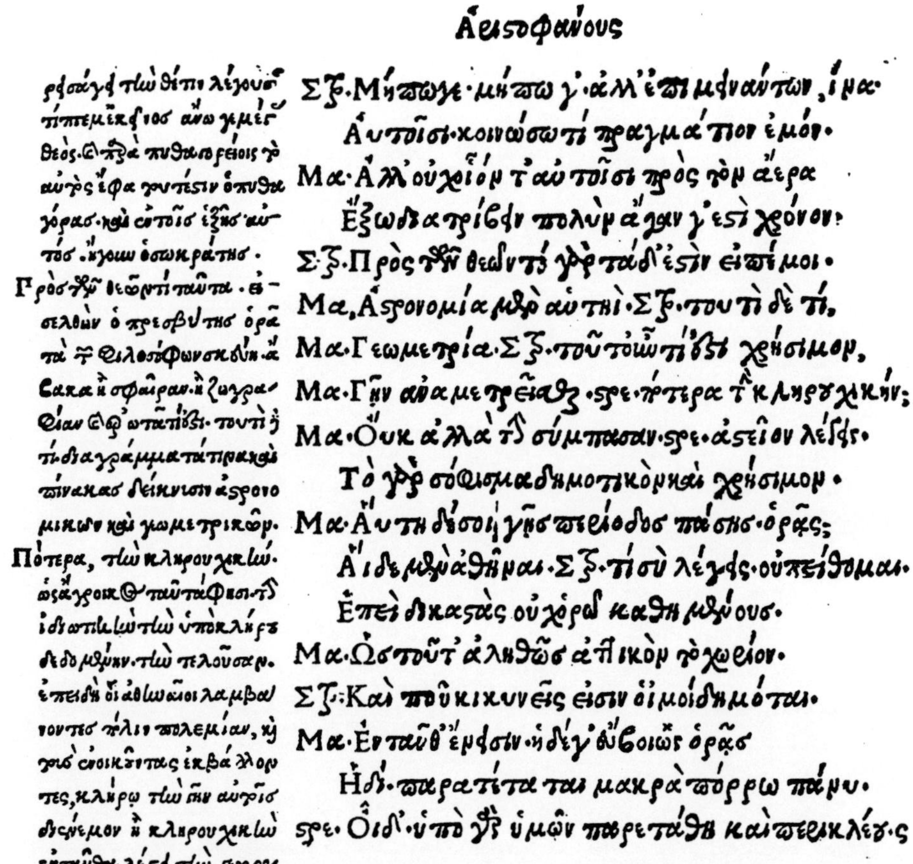
Ἀριστοφάνους

Στ. Μήπω γε μήπω γ'· ἀλλ' ἐπιμεινάντων, ἵνα
αὐτοῖσι κοινώσω τι πραγμάτιον ἐμόν.
Μα. Ἀλλ' οὐχ οἷόν τ' αὐτοῖσι πρὸς τὸν ἀέρα
ἔξω διατρίβειν πολὺν ἄγαν γ' ἐστὶ χρόνον.
Στ. Πρὸς τῶν θεῶν τί γὰρ τάδ' ἐστίν; εἰπέ μοι.
Μα. Ἀστρονομία μὲν αὑτηΐ. Στ. Τουτὶ δὲ τί;
Μα. Γεωμετρία. Στ. Τοῦτ' οὖν τί ἐστι χρήσιμον;
Μα. Γῆν ἀναμετρεῖσθαι. Στρ. Πότερα τὴν κληρουχικήν;
Μα. Οὐκ, ἀλλὰ τὴν σύμπασαν. Στρ. Ἀστεῖον λέγεις.
Τὸ γὰρ σόφισμα δημοτικὸν καὶ χρήσιμον.
Μα. Αὕτη δέ σοι γῆς περίοδος πάσης. ὁρᾷς;
Αἵδε μὲν Ἀθῆναι. Στ. Τί σὺ λέγεις; οὐ πείθομαι,
ἐπεὶ δικαστὰς οὐχ ὁρῶ καθημένους.
Μα. Ὡς τοῦτ' ἀληθῶς Ἀττικὸν τὸ χωρίον.
Στ. Καὶ ποῦ Κικυννεῖς εἰσιν οὑμοὶ δημόται;
Μα. Ἐνταῦθ' ἔνεισιν. ἡ δέ γ' Εὔβοι', ὡς ὁρᾷς,
ἡδὶ παρατέταται μακρὰ πόρρω πάνυ.
Στρ. Οἶδ'· ὑπὸ γὰρ ὑμῶν παρετάθη καὶ Περικλέους.

Abb. 17: Aldina des Aristophanes (1498), fol. ζ ii^v (= Nr. 11).

Platon

Die Gestalt der Erde

Die allgemein als zentral angesehenen Textstellen für Platons Vorstellung von der Kugelgestalt der Erde finden sich im Schlußmythos des Dialogs Phaidon. Der runde Erdenkörper liege im Gleichgewicht inmitten des Himmelsraumes. Die Erde wäre - so Platon (427-347 v. Chr.), der gerne mit Beispielen aus dem täglichen Leben argumentiert -, wenn man sie aus großer Höhe betrachtete, wie die bekannten zwölfteiligen Lederbälle anzusehen. Wenn Platon den Glanz und die Farbenpracht der Erde beschreibt, so wie sie, von oben gesehen, einem Betrachter sich darbiete, mag ein moderner Leser zunächst versucht sein, von einer visionären Vorwegnahme der heutigen Weltraumbilder zu sprechen. Doch, wie das Zitat aus dem Phaidon und die zeichnerische Rekonstruktion Paul Friedländers (Abb. 18) zeigen, unterscheidet sich Platons Weltbild wesentlich von dem durch die moderne Wissenschaft und Technik erreichten Wissensstand. Platon geht es in seinem Mythos nicht um absolute wissenschaftliche Sicherheit. "Zwei Vorstellungsreihen vereinen sich hier: die erste ist kosmologisch, physikalisch, geographisch, die andere ist mythisch-eschatologisch" (Friedländer, 276).

Dem lateinischen Mittelalter wurde der Phaidon durch die Übersetzung des Henricus Aristippus (etwa Mitte des 12. Jahrhunderts) bekannt. Francesco Petrarca besaß ein Manuskript dieser Version und hat es mit Anmerkungen versehen. Im Renaissance-Humanismus des 15. Jahrhunderts, als diese Übersetzung den Ansprüchen nicht mehr genügte, schuf Lionardo Bruni (um 1370-1444), der spätere Staatskanzler von Florenz, eine neue Übertragung. Größten Einfluß erlangte Marsilio Ficinos (1433-1499) lateinische Übersetzung des platonischen Gesamtwerkes (erster Druck: Florenz 1484).

Im Phaidon wird berichtet von Sokrates' letztem Tag. Noch einmal haben sich einige seiner Schüler und Freunde im Gefängnis eingefunden und scharen sich um ihren Meister. Am Abend wird der zum Tode verurteilte Philosoph den Giftbecher trinken müssen. Allein dieser Tag bleibt noch für das Gespräch - für ein Gespräch über die Seele, über ihre Unsterblichkeit, die Sokrates in mehreren Argumentationsgängen zu beweisen sucht.

Der Schlußmythos handelt von dem Schicksal der Seele nach dem Tod in der Unterwelt und entwirft ein umfassendes Bild von der Erde, ihrer Lage, Gestalt und Beschaffenheit (Platon, Phaidon 108e - 110d, 111c - 112a. Übers. von Franz Dirlmeier).

Doch die Gestalt der Erde - so wie sie mir jetzt denkbar scheint - und ihre Regionen zu beschreiben, das ist mir ohne Schwierigkeiten möglich.

Nun, sagte Simmias, auch das genügt.

Zuerst nun, fuhr er fort, hab' ich mir sagen lassen: die Erde, soferne sie im Mittelpunkt des Alls als runder Körper schwebt, braucht keineswegs die Luft um nicht zu fallen. Es ist auch sonst kein Druck vonnöten. Im Gegenteil: um sie zu halten, genügt die allseits mit sich gleiche Form des Alls sowie das Gleichgewicht der Erde selbst. Denn wenn ein allseits ausgewogener Körper im Mittelpunkte eines gleichen Raumes schwebt, so wird er nicht instande sein, das Gleichgewicht mehr oder minder zu verlagern, er wird vielmehr auf Grund der Ausgewogenheit von Schwankung frei im Raum verharren. Das also hab' ich mir, bemerkte er, an erster Stelle sagen lassen.

Mit Recht, versetzte Simmias.

Und weiter, sagte er, es handle sich um etwas ganz gewaltig Ausgedehntes. Und wir, die wir das Land bis zu des Herakles bekannten Säulen vom Phasis an bewohnten: wir nähmen nur ein kleines Teilchen ein und wie Ameisen oder Frösche rings um den Sumpf so hausten wir rings um das Meer. Und weiter wohnten viele da und dort in vielen solchen Regionen. Es seien nämlich überall rund um die Erde Senkungen in großer Zahl, von wechselnder Gestalt und Größe. In diese habe sich das Wasser, der Nebel und die Luft ergossen. Die eigentliche Erde aber, die liege rein im reinen Raum des Alls, in dem die Sterne sind - bekanntlich pflegten ihn die meisten Kenner als Äther anzusprechen. Sein Niederschlag, das seien die genannten Stoffe, die ständig in die Senkungen der Erde sich ergössen. Und wir, wir wohnten, ohne es zu ahnen, in diesen ihren Senkungen und wähnten, doch oben auf der Erde zu verweilen.

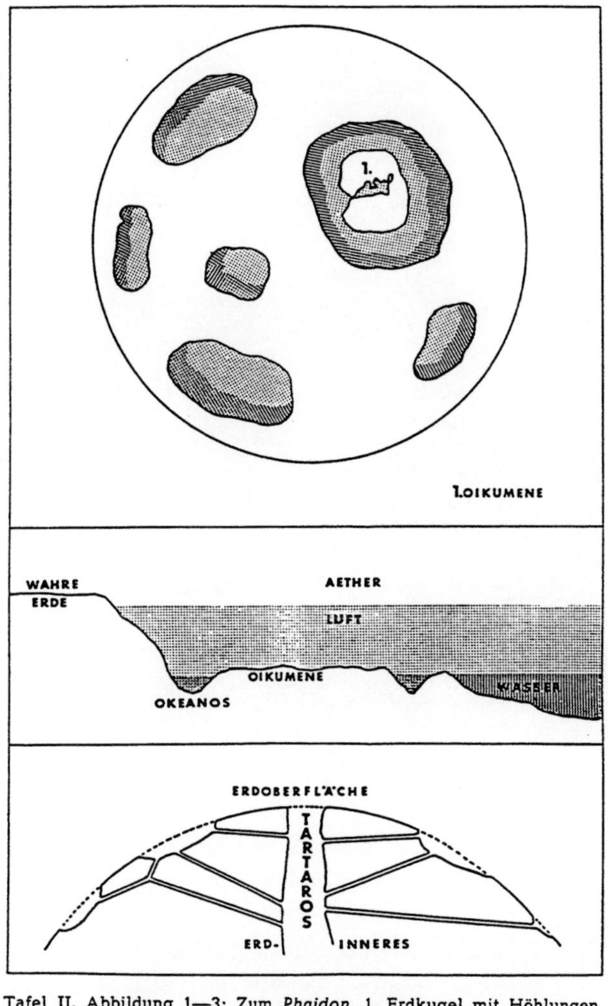

Tafel II. Abbildung 1—3: Zum *Phaidon*. 1. Erdkugel mit Höhlungen. 2. Schnitt durch die (halbe) Höhlung der Oikumene. 3. Schnitt durch einen Teil der Erdkugel.

Abb. 18: P. Friedländer, Weltbild Platons im 'Phaidon' (³1964) (= Nr. 12).

Das sei, wie wenn ein Mensch im Mittelpunkt des Meeresgrundes wohnend den Meeresspiegel zu bewohnen und in dem Meer das All vor sich zu haben wähnte - wo er in Wirklichkeit die Sonne und die anderen Gestirne doch nur durchs Wasser sehe. Und es sei so, als wäre er aus Stumpfheit und aus Schwachheit niemals zur Meeresoberfläche hochgekommen und hätte nie, aus Meerestiefe sich befreiend, in unseren Bereich auftauchend sehen können, wievielmals diese Welt geläuterter und schöner ist als jene drunten, und hätte auch von einem Augenzeugen nichts erfahren. Genau so gehe es auch uns. Denn während wir in einer Senkung dieser Erde lebten, vermeinten wir die Oberfläche zu bewohnen und wir bezeichneten die Luft als Himmelsall, als wäre sie das All, durch das die Sterne wandeln. Und doch sei es mit uns das gleiche: aus Schwäche und aus Stumpfheit gelinge es uns nicht, die Luft bis an den Grenzsaum zu durchdringen. Denn wenn ein Mensch zum Luftrand käme oder, dem Vogel gleich, zur Höhe strebte, so würde er, auftauchend, in den Blick bekommen - so wie bei uns die Fische, die aus dem Meere schnellen, die Welt erblicken - so würde er die Welt dort oben in den Blick bekommen, und wäre die Natur kraftvoll genug, den Anblick auszuhalten, so würde er erkennen, daß dort das wahre Himmelsall, das wahre Licht, die wahre Erde ist. Denn diese unsere Erde, die Steine und die ganze Erdenregion, die sind verwittert und zerfressen so wie der Grund des Meeres von der Salzflut. Es wächst auch nichts im Meere, was man schätzen könnte, kurz, da ist gar nichts, was vollendet wäre, wohl aber Schlünde, Sand und Sumpf ohn' Ende und, wo sich Erdreich bildet, Schlammlagunen: es ist nichts da, was man am Maßstab unseres Schönen messen dürfte. Doch zwischen jenem Sein dort oben und unseren Erdendingen, da würde wohl ein Abstand sichtbar, der weit größer ist. Nun, sollte es einmal am Platze sein, euch etwas Schönes zu erzählen - es lohnt sich zuzuhören, lieber Simmias, wie es dort aussieht auf der Erde unterm Himmelsall.

O ganz gewiß, mein Sokrates, sprach Simmias,

wir möchten gerne hören, was du darüber zu erzählen weißt.
Nun gut, mein Freund, sprach er. Es heißt, zunächst einmal, die eigentliche Erde, sie biete von oben her gesehen ein Bild wie ein zwölfteiliger Lederball, sei bunt, in Farbenstreifen abgeteilt, und unsere Farben, wie sie die Maler haben, die seien gleichsam Proben jener Farben. Dort aber sei die ganze Erde nur aus solchen, nur seien sie viel leuchtender und reiner als bei uns. Der eine Teil sei nämlich purpurfarben, großartig schön, der andere sei wie Gold und, wo die Erde weiß ist, da überstrahle dieses Weiß den Alabaster und den Schnee. Auch aus den anderen Farben setze sich ihr Schmuck zusammen, nur seien es noch mehr und schönere, als wir sie je gesehen haben. Ja, selbst die schon erwähnten Senkungen auf ihr, mit Wasser und mit Luft gefüllt, sie zeigten eine Art von Farbe und glänzten in der Symphonie der anderen Farben, so daß die Erde als einziges und farbenprächtiges Gesamtbild in Erscheinung trete. So groß sei ihre Herrlichkeit - und dem entsprächen auch die Gewächse, die dort wachsen. (...) So stelle sich das Grundgefüge der Erde im ganzen dar und das, was auf der Erde ist. Landregionen aber gebe es auf ihr in großer Zahl und zwar verliefen sie, den Senken folgend, rings um die ganze Erde: die eine Form sei tiefer und weiter ausgebuchtet als die von uns bewohnte, und eine zweite sei tiefer, doch an der Öffnung schmaler als die unsrige, und eine dritte sei nach der Tiefe zu nicht ganz so ausgedehnt wie diese hier und zugleich breiter hingelagert. All diese Regionen seien - unterirdisch - an vielen Stellen durch gebohrte Schächte von engerem und weiterem Durchmesser in gegenseitiger Verbindung. Sie hätten Austrittsstollen, durch die viel Wasser von einer Senke zu der anderen gleich wie in Mischgefäße laufe. Auch Ströme hätten sie, die nie versiegten, von ungeheurer Größe - unterirdisch, - die warmes und auch kaltes Wasser führten. Und Feuermassen hätten sie und riesenhafte Feuerströme, desgleichen viele, die ganz aus feuchtem Schlamm, mehr oder minder reinem oder schmutzigem, bestehen. Es sei wie auf Sizilien, wo vor der Lava Schlammesfluten strömen und dann die Lava selber kommt. Die Ströme nun erfüllten jede Region so, wie sie jeweils an der Reihe seien, den Umlauf zu vollziehen. Es werde aber die ganze Auf- und Abbewegung ausgelöst durch eine Art von Schaukel im Inneren der Erde und zwar beruhe die Wirkung dieser Schaukel auf folgender natürlichen Gegebenheit: ein *Schlund der Erde ist der größte und senkrecht durch die ganze Erde durchgebohrt. Er ist mit jenem Vers Homers gemeint: "Weit weg, wo unter der Erde die tiefste Tiefe sich auftut" - derselbe, der anderswo von ihm und vielen anderen Dichtern als Tartaros bezeichnet wird. In diesen Schlund ergießen sich nun alle Flüsse und ihm entströmen sie auch wieder.*

Lit.: Friedländer, Paul: Platon als Geophysiker und Geograph, in P. F.: Platon, Berlin ³1964, Bd. I, 276-299, 397-403, Taf. II-III. Von einigen Gelehrten ist bestritten worden, daß Platon sich die Erde in diesem Mythos als Kugel denke (vgl. Friedländer, 397 und Gallop, David: Plato. Phaido, Oxford 1975, 223). - Minio-Paluello, Lorenzo: Phaedo (Plato Latinus 2), London 1950. - Hankins, James: Plato in the Italian Renaissance (Columbia Studies in the Classical Tradition 17), Leiden-New York-København-Köln 1990.

Exponat Nr. 12: Friedländer, Paul: Platon, Berlin 1928.

Der bekannte Platon-Forscher Paul Friedländer rekonstruiert zeichnerisch das Bild der Erde, wie Platon es im Mythos des Phaidon und des Timaios entworfen hat.

Ausgestellt: Bd I Taf. I.
Abb. 18 und 22.

Exponat Nr. 13: Codex Oxoniensis Clarkianus 39 Jahr 895 Pergament ff. 424 mm 320x225. Facsimile: Plato. Codex Oxoniensis Clarkianus 39 phototypice editus. Praefatus est Thomas Guilelmus Allen, P. 1 (Codices Graeci et Latini photographice depicti duce Scatone De Vries 3), Leiden 1898, f. 53ᵛ/54.

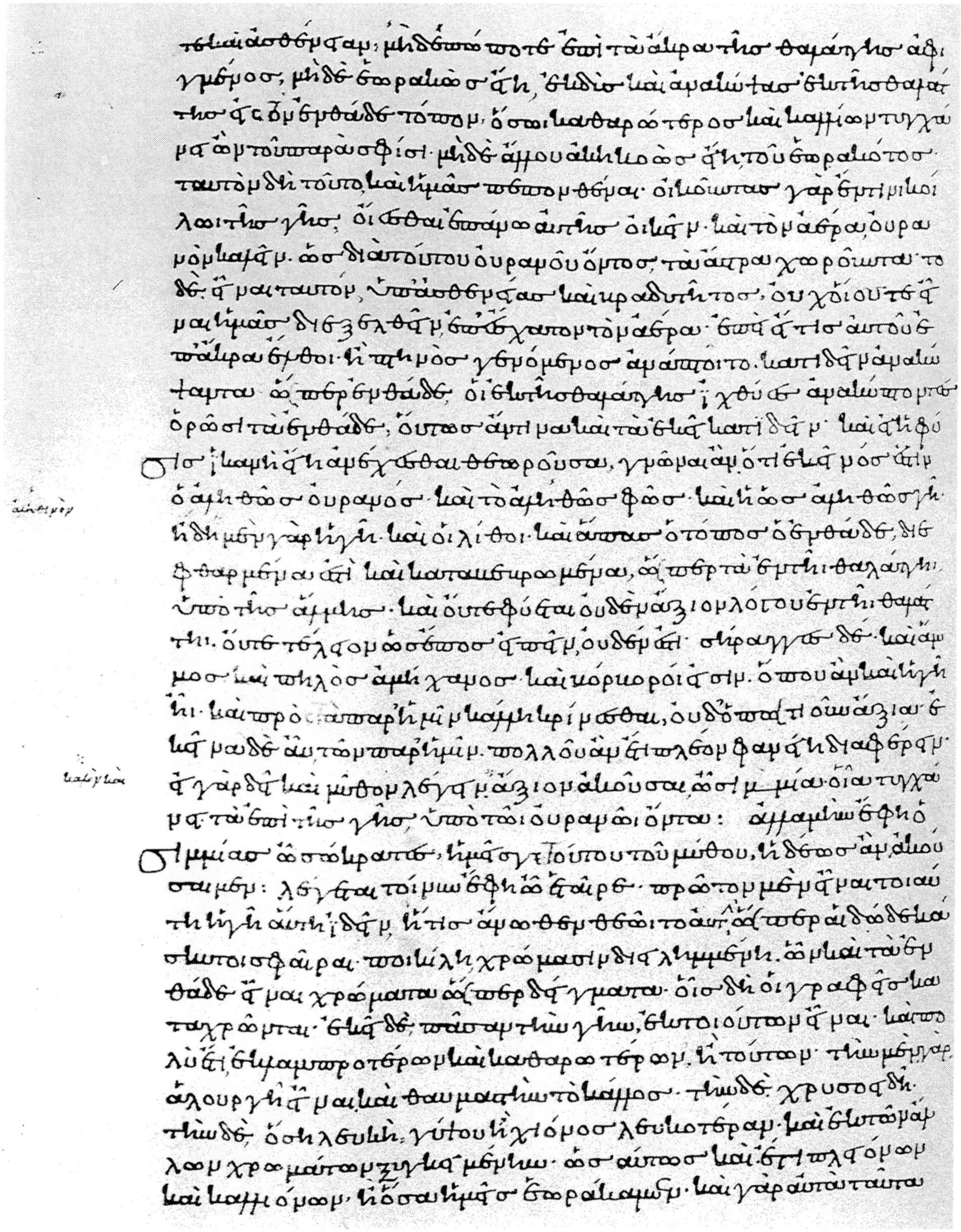

Abb. 19: Cod. Oxoniensis Clark. 39 des Platon (Jahr 895), fol. 53^{v} (= Nr. 13).

Der Codex Clarkianus 39 der Bodleian Library in Oxford wurde im Jahre 895 von dem Kalligraphen Ioannes für den bedeutenden byzantinischen Gelehrten Arethas, den späteren Metropoliten von Kaisareia in Kappadokien geschrieben. Es handelt sich um eine der ältesten datierten griechischen Minuskelhandschriften.

Im Jahre 1801 hatte Edward Daniel Clarke diesen Kodex in der Klosterbibliothek auf der Insel Patmos gefunden. Es gelang ihm, diese und andere Handschriften unter abenteuerlichen Umständen an Bord bringen zu lassen und nach England zu überführen.

Lit.: Brockmann, Christian: Die handschriftliche Überlieferung von Platons Symposion (Serta Graeca 2), Wiesbaden 1992, 10f., 25, 37ff.

Universität Hamburg, Inst. f. Griech. u. Lat. Philol.: Ka 1255.

Ausgestellt: fol. 53ᵛ/54: Phaidon 109d1-111c5.
Abb. 19.

Atlantis im Ozean

"Das Erdbild des *Phaidon* ist in Platons Werk nicht das einzige. Scharf heben sich von ihm die Vorstellungen ab, die der Anfang des *Timaios* (24E-25D) als geographische Grundlage für den Atlantisroman entwickelt" (Friedländer).

Von der versunkenen, einst reichen und mächtigen Insel Atlantis berichtet Platon in seinen Dialogen Timaios und Kritias. Mythos oder Wahrheit, Dichtung Platons oder uralte Kunde, vor dem Vergessen bewahrt - diese Fragen sind so alt, wie die Erzählung von Atlantis selbst. Der Timaios war jahrhundertelang die einzige durch lateinische Übersetzung im Westen bekannte Schrift Platons.

Kritias erzählt den Gesprächspartnern Sokrates, Timaios und Hermokrates von Atlantis und von Ur-Athen, die in früher Zeit, 9.000 Jahre zuvor, im Krieg gegeneinander standen. Die Geschichte ist alt. Kritias hat sie von einem Vorfahren gehört, denn seine Familie stand in enger Verbindung zu dem weisen Staatsmann und Dichter Solon (ca. 640-560), der die Kunde aus Ägypten nach Athen mitgebracht hatte.

Solon war nach Sais im Nildelta gereist und hatte dort Gelegenheit, mit den kundigsten Priestern über die alte Zeit, die Urzeit zu sprechen. Er erzählte ihnen die ältesten Geschichten, die er kannte, berichtete, was er von den Uranfängen wußte, kam auf die Sintflut zu sprechen, die Deukalion und Pyrrha überlebten, doch *"da habe ein hochbetagter Priester gesagt: ach, Solon, Solon! Ihr Hellenen bleibt doch immer Kinder, zum Greise aber bringt es kein Hellene. - Wieso? Wie meinst du das? habe er, als er das hörte, gefragt. - Jung in den Seelen, habe jener erwidert, seid ihr alle: denn ihr hegt in ihnen keine alte, auf altertümliche Erzählungen gegründete Meinung noch ein durch die Zeit ergrautes Wissen."* (22b. Übers. - auch im folgenden - von F. Schleiermacher)

Die Menschheit sei vielfach vernichtenden Überschwemmungen und anderen zerstörerischen Gefahren, wie Feuerkatastrophen, ausgesetzt, davon zeuge auch der Mythos von Phaethon, dem Sohn des Sonnengottes Helios. Allein Ägypten sei durch den Nil und seine günstige Lage und Beschaffenheit die längste Zeit verschont geblieben und daher habe man in den Tempeln die ältesten Aufzeichnungen bewahren können. *"Bei euch und andern Völkern dagegen war man jedesmal eben erst mit der Schrift und allem andern, dessen die Staaten bedürfen, versehen, und dann brach, nach Ablauf der gewöhnlichen Frist, wie eine Krankheit eine Flut vom Himmel über sie herein und ließ von euch nur die der Schrift Unkundigen und Ungebildeten zurück, so daß ihr vom Anbeginn wiederum gewissermaßen zum Jugendalter zurückkehrt, ohne von dem etwas zu wissen, was so hier wie bei euch zu alten Zeiten sich begab. Was du daher eben von den alten Geschlechtern unter euch erzähltest, o Solon, unterscheidet sich nur wenig von Kindergeschichten, da ihr zuerst nur einer Überschwemmung, deren vorher doch viele stattfanden, euch erinnert. So wißt ihr ferner auch nicht, daß das unter Menschen schönste und trefflichste Geschlecht in euerm Lande entsproß, dem du entstammst und euer gesamter jetzt bestehender Staat, indem einst ein winziger Same davon übrigblieb. Das blieb vielmehr euch verborgen, weil die am Leben Erhaltenen viele Menschengeschlechter hindurch der Sprache der Schrift ermangelten. Denn einst, o Solon, vor der größten Verheerung durch Überschwemmung, war der Staat, der jetzt der athenische heißt, der tapferste im Kriege und vor allen durch eine gute gesetzliche Verfassung ausgezeichnet; er soll unter allen unter der Sonne, von denen die Kunde zu uns gelangte, die schönsten Taten vollbracht, die schönsten Staatseinrichtungen getroffen haben."* (23a-d)

Das ideale Ur-Athen habe die Göttin Athene begründet und herangebildet, noch um 1.000 Jahre früher als Ägypten. Seine Verfassung und staatliche Organisation sei in etwa so gewesen, wie sie sich in Ägypten immer noch zeige. Die größte Tat habe das alte Athen vollbracht, als es der riesigen Heeresmacht entgegentrat, die von Atlantis her, aus dem Ozean jenseits der Säulen des Herakles, anrückte:

(...) Das Aufgezeichnete berichtet, eine wie große Heeresmacht dereinst euer Staat überwältigte, welche von dem Atlantischen Meere her übermütig gegen ganz Europa und Asien heranzog. Damals war nämlich dieses Meer schiffbar; denn vor dem Eingange, der, wir ihr sagt, die Säulen des Herakles heißt, befand sich eine Insel, größer als Asien und Libyen zusammengenommen, von welcher den damals Reisenden der Zugang zu den übrigen Inseln, von diesen aber zu dem ganzen gegenüberliegenden, an jenem wahren Meere gelegenen Festland offenstand. Denn das innerhalb jenes Einganges, von dem wir sprechen, Befindliche erscheint als ein Hafen mit einer engen Einfahrt; jenes aber wäre wohl wirklich ein Meer, das es umgebende Land aber mit dem vollsten Rechte ein Festland zu nennen. Auf dieser Insel Atlantis vereinte sich auch eine große, wundervolle Macht von Königen, welcher die ganze Insel gehorchte sowie viele andere Inseln und Teile des Festlandes; außerdem herrschten sie auch innerhalb, hier in Libyen bis Ägypten, in Europa aber bis Tyrrhenien. Diese in eins verbundene Gesamtmacht unternahm es nun einmal, euer und unser Land und das gesamte diesseits des Eingangs gelegene durch einen *Heereszug zu unterjochen. Da nun, o Solon, wurde das Kriegsheer eurer Vaterstadt durch Tapferkeit und Mannhaftigkeit vor allen Menschen offenbar. Denn indem sie durch Mut und die im Kriege anwendbaren Kunstgriffe alle übertraf, geriet sie, teils an der Spitze der Hellenen, teils, nach dem Abfalle der übrigen, notgedrungen auf sich allein angewiesen, in die äußersten Gefahren, siegte aber und errichtete Siegeszeichen über die Heranziehenden, hinderte sie, die noch nicht Unterjochten zu unterjochen, uns übrigen insgesamt aber, die wir innerhalb der Heraklessäulen wohnen, gewährte sie großzügig die Befreiung. Indem aber in späterer Zeit gewaltige Erdbeben und Überschwemmungen eintraten, versank, indem nur ein schlimmer Tag und eine schlimme Nacht hereinbrach, eure Heeresmacht insgesamt und mit einem Male unter die Erde, und in gleicher Weise wurde auch die Insel Atlantis durch Versinken in das Meer den Augen entzogen. Dadurch ist auch das dortige Meer unbefahrbar und undurchforschbar geworden, weil der in geringer Tiefe befindliche Schlamm, den die untergehende Insel zurückließ, hinderlich wurde".* (24e-25d)

Exponat Nr. 14: Codex Tubingensis Mb14 11. Jahrhundert Pergament pp. 360 mm 221x183.

Die älteste und bekannteste Platon-Handschrift in Deutschland. Sie ist während des byzantinischen Mittelalters und der italienischen Renaissance von über einem Dutzend Lesern mit kleineren Anmerkungen versehen worden.

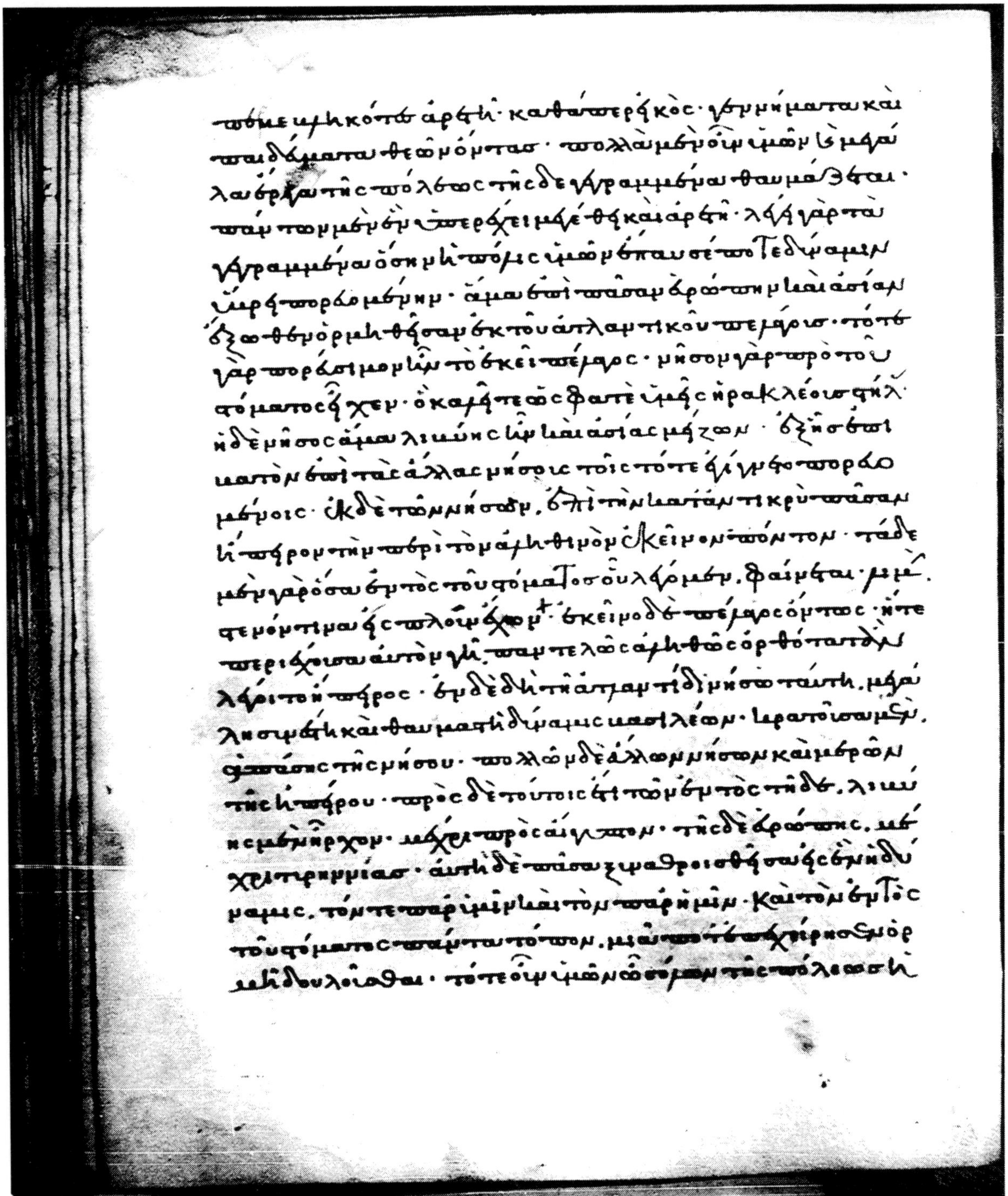
βεβληκότες ἀρετῇ· καθάπερ εἰκὸς· γεννήματα καὶ
παιδεύματα θεῶν ὄντας· πολλὰ μὲν οὖν ὑμῶν καὶ μεγά
λα ἔργα τῆς πόλεως τῆσδε γεγραμμένα θαυμάζεται·
πάντων μὴν ἓν ὑπερέχει μεγέθει καὶ ἀρετῇ· λέγει γὰρ τὰ
γεγραμμένα ὅσην ἡ πόλις ὑμῶν ἔπαυσέ ποτε δύναμιν
ὕβρει πορευομένην· ἅμα ἐπὶ πᾶσαν εὐρώπην καὶ ἀσίαν
ἔξωθεν ὁρμηθεῖσαν ἐκ τοῦ ἀτλαντικοῦ πελάγους· τότε
γὰρ πορεύσιμον ἦν τὸ ἐκεῖ πέλαγος· νῆσον γὰρ πρὸ τοῦ
στόματος εἶχεν· ὃ καλεῖτε ὥς φατε ὑμεῖς ἡρακλέους στήλας·
ἡ δὲ νῆσος ἅμα λιβύης ἦν καὶ ἀσίας μείζων· ἐξ ἧς ἐπιβα
τὸν ἐπὶ τὰς ἄλλας νήσους τοῖς τότε ἐγίγνετο πορευο
μένοις· ἐκ δὲ τῶν νήσων, ἐπὶ τὴν καταντικρὺ πᾶσαν
ἤπειρον τὴν περὶ τὸν ἀληθινὸν ἐκεῖνον πόντον· τάδε
μὲν γὰρ ὅσα ἐντὸς τοῦ στόματος οὗ λέγομεν, φαίνεται λιμὴν
στενόν τινα ἔχων εἴσπλουν· ἐκεῖνο δὲ πέλαγος ὄντως· ἥ τε
περιέχουσα αὐτὸ γῆ παντελῶς ἀληθῶς ὀρθότατ' ἂν
λέγοιτο ἤπειρος· ἐν δὲ δὴ τῇ ἀτλαντίδι νήσῳ ταύτῃ, μεγά
λη συνέστη καὶ θαυμαστὴ δύναμις βασιλέων· κρατοῦσα μὲν
ἁπάσης τῆς νήσου· πολλῶν δὲ ἄλλων νήσων καὶ μερῶν
τῆς ἠπείρου· πρὸς δὲ τούτοις ἔτι τῶν ἐντὸς τῇδε, λιβύ
ης μὲν ἦρχον· μέχρι πρὸς αἴγυπτον· τῆς δὲ εὐρώπης, μέ
χρι τυρρηνίας· αὕτη δὴ πᾶσα συναθροισθεῖσα εἰς ἓν ἡ δύ
ναμις, τόν τε παρ' ὑμῖν καὶ τὸν παρ' ἡμῖν· καὶ τὸν ἐντὸς
τοῦ στόματος πάντα τόπον, μιᾷ ποτὲ ἐπεχείρησεν ὁρμῇ
δουλοῦσθαι· τότε οὖν ὑμῶν ὦ σόλων τῆς πόλεως ἡ

Abb. 20: Cod. Tubingensis Mb 14 des Platon (11. Jh.), p. 262 (= Nr. 14).

Abb. 21: (Photo: Bibliothèque Nationale Paris): Cod. Parisinus gr. 1807 des Platon (9. Jh.), fol. 117 (= Nr. 14a).

Lit.: Jonkers, Gijsbert: The Manuscript Tradition of Plato's Timaeus and Critias, Amsterdam 1984, 68-69 etc.

Ausgestellt: pp. 262-263: Timaios 24d5-26a3.
Abb. 20.

Exponat Nr. 14a: Codex Parisinus gr. 1807 9. Jahrhundert Pergament ff. 344 fol.
Aus der Handschrift wird ein Photo von fol. 117 ausgestellt.

Auch in diesem Kodex tritt uns wie im Clarkianus (Nr. 13) ein klassisches Beispiel der frühen kalligraphischen Minuskel entgegen. Das Manuskript dürfte etwa zur selben Zeit wie der Codex Clarkianus 39 entstanden sein.
Der Text, ein Ausschnitt aus dem Atlantis-Mythos im Timaios, ist umgeben von erklärenden Anmerkungen, von Scholien in Einzelblöcken, die in einer Auszeichnungsschrift abgefaßt sind.

Lit.: Boter, Gerard: The Textual Tradition of Plato's Republic (Mnemosyne Suppl. 117), Leiden-New York-København-Köln 1989, 45ff., 65ff., 111ff.

Ausgestellt und abgebildet (Abb. 21): fol. 117: Timaios 24a2-25b2.

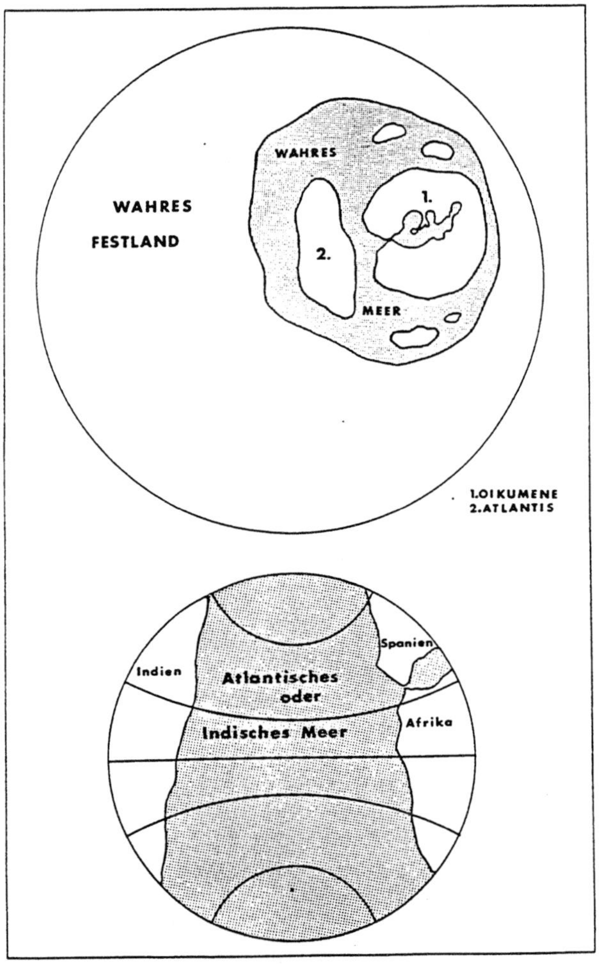

Tafel III. Abbildung 1: Erdkugel des *Timaios*.
Abbildung 2: Erdkugel nach Aristoteles.

Abb. 22: P. Friedländer, Erdkugel Platons im Timaios; Erdkugel des Aristoteles ([3]1964) (= Nr. 12).

Aristoteles

Abb. 23: Aristoteles als 'Evangelist' am Schreibpult im Cod. Vindob. Phil. gr. 64 (Jahr 1457), fol. 8v.

Bei Aristoteles (384-322 v.Chr.), dem vielseitigsten und nächst Platon bedeutendsten und einflußreichsten Philosophen der Antike, findet sich der 'locus classicus' der Erkenntnis der Kugelgestalt der Erde. Unter den Beweisen, die der Stagirit anführt, ist am eindrücklichsten das Argument von der Rundung des Erdschattens auf dem Mond bei Mondfinsternissen. Nicht genug damit, an dieser Stelle - es handelt sich um das letzte Kapitel des 2. Buchs der Schrift 'Über den Himmel' (De Caelo II 14) - äußert Aristoteles auch seine Überzeugung, daß die Erde nicht besonders groß sei und daß die Gegend um die Säulen des Herakles (= Gibraltar) und diejenige um Indien durch ein und dasselbe Meer verbunden seien (vgl. Abb. 22). Schließlich geht es noch um die Größe des Erdumfangs. Die ganze Passage lautet:

... So muß also nach dieser Überlegung ihre Gestalt kugelförmig sein und auch, weil alle schweren Körper in gleichen Winkeln und nicht parallel bewegt werden. Dies ergibt sich bei dem von Natur Kugelförmigen. Also ist sie überhaupt kugelförmig oder von Natur kugelförmig. Man muß aber jedes Einzelne so beschreiben, wie es von Natur aus die Tendenz hat zu sein und was es faktisch ist, nicht was es mit Gewalt und gegen seine Natur ist.

Ferner ergibt es sich auch aus den wahrnehmbaren Phänomenen. Denn die Ausschnitte bei den Mondfinsternissen hätten dann nicht diese Form. Bei den monatlichen Formveränderungen nimmt er so alle möglichen Teilungen an (er wird gerade abgeschnitten, konvex und konkav), bei den Finsternissen aber ist die begrenzende Linie immer konvex; also, wenn die Finsternis durch das Dazwischentreten der Erde geschieht, so muß der Umkreis der Erde Ursache dieser Figur sein, weil er eben kugelförmig ist.

Ferner ist es an der Erscheinung der Gestirne nicht nur sichtbar, daß die Erde rund, sondern auch, daß ihre Größe nicht bedeutend ist. Denn wenn wir unsern Standort nur ein wenig nach Süden oder Norden verändern, so wird der Horizont offenbar schon ein anderer, so daß also die Gestirne über unserm Kopf eine bedeutende Veränderung erfahren und überhaupt nicht mehr dieselben sind, wenn wir nach Norden oder Süden gehen. Denn manche Sterne sind in Ägypten und Kypros sichtbar, in den nördlichen Gegenden aber nicht und jene Sterne, die im Norden dauernd sichtbar sind, haben in jenen südlicheren Gegenden einen Untergang. Hieraus ist nicht nur klar, daß die Erde rund ist, sondern auch, daß sie nicht besonders groß ist. Denn sonst würde eine so

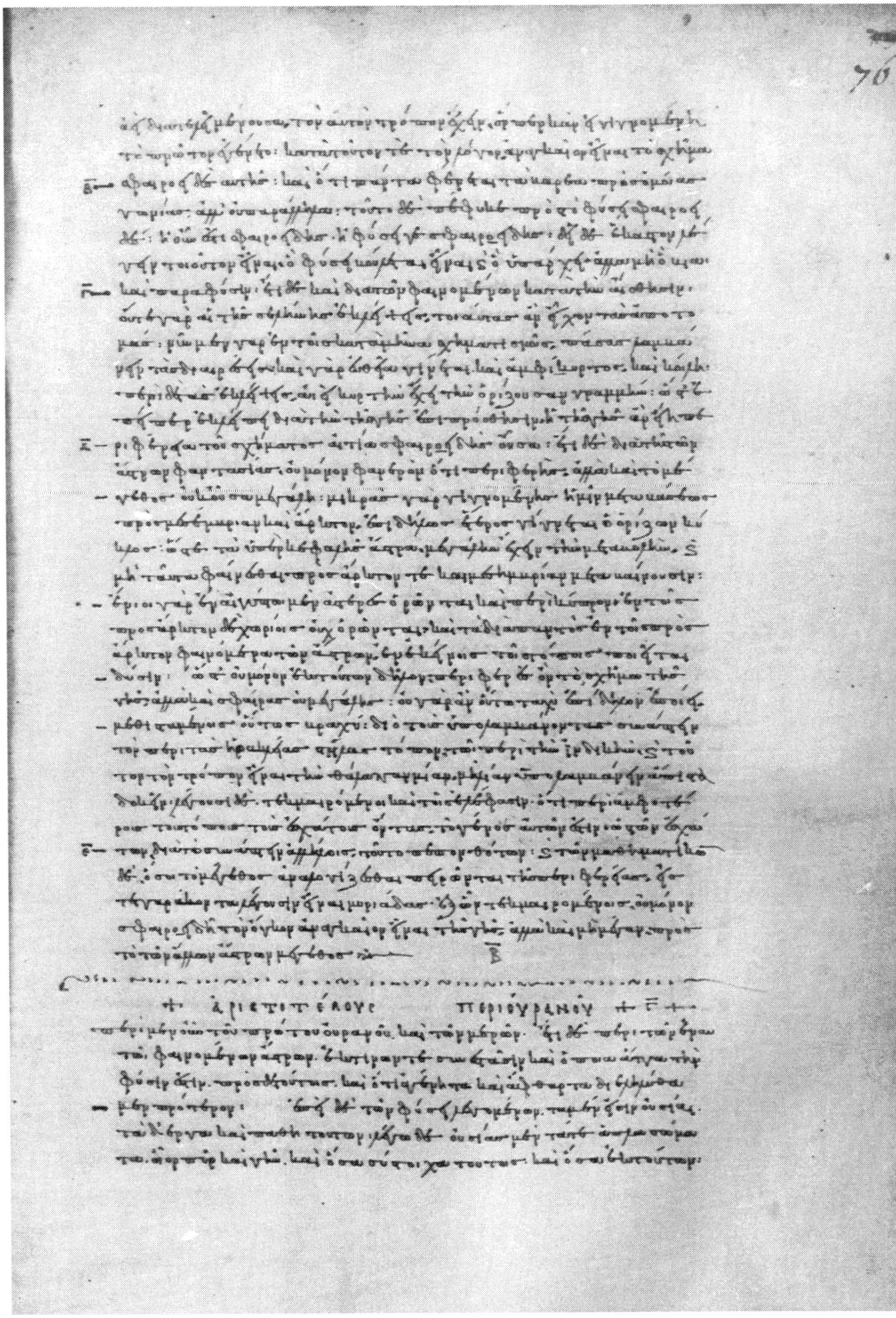

Abb. 24: Cod. Vindob. Phil. gr. 100 des Aristoteles (9. Jh. Mitte), fol. 76 (= Nr. 15).

geringe Ortsveränderung sich nicht so rasch bemerkbar machen. Darum scheint es, daß die Hypothese nicht allzu unwahrscheinlich ist, die die Gegend um die Säulen des Herakles mit derjenigen um Indien in Verbindung bringt und dort ein einziges Meer annimmt. Als Beweis führen sie etwa die Elefanten an, nämlich daß diese Tiere sich an jenen beiden äußersten Enden finden, offenbar, weil jene äußersten Orte durch ihren Zusammenhang dazu geeignet sind.

Die Mathematiker endlich, die die Größe des Umfangs zu berechnen suchen, nehmen ungefähr vierhunderttausend Stadien an. Aus solchen Argumenten ergibt sich nicht nur, daß die Erde kugelförmig sein muß, sondern auch, daß sie im Verhältnis zu den andern Gestirnen nicht groß ist. (De Caelo II 14, 297b17-298a20. Übers. von Olof Gigon)

Exponat Nr. 15: Cod. Vindobonensis Phil. gr. 100 9. Jahrhundert (Mitte) Pergament ff. 202 mm 280x190.

Ausgestellt ist eine Photokopie.

Unter den über 1.000 griechischen Handschriften, die Werke des Aristoteles enthalten, ist dieser Vindobonensis (in der Fachwelt mit der Sigle J benannt) wahrscheinlich die älteste. Sie enthält das physikalische Corpus des Aristoteles und seine Metaphysik. Ihre Entstehung im geistigen Milieu des 'deuteros hellenismos', der photianischen Renaissance des 9. Jahrhunderts in Konstantinopel ist sehr wahrscheinlich. Die Schrift ist eine reine sehr frühe Minuskel. Der Codex ist im 13. oder 14. Jahrhundert offensichtlich durch italo-griechische Hände gegangen.

Ausgestellt ist fol. 75ᵛ/76 mit dem Ende des zweiten Buchs der Schrift 'Über den Himmel' (ab De Caelo II 14, 296b33 - dem oben zitierten 'locus classicus' der Erdkugelgeographie auf [fol. 76] -) und dem Anfang des dritten Buches.

Lit.: Mazal, Otto: Byzanz und das Abendland. Katalog einer Ausstellung der Handschriften- und Inkunabelsammlung der Österreichischen Nationalbibliothek, Wien 1981, 330-332 (Nr. 252) u. Abb. 71. - Vuillemin-Diem, Gudrun: Untersuchungen zu Wilhelm von Moerbekes Metaphysikübersetzung (II: Die griechische Quelle: Vind. phil. gr. 100 (J)?), in: Miscellanea Mediaevalia 15: Studien zur Mittelalterlichen Geistesgeschichte und ihren Quellen, Berlin 1982, 102-208.

Abb. 24.

Die Schrift 'Meteorologika' des Aristoteles umfaßt inhaltlich mehr als die moderne Fachwissenschaft Meteorologie, nämlich alle Naturerscheinungen, die sich in der Schwebe ('meteoros'), d.h. am Himmel und in der Atmosphäre, vollziehen.

Anhand der nun folgenden Exponate und Abbildungen soll ein Eindruck von verschiedenen meteorologischen Vorstellungen, wie sie Aristoteles in seiner Abhandlung entwickelt hat, vermittelt werden, ohne daß den Details nachgegangen werden kann (vgl. aber die Literaturangaben). Dabei ist es ein besonderes Anliegen aufzuzeigen, wie eng Text und Zeichnung bei Aristoteles (und überall sonst in naturwissenschaftsgeschichtlichen Schriften, nicht nur der Antike) zusammengehören und sich gegenseitig ergänzen. Ein Beispiel: Meteor. II 6, 363a25f. δεῖ δὲ περὶ τῆς θέσεως ἅμα τοὺς λόγους ἐκ τῆς ὑπογραφῆς θεωρεῖν ("Hinsichtlich der Windrose muß die Erörterung an Hand der vorliegenden Zeichnung verfolgt werden"). Die Editionswissenschaft hat auf diese enge Verbindung kaum Rücksicht genommen, Zeichnungen werden selten 'ediert'.

Zur Einbettung seien längere Abschnitte aus dem 6. Kapitel des 2. Buches der 'Meteorologika' zitiert (II 6, 363a18 - 364a13, a27-32, 365a1-6):

Dies also unsere Darstellung von der Ursache der Winde und ihrem gegenseitigen Verhältnis.

Jetzt wollen wir die Windrose besprechen, also ihre Lage einander gegenüber (mit dem Problem, welche Winde gleichzeitig wehen können und welche nicht), weiter ihre Namen und ihre Zahl, und dann ihre sonstigen Besonderheiten, soweit sie nicht in unseren 'Einzelproblemen' behandelt sind.

Hinsichtlich der Windrose muß die Erörterung an Hand der vorliegenden Zeichnung verfolgt werden. Der größeren Deutlichkeit wegen ist der Horizont gezeichnet, als ein Kreis. Man muß aber unter dem Horizont den einen von uns bewohnten Ausschnitt (aus der Erdkugel) verstehen; denn auch den anderen wird man auf gleiche Weise teilen können. Als Grundlage gelte: räumlich entgegengesetzte Punkte sind die räumlich voneinander am weitesten entfernten (so wie auch formal entgegengesetzte Dinge die voneinander formal am weitesten abstehenden sind); diese Maximalentfernung im Raum aber hat Punkte, die als Endpunkte eines Kreisdurchmessers einander gegenüberliegen.

Es sei also A der Untergangspunkt zur Tag- und Nachtgleiche, ihm entgegengesetzt der Ort B für den Aufgang zur Tag- und Nachtgleiche; rechtwinklig dazu der Kreisdurchmesser mit dem Punkt H als Norden, ihm diametral entgegengesetzt der Punkt Θ als Süden. Z bezeichne den Aufgang, E den Untergang beim Sommersolstiz, Δ den Anfang, Γ den Untergang beim Wintersolstiz. Von Z führe der Kreisdurchmesser zu Γ, von Δ zu E. Da nun die räumlich maximal entfernten Punkte Gegensatzpunkte im Raume sind, und die Endpunkte eines Kreisdurchmessers maximal voneinander entfernt sind, müssen auch, was die Winde betrifft, die von den Endpunkten der Kreisdurchmesser herkommenden einander entgegengesetzt sein.

Die Namen der Winde lauten, entsprechend dieser Anordnung, folgendermaßen: // Zephyros kommt von A, dem Punkt des Sonnenuntergangs zur Tag- und Nachtgleiche, ihm entgegengesetzt Apeliotes von B, vom Sonnenaufgang zur Tag- und Nachtgleiche. Boreas - der auch Aparktias heißt - weht von H (dort im Norden), ihm entgegengesetzt Notos, der von Mittag (Θ) her weht (Θ und H liegen einander diametral gegenüber). Von Z, wo die Sonne zum Sommersolstiz aufgeht, kommt Kaikias her. Sein Partner auf der Gegenseite ist nicht der von E wehende Wind, sondern Lips, von Γ; denn dieser kommt von dem Punkt her, wo die Sonne zum Wintersolstiz untergeht, und ist so, diametral entgegengesetzt, das Gegenstück zu Kaikias. Von Δ kommt Euros; er weht, als Nachbar des Notos, vom Sonnenaufgang beim Wintersolstiz her; so sagt man auch oft, es wehe der Euronotos. Sein Partner auf der Gegenseite ist nicht Lips (von Γ), sondern der Wind von E, der bald Argestes, bald Olympias, bald Skiron heißt. Er weht vom Punkt des Sonnenuntergangs beim Sommersolstiz her und ist der einzige diametral dem Euros entgegengesetzte Wind.

Dies also sind die einander entgegengesetzten, an den Enden eines Kreisdurchmessers angeordneten Winde. Es gibt auch andere, die keine Gegenwinde haben. So kommt vom Punkt I der sogenannte Thraskias, d.h. er liegt mitten zwischen Argestes und Aparktias, und von K der sogenannte Meses, der zwischen Kaikias und Aparktias die Mitte einnimmt (die Linie I K entspricht ungefähr dem immer sichtbaren Kreis, aber nicht genau). Die genannten Winde haben keine gegensätzlichen Partner, weder der Meses - dann müßte einer von M aus wehen, dem diametralen Gegenpunkt - noch der Thraskias (von I) - denn sonst wehte einer von dem diametral gegenüberliegenden Punkt N aus. Es könnte höchstens sein, daß von dort aus, über eine kurze Strecke, ein dort Phoinikias genannter Wind weht.

Dies also sind, voneinander gesondert, die wichtigsten Winde, und so ist ihre Anordnung.

Es wehen mehr Winde vom Norden als vom Süden her, weil die bewohnten Erdgegenden mehr nach Norden zu liegen, und weil weit mehr Massen von Regen und Schnee in diese Gegend gedrängt werden als in jene entfernte, die unter der Sonne und ihrer Bahn liegt. Die Massen dort (im Norden) versickern als Feuchtigkeit im Boden, werden von der Sonne und der Erde erwärmt und rufen so mit Notwendigkeit eine größere, weiter reichende Ausdünstung hervor. (...)

Aus dieser Windrose ergibt sich klar, daß entgegengesetzte Winde nicht gleichzeitig wehen kön-

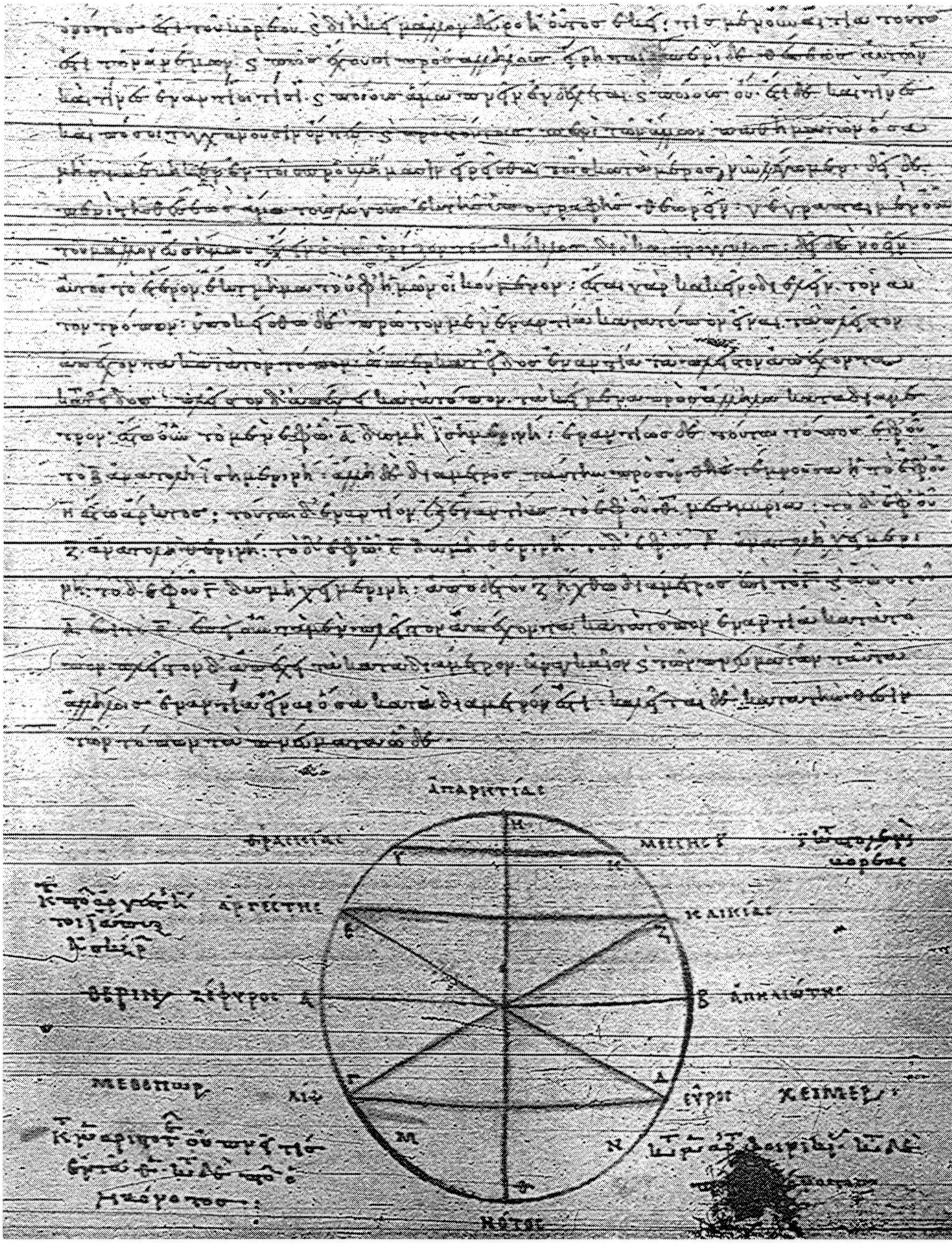

Abb. 25: Cod. Vindob. Phil. gr. 100 des Aristoteles (9. Jh. Mitte), fol. 118 (Ausschnitt) (= Nr. 16).

nen; es müßte ja infolge ihrer diametralen Opposition entweder der eine oder der andere überwältigt werden und aufhören. Wohl aber können diese Winde, die nicht so zueinander geordnet sind, z.B. die von Z und von Δ kommenden. So wehen manchmal zwei Winde, die gleichzeitig ein Schiff zum selben Ziel fördern, ohne doch aus derselben Richtung zu kommen und identisch zu sein. (...)

Sturmböen gibt es besonders im Herbst, dann auch im Frühjahr, und zwar meistens hervorgerufen von Aparktias, Thraskias, Argestes. Der Grund: zu einer Sturmbö kommt es gewöhnlich, wenn ein Wind weht und ein anderer ihm in die Quere kommt. Das tun aber die genannten Winde besonders häufig. Auch dies wurde schon früher begründet. (Übers. von Hans Strohm)

Exponat Nr. 16: Cod. Vindobonensis Phil. gr. 100 9. Jahrhundert (Mitte) - wie Nr. 15 -. Ausgestellt ist eine Photokopie von fol. 118.

Die Windrose des Aristoteles. Sie findet sich in der Handschrift hinter jener Stelle eingefügt, die im obigen Zitat mit // markiert ist.

Wenn nicht alles täuscht, ist diese Zeichnung einer Windrose das älteste in einer Handschrift erhaltene Beispiel (ein anderes Belegstück Nr. 17, 3).

Lit. (allg.): Aristoteles. Meteorologie, Über die Welt, übers. v. Hans Strohm (Aristoteles. Werke in deutscher Übersetzung 12), Darmstadt 1970 (mit ausführlichem Kommentar). - Masselink, J.F.: De Grieks-Romeinse windroos, Utrecht-Nijmegen 1956.

Abb. 25 (vgl. Abb. 28).

Exponat Nr. 17: Cod. Salmanticensis 2747 12. Jahrhundert (oder etwas später) ff. 243 mm 225x170.

Ausgestellt ist eine Photographie von fol. 50v/51, abgebildet die Zeichnungen auf fol. 50v sowie auf fol 4v und 105v. Die in einem eigenartigen Duktus geschriebene Handschrift der 'Meteorologie' des Aristoteles scheint in der byzantinischen Provinz entstanden zu sein. Sie weist zum Text verschiedene Zeichnungen auf, von denen die drei größten hier präsentiert werden.

Lit.: Graux, Charles - Martin, Albert: Figures tirées d'un manuscrit des Météorologiques d'Aristote, in: Revue de Philologie 24 (1900) 5-18 und 3 Tafeln.

1. Das Weltsystem (innerhalb konzentrischer Kreise) nach Meteor. I 3 (eingefügt nach 339 b13) auf fol. 4v (Abb. 26).
2. Hydrologische Erdkarte: Gebirgs- und Flußsystem der geosteten Oikumene nach Meteor. I 13 (eingefügt nach 350a20) auf fol. 50v (Abb. 27). Auffällig u.a. der ovalähnliche äußere Rahmen, aus zwei Bögen komponiert.
3. Windrose nach Meteor. II 6 (eingefügt nach 363b26) auf fol. 105v (Abb. 28). Parallele zu Nr. 16 mit auffälliger Abweichung, nicht nur in der Kopfständigkeit, d.h. Südung (islamischer Einfluß?).

Abb. 26 - 28.

Im Schriften-Corpus des Aristoteles finden sich nicht nur echte Traktate. In späteren Epochen ist allerlei Heterogenes unter seinen illustren Namen gestellt worden. In Spätantike, Mittelalter und Renaissance war die Authentizität solcher Stücke nicht angefochten; erst die Neuzeit hat sie als sog. Pseudo-Aristotelica entlarvt.

Wenn wir auf den Weg wieder zurückkehren, der uns im Atlantismythos des platonischen Timaios zur Vorstellung von Inseln und Kontinenten im Ozean des Westens geführt hatte, so richtet sich der Blick auf zwei pseudo-aristotelische Abhandlungen, auf die Schrift 'Über die Welt' (De Mundo) und auf die 'Mirabilia'.

Die Schrift 'Über die Welt' wurde früher meist der stoischen Schule in der Nachfolge des Poseidonios (um 135-51 v.Chr.) zugeschrieben, in neuerer Zeit jedoch denkt man an einen späteren Verfasser der Zeit Plutarchs (etwa 46 -

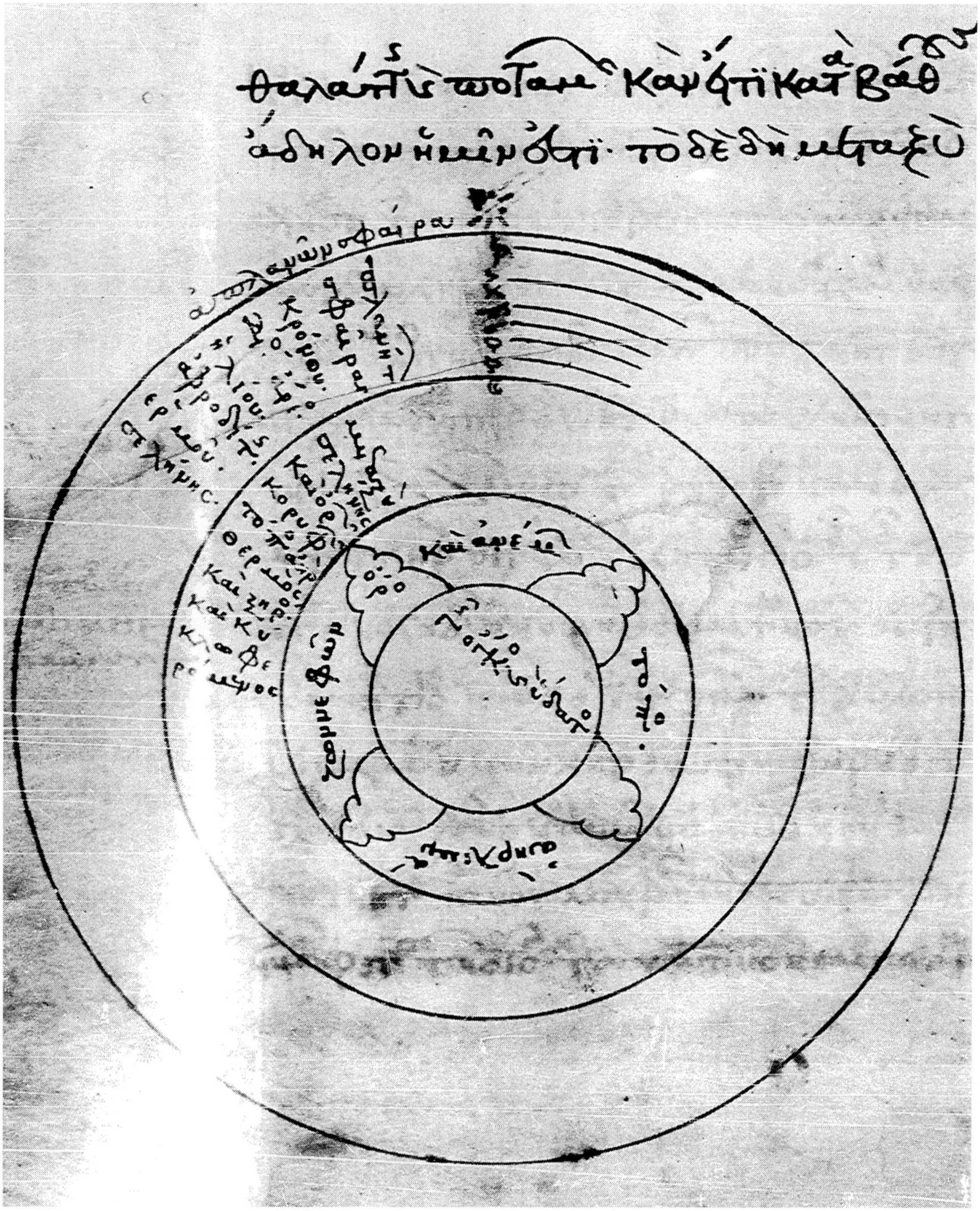

Abb. 26: Cod. Salmant. 2747 des Aristoteles (12. Jh.), fol. 4ᵛ (= Nr. 17).

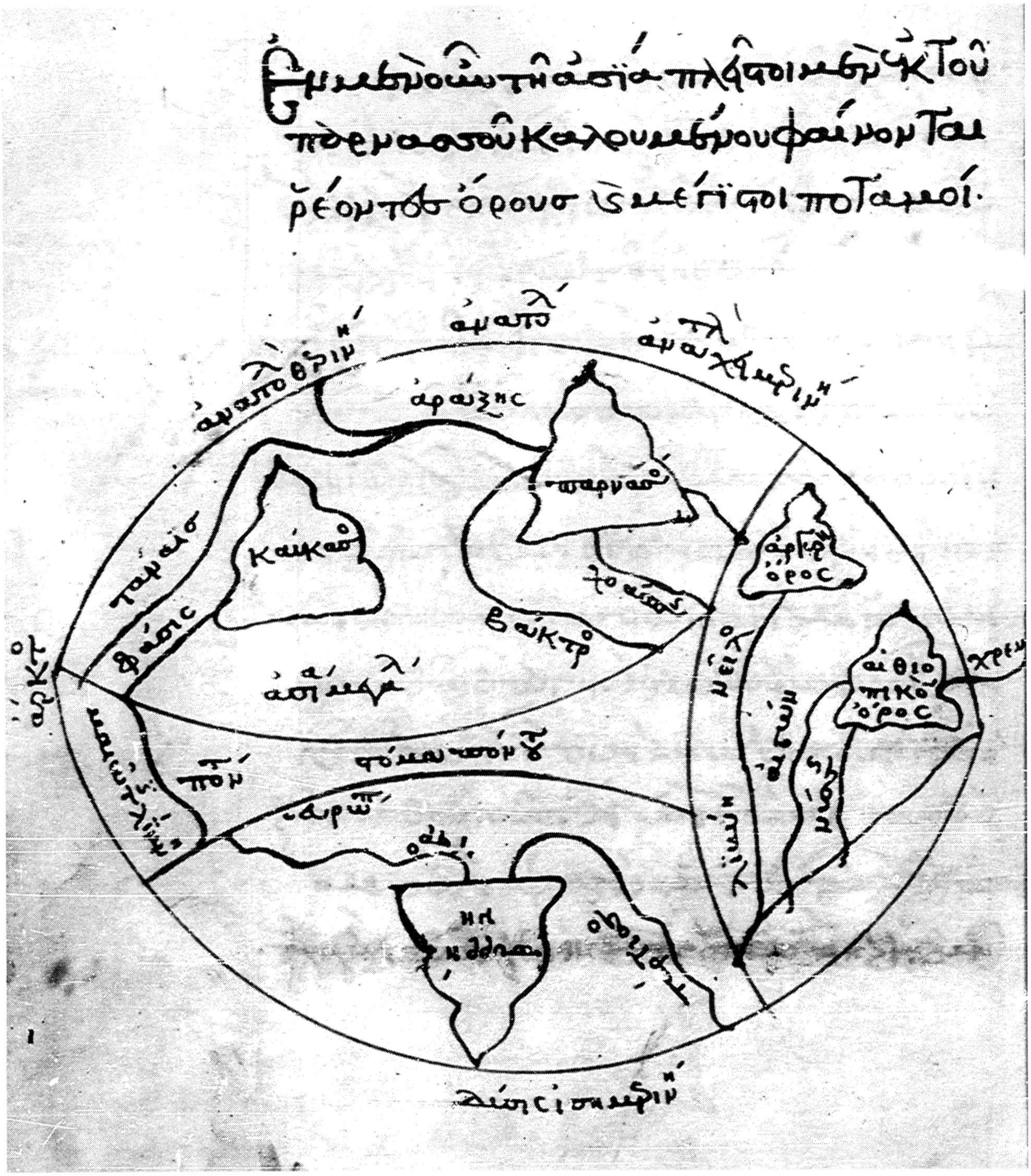

Abb. 27: Cod. Salmant. 2747 des Aristoteles (12. Jh.), fol. 50v (= Nr. 17).

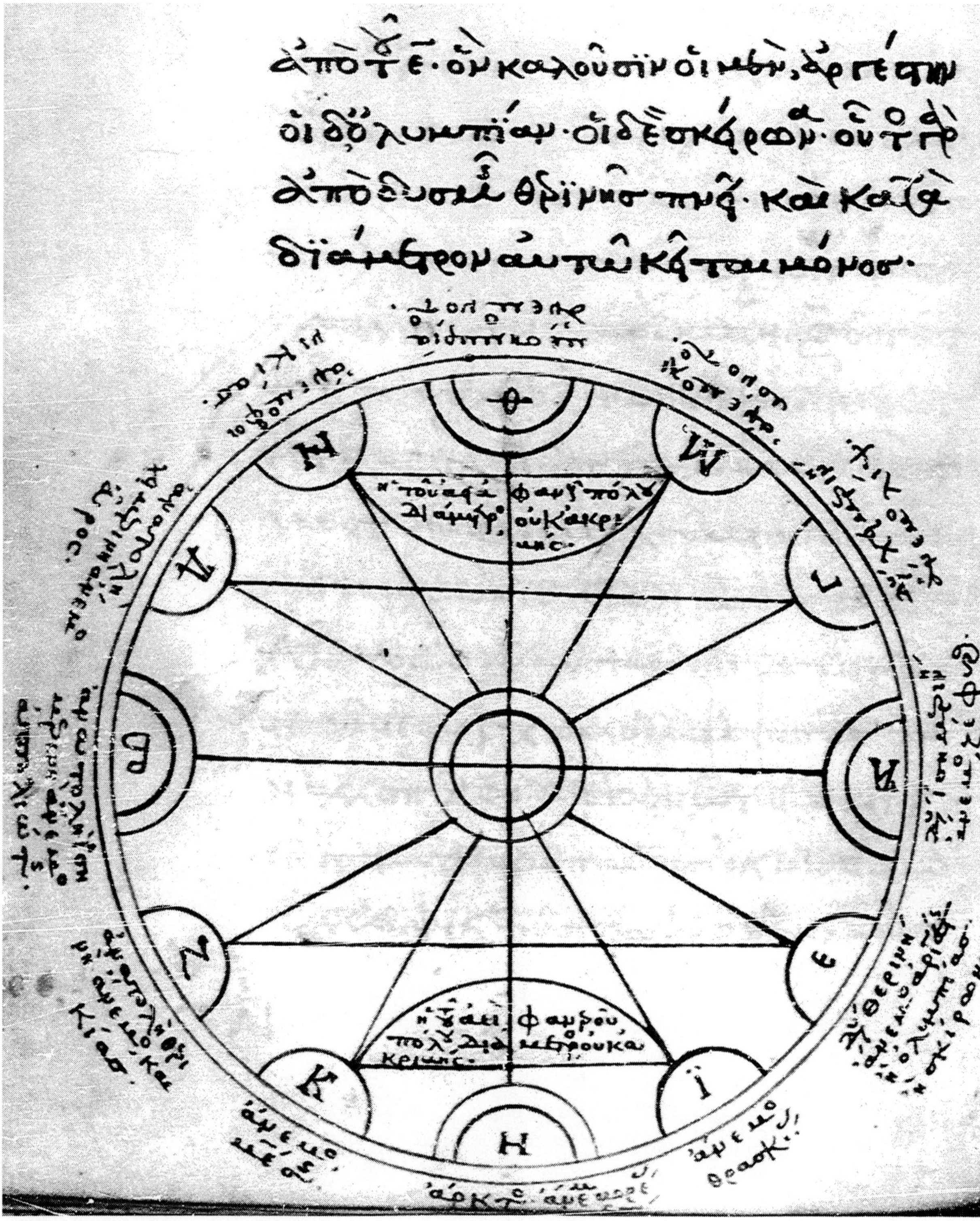

Abb. 28: Cod. Salmant. 2747 des Aristoteles (12. Jh.), fol. 105ᵛ (= Nr. 17).

nach 120 n.Chr.), der sowohl dem Peripatos als auch dem Neuplatonismus nahe gestanden habe. Der streckenweise in enthusiastischer Diktion geschriebene Traktat hat viel Aufmerksamkeit erfahren. Von Apuleius (2. Jh. n.Chr.) wurde er frei ins Lateinische übertragen, eine syrische, eine armenische und zwei mittelalterliche lateinische Übersetzungen sind erhalten.

Im dritten Kapitel der Schrift ist nicht nur von möglichen Ländern außerhalb unserer Oikumene die Rede, der Autor - mit der Kugelgestalt der Erde vertraut - beschreibt die bewohnte Welt in vielen Einzelheiten (De Mundo 3, 392b14 - 393b22) (Lit. allg.: wie Nr. 16).

Dem Luftelement benachbart sind, fest gegründet, Erde und Meer, in Fülle hervorspießen lassend Pflanzen und Tiere, Quellen und Flüsse, die teils in Windungen durchs Land ziehen, teils sich ins Meer ergießen. Dazu ist die Erde bunt geschmückt mit tausendfältigem Grün, mit hohen Bergen und dichtem Gehölz, mit Städten, die das kluge Geschöpf, der Mensch, gebaut hat, mit Inseln in der Salzflut und Festländern. Nun scheidet der gemeine Verstand die bewohnte Erde in Inseln und Festländer, ohne Ahnung davon, daß auch sie ja ganz und gar eine einzige Insel ist, vom sogenannten Atlantischen Meer umflossen. Wahrscheinlich liegen ihr aber in der Ferne noch viele andere gegenüber, die teils größer sind als sie, teils kleiner, aber allesamt mit Ausnahme unserer Landfeste unseren Blicken entzogen. In dem Verhältnis unserer Inseln zu den bekannten einzelnen Meeren steht nämlich die bewohnte Erde zum Atlantischen Meer und viele andere Kontinente zum Meer als Ganzem; denn auch diese sind gewissermaßen große Inseln, umrauscht von großen Meeren. Das feuchte Element als Ganzes, das die Oberfläche der Kugel bedeckt und hier als klippenartige Erderhebungen die sogenannten 'bewohnten Erdteile' hervortreten läßt, mag der Nachbar vor allem des Luftelements genannt werden. Nach der Region des Feuchten ruht in den Tiefen, in der Mitte des Weltalls, geballt und fest die Erdmasse, unbeweglich und unerschütterlich. Dies ist der Inbegriff dessen, was im Weltall 'Unten' heißt.

Diese fünf Grundelemente also, die in fünf Örtern sphärisch gelagert sind, wobei der jeweils kleinere Ring vom größeren umfaßt wird - ich meine: Erde vom Wasser, Wasser von Luft, Luft vom Feuer, Feuer vom Äther - haben das Weltall auferbaut und den ganzen oberen Bereich für Götter zur Wohnung gemacht, den unteren für Eintagswesen. Von eben diesem Unten aber ist ein Teil feucht, den wir Flüsse Quellen Meere zu nennen gewohnt sind, einer trocken, den wir Erde Festländer Inseln heißen.

Die Inseln sind zum Teil groß, wie dies von unserer bewohnten Erde als Ganzem gesagt wurde und von vielen anderen (Kontinenten), die von großen Meeren umströmt werden, teils sind sie kleiner und in unserem Gesichtskreis, im inneren Meer gelegen. Die bemerkenswerten unter diesen sind Sizilien, Sardinien, Korsika, Kreta, Euböa, Zypern und Lesbos; zu den weniger bedeutenden gehören die Sporaden, die Kykladen und Inseln mit sonstigen Namen.

Das Meer außerhalb der bewohnten Erde heißt das Atlantische, oder der Okeanos, der uns rings umfließt. Er öffnet im Westen sich nach innen zu in einer schmalen Wasserstraße und strömt bei den sogenannten Säulen des Herakles ins innere Meer wie in einen Hafen. Allmählich verbreitet er sich und ergießt sich weithin, indem er große miteinander zusammenhängende Buchten umfaßt, bald in schmale Meeresstraßen einmündend, bald sich wiederum weitend. Zunächst nun buchtet sich das Meer, wie man erzählt, zur Rechten für den, der durch die Heraklessäulen hereinfährt, doppelt aus, zu den sogenannten Syrten, von denen man eine große und eine kleine unterscheidet. Auf der anderen Seite bildet es nicht in gleicher Weise Buchten, sondern drei Meere, das sardinische und das keltische, dazu die Adria. Dann kommen, quer zu ihnen sich erstreckend, das sizilische Meer, nach ihm das kretische und mit ihm verbunden auf der einen Seite das ägyptische, pamphylische und syrische, auf der anderen das ägäische und myrtoische. Den genannten Einzelmeeren entgegen erstreckt sich der starkgegliederte Pontus, dessen innerster Winkel Mäotis heißt, während er außen zum Hellespont hin mündet, zusammen mit der sogenannten Propontis (Marmarameer). In der Gegend des Sonnenaufgangs jedoch strömt wieder der Ozean herein, eröffnet den Indischen und den Persischen Golf und läßt ihren Zusammenhang mit dem Roten Meer deutlich werden, indem er sie (alle drei) umfaßt. Am anderen (nördlichen) Landvorsprung (Asiens) reicht er durch einen schmalen, langen Meeresarm herein und verbreitert sich dann wieder, indem er Hyrkanien und Kaspien begrenzt; jenseits davon aber nimmt er den weiten Raum nördlich des Mäotissumpfes ein. Dann, jenseits der Skythen und des Keltenlandes, schnürt das Weltmeer allmählich die bewohnte Erde ein, wo es mit dem Keltischen Golf und bei den vorerwähnten Säulen des Herakles an sie herantritt. Außerhalb der Säulen umfließt der Ozean die Erde. - Zwei sehr große Inseln liegen in ihm, die britannischen genannt, Albion und Ierne, größer als die, von denen früher erzählt wurde; sie liegen jenseits des Keltenlandes. Nicht kleiner als sie sind Taprobane, über Indien hinaus, schräg zur bewohnten Erde gelegen, und die Phebol genannte Insel im Arabischen Golf. Viele andere kleine Inseln in der Umgebung der Britannischen und des Iberischen Landes liegen wie im Kranze um die bewohnte Erde, die nach unserer Bezeichnung selbst schon eine Insel ist. Ihre Breite beträgt, über die Hauptmasse des Festlandes gemessen, nach der Behauptung guter Geographen vierzigtausend Stadien, die Länge höchstens siebzigtausend. Eingeteilt wird sie in Europa, Asien, Libyen. (Übers. von Hans Strohm)

Exponat Nr. 18: Cod. Laurentianus 87, 17 15. Jahrhundert ff. 393 mm 215x145.

Ausgestellt ist eine Photokopie von fol. 125ᵛ/126 (= 118ᵛ/19). Es ist der größere Teil der oben abgedruckten Passage aus dem 3. Kapitel der Schrift 'Über die Welt', nämlich 392b25 - 393b4.

Aufgrund gewisser paläographischer und gelehrtengeschichtlicher Kombinationen spricht manches dafür (dieser Vorschlag sei hier zum ersten Mal ausgesprochen), daß es sich bei dem Kopisten der Handschrift um den spätbyzantinischen Humanisten Georgios Amirutzes handelt (Näheres zu ihm vgl. unten Nr. 63).

Lit.: Aristoteles Graecus. Die griechischen Manuskripte des Aristoteles, unters. u. beschr. von Paul Moraux, Dieter Harlfinger, Diether Reinsch, Jürgen Wiesner (Peripatoi 8), Berlin 1976, 315-317, 486 (J. Wiesner).

Abb. 29.

Die 'Mirabilia' im Corpus Aristotelicum gehören zur Gattung der paradoxographischen Literatur, in welcher Seltsamkeiten der empirischen Welt behandelt werden. Sie sind - von späteren Einfügungen abgesehen - wahrscheinlich ins 3. vorchristliche Jahrhundert zu datieren.

Das hier wegen der glücklichen Insel weit draußen jenseits der Säulen des Herakles interessierende 84. Kapitel (836b30 - 837a3) geht wie ein Parallelbericht bei Diodor (1. Jahrhundert v.Chr.) auf den Historiker Timaios (Mitte des 4. bis Mitte des 3. Jahrhunderts v.Chr.) zurück.

Lit.: Aristoteles, Mirabilia. Übers. v. Hellmut Flashar (Aristoteles Werke in deutscher Übersetzung 18), Berlin ²1981.

In dem Meer außerhalb der Säulen des Herakles sollen die Karthager eine unbewohnte Insel entdeckt haben, die mannigfachen Wald und schiffbare Flüsse enthalte und auch sonst einen wunderbaren Reichtum an Früchten aufweise. Sie sei mehrere Tagesreisen entfernt. Nachdem die Karthager sie wegen ihrer glücklichen Verhältnisse oft besuchten, und einige dort sogar schon sich ansiedelten, hätten die Regenten in Karthago bei Todesstrafe verboten, dorthin zu fahren. Die dort Wohnenden hätten sie vernichtet, damit sie nichts

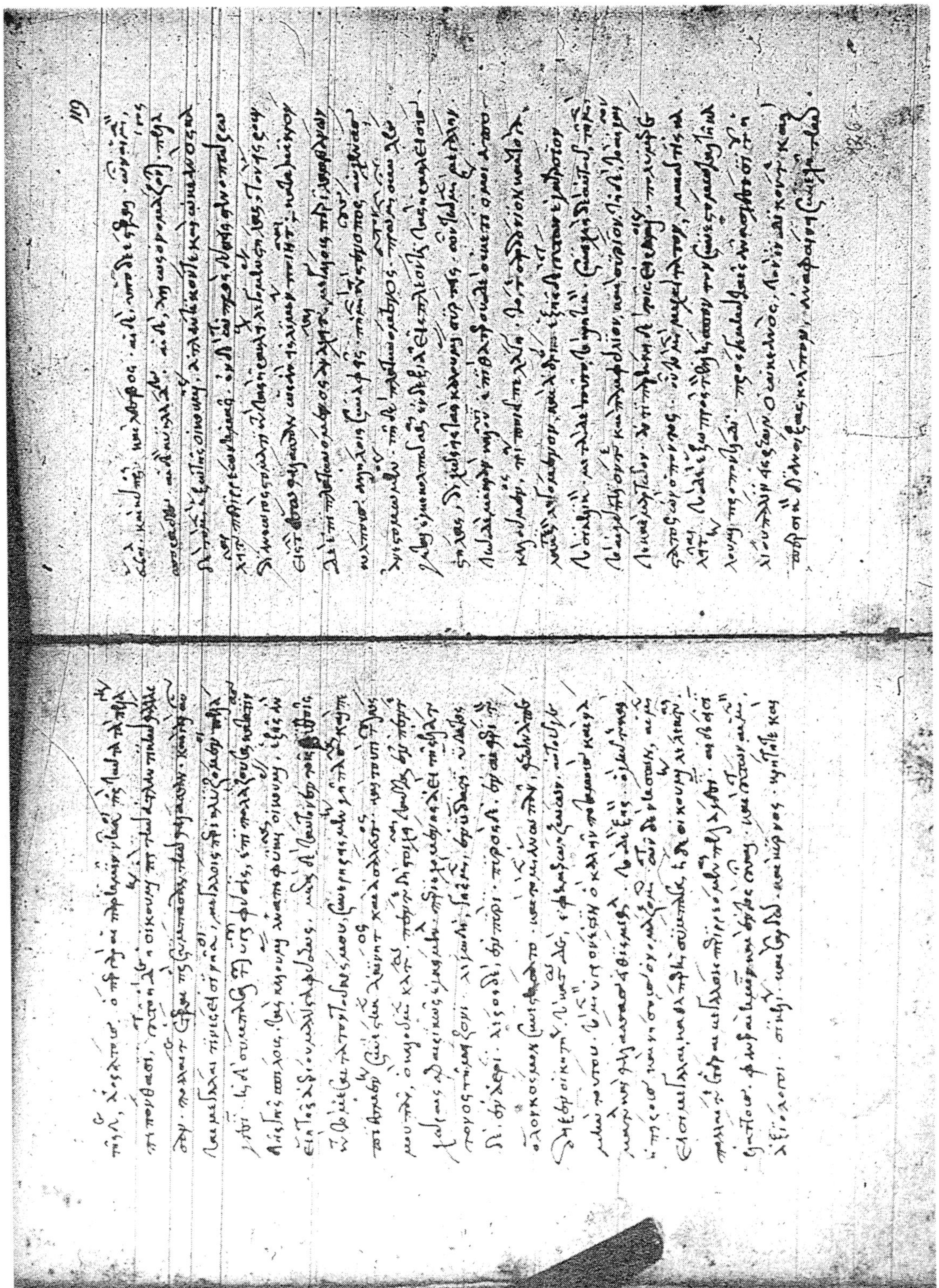

Abb. 29: Cod. Laurent. 87,17 des Aristoteles (15. Jh.), fol. 125ᵛ/126 (= Nr. 18).

(über die Insel) verrieten und damit nicht eine größere Menge von allen auf der Insel sich zusammenzöge, die Herrschaft gewönne und Karthagos Glück gefährde. (Übers. v. Hellmut Flashar)

Exponat Nr. 19: Cod. Marcianus IV 58 (1206) 13. Jahrhundert ff. 219 mm 266x170.

Ausgestellt ist eine Photokopie der ersten (lädierten) Seite des Codex, in welchem die 'Mirabilia' mit Kapitel 152 beginnen.

Lit.: Mioni, Elpidio: Bibliothecae Divi Marci Venetiarum Codices Graeci Manuscripti. Vol. I: Codices in Classes a prima usque ad quintam inclusi, P. II, Rom 1972, 247.

Abb. 30.

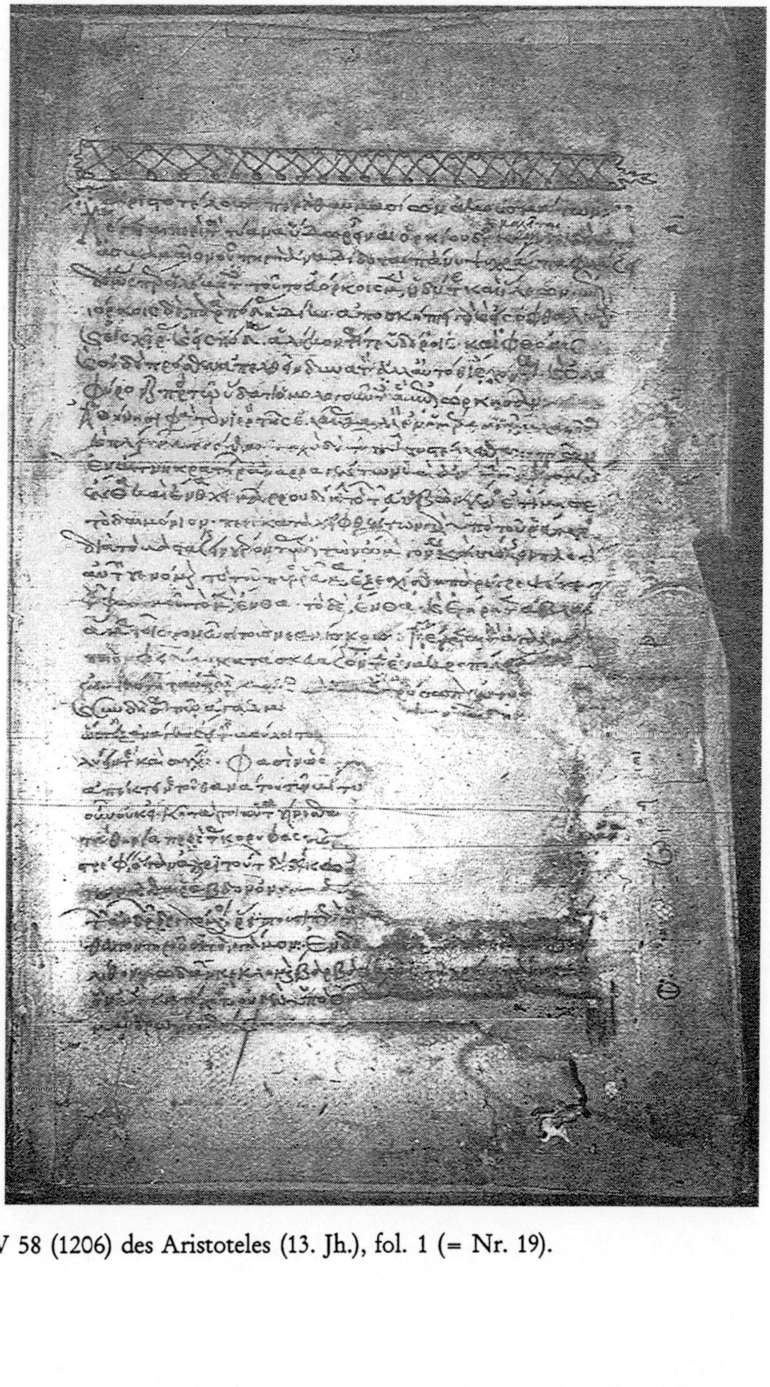

Abb. 30: Cod. Marc. IV 58 (1206) des Aristoteles (13. Jh.), fol. 1 (= Nr. 19).

Eratosthenes

Nebst Archimedes, Kleomedes und anderen

Aristoteles war gegen Ende der oben (S. 33) zitierten Ausführungen aus 'De Caelo' auf die Messung des Erdumfangs zu sprechen gekommen: 400.000 Stadien hätten Mathematiker ausgerechnet. Man hat an Eudoxos von Knidos (ca. 400 - ca. 347 v.Chr.), einen der bedeutendsten Mathematiker, Astronomen und Geographen der Alten Welt, als Urheber dieses Ergebnisses gedacht. Erdumfangberechnung sollte fortan im Hellenismus eine wichtige und kontroverse Rolle spielen. Einige Stellungnahmen seien angeführt.

Archimedes (287-212 v.Chr.), der wohl größte griechische Mathematiker, Physiker und Mechaniker, weiß im 'Arenarius', seinem Traktat über die Sandzahl, von einem 300.000-Stadienwert zu berichten, den er für seine Konstruktion, die auf etwas gänzlich anderes hinzielt, verzehnfachen möchte (Arenarius I 7-8):

Wir behaupten nun: Auch wenn wir uns eine Kugel aus Sand, die so groß ist wie die von Aristarch angenommene Fixstern-Sphäre, vorstellen, so lassen sich von den von uns genannten Zahlen solche angeben, die so groß sind, daß sie die Zahl der Sandkörner jener Kugel übertreffen, und zwar unter folgenden Voraussetzungen:

Daß nämlich erstens der Umfang der Erde etwa 3.000.000 Stadien und nicht größer ist, obwohl einige versucht haben, darzutun, wie du auch weißt, daß der Umfang etwa 300.000 Stadien sei. Ich aber gehe darüber hinaus, indem ich diese Länge verzehnfache, und setze voraus, daß der Umfang der Erde etwa 3.000.000 Stadien sei und nicht größer. (Übers. von Arthur Czwalina)

Exponat Nr. 20: Cod. Metochii Constantinopolitani S. Sepulchri monasterii Hierosolymitani 355 Palimpsest 10. Jahrhundert (untere Schrift) Pergament ff. 185 mm 195x150. Ausgestellt ist eine Photokopie.

Es handelt sich um einen Codex rescriptus bzw. um einen Palimpsest, d.h. um eine Handschrift, bei der die ursprüngliche Schrift aus Sparsamkeitsgründen durch Abwaschen (wie im vorliegenden Fall) oder Rasur gelöscht und eine neue Beschriftung (meist senkrecht zur früheren, wie hier) vorgenommen worden ist. Der obere Text ist ein Euchologion des 12. Jahrhunderts, während der untere, in zwei Spalten angelegte, Archimedes enthält.

Der große Editor griechischer mathematischer Texte Johan Ludvig Heiberg hat diese Handschrift des Konstantinopler Metochions des Jerusalemer Klosters des Hl. Grabes 1906 und 1908 studiert und ihre herausragende Bedeutung festgestellt, die u.a. darin besteht, daß sie sonst (griechisch) nicht überlieferte Texte des Archimedes enthält. Wie wichtig wäre es, den Codex mit den Hilfsmitteln modernster Phototechnik erneut zu untersuchen, aber er 'vagabundiert' auf dem Antiquariatsmarkt.

Lit.: Heiberg, J.L.: Eine neue Archimedeshandschrift (Nebst einer Tafel), in: Hermes 42 (1907) 235-303.

Abb. 31.

Es ist das Verdienst des Eratosthenes von Kyrene (etwa 284-202 v.Chr.), des großen Gelehrten und Bibliothekars von Alexandreia - er ist übrigens der erste, der sich als Philologe bezeichnete -, die Erdgeographie auf mathematisch-wissenschaftliche Grundlagen gestellt zu haben. Berühmt ist sowohl in der Antike als auch in der Neuzeit seine Erdumfangberechnung. Sie findet sich mehrfach in den Quellen belegt, am deutlichsten bei Kleomedes, De motu circulari I 7 (Todd) (vgl. Abb. 32). Die Werke des Eratosthenes selbst sind leider nicht erhalten.

Eratosthenes geht von folgender Beobachtung aus (stark vereinfachte Wiedergabe): Wenn die Sonne in Syene (bei Assuan) im Zenith steht,

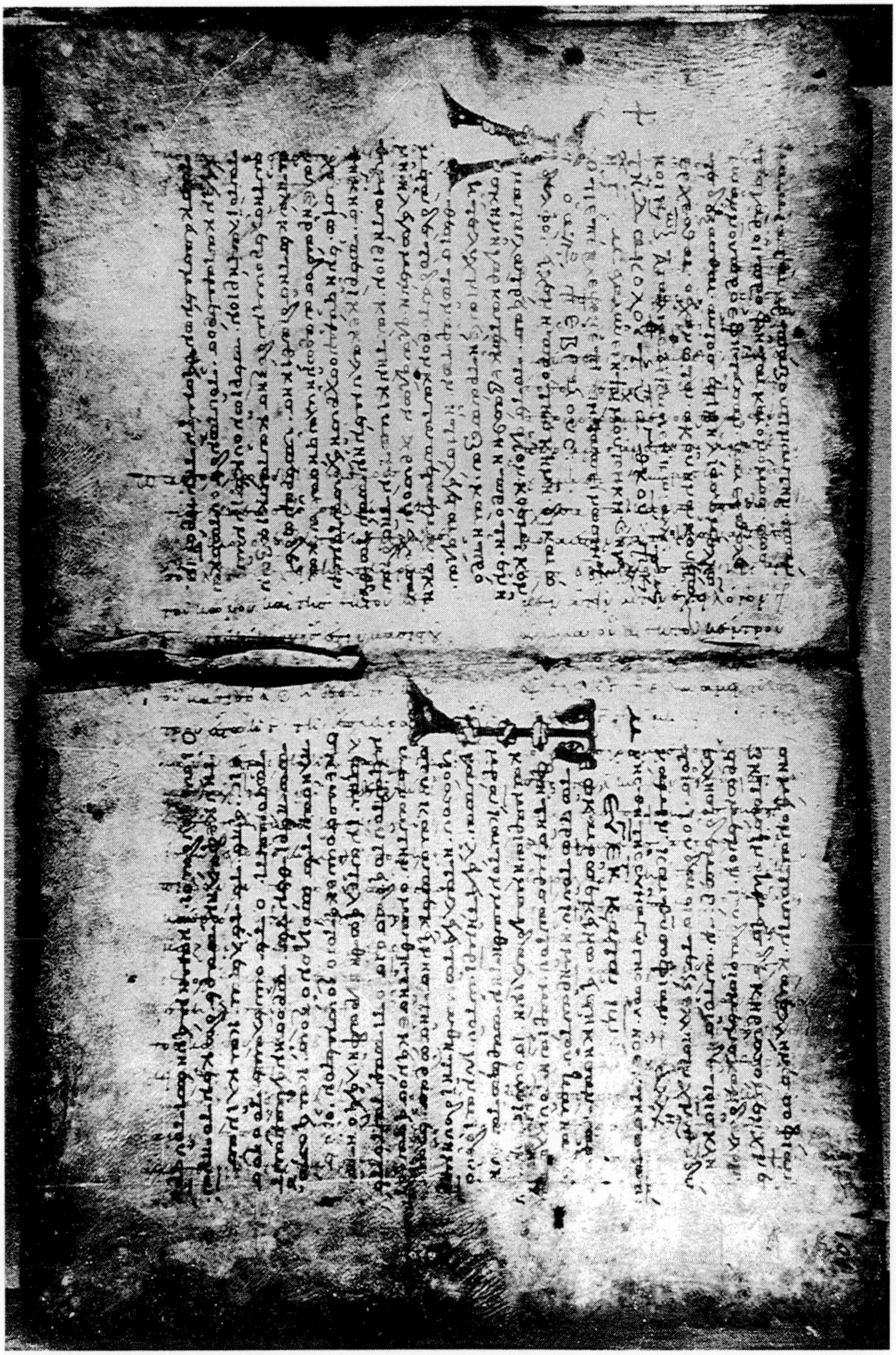

Abb. 31: Cod. rescriptus des Archimedes (10. Jh.), fol. 100v/101 (= Nr. 20).

bilden ihre Strahlen in Alexandreia, das ungefähr auf dem gleichen Meridian liegt, mit der Senkrechten einen Winkel von 1/50 des Kreisumfangs. Demnach ist der Erdumfang 50mal so groß wie die Entfernung Alexandreia - Syene (5.000 Stadien); das ergibt 250.000 Stadien. Dieses Resultat rundete Eratosthenes auf 252.000 Stadien auf, wohl um eine glatte Zahl von 700 Stadien pro Breitengrad zu erhalten.

Nun bereitet allerdings die Umrechung dieses Ergebnisses - wie auch der früher erwähnten - in unsere Maßeinheit nicht geringe Probleme: Die zugrunde liegende Stadionlänge ist uns nicht bekannt. Es hat daher die verschiedensten Ansätze gegeben, wobei am häufigsten mit dem Umrechnungswert des ägyptischen 'schoinos' operiert wird: 40 Stadien = 1 schoinos (nach Plinius), 1 schoinos = 12.000 kgl. ägypt. Ellen zu je 0,525 m. Das ergibt 39.690 km für den Erdumfang, was den heute geltenden Werten 40.076,6 km bzw. 40.010,6 km erstaunlich nahe käme. Doch gilt in der Ägyptologie der obige Umrechnungsansatz für die Elle heute als überholt; neueste Forschungen sprechen von 0,4875 m (Auskunft von Frau Roik / Hamburg).

Wie dem auch sei, das Ergebnis des Eratosthenes ist in der Folgezeit zwar verschiedentlich modifiziert worden - so erhöhte z.B. der bedeutende Astronom Hipparchos (2. Jahrhundert v.Chr.) den Wert um 26.000 auf 278.000 Stadien -, aber grundsätzlich wurde seine Lösung mit Bewunderung akzeptiert: *Den ganzen Umfang der Erde aber hat Eratosthenes, ein Mann, der bei seinem auf allen geistigen Gebieten tätigen Scharfsinn gerade in diesem Teile vor anderen gescheit ist, weshalb ihm, wie ich sehe, auch alle beistimmen, zu 252.000 Stadien angegeben, welche nach römischem Maß 31.500.000 Schritte ausmachen. Dies ist eine kühne, aber genau begründete Behauptung, der keinen Glauben zu schenken, man sich schämen müßte* (Plinius, Naturalis Historia II 147. Übers. von Roderich König).

Ein problematisches Kapitel in der Geschichte dieser Frage bleibt: Poseidonios. Der stoische Philosoph, Historiker und Naturforscher (etwa 135-50 v.Chr.) soll (ebenfalls nach Kleomedes I 7) aufgrund 1/48 des Kreisbogens für Alexandreia - Rhodos (5.000 Stadien) einen Umfang von 240.000 Stadien ermittelt haben, während er laut Strabon (II 2,2) auf einen Wert von 180.000 Stadien gekommen sei. Über die Möglichkeit, diese beiden Resultate einerseits miteinander und andererseits mit der eratosthenischen Messung in Einklang zu bringen, ist viel spekuliert worden. Vielleicht sind ja alle drei Werte identisch, nur daß jeweils ein anderes Stadion-Maß zugrunde liegt.

Lit. (kleine Auswahl): Miller, K.: Die Erdmessung im Altertum und ihr Schicksal, Stuttgart 1919. - Diller, Aubrey: The Ancient Measurements of the Earth, in: Isis 40 (1949) 6-9. - Newton, Robert R.: The Sources of Eratosthenes' Measurement of the Earth, in: The Quaterly Journal of the Royal Astronomical Society 21 (1980) 379-387.

Exponat Nr. 21: Cod. Bremensis b. 23 14. Jahrhundert (1. Hälfte) Papier ff. 249 mm 218x148.

Eine sog. Miszellan-Handschrift mit gemischtem Inhalt, von verschiedenen Händen aus dem Gelehrtenmilieu der Palaiologenzeit geschrieben. Der uns angehende Traktat des Kleomedes findet sich auf den ff. 96-149^v. Aufgeschlagen ist fol. 118^v/119 mit einem Textstück (fol. 119) aus I 7 (ed. Todd), 87-108 zur Methode der Berechnung des Erdumfangs durch Eratosthenes von Kyrene (s. oben), dazu auf der gegenüberliegenden Seite (fol. 118^v) eine ganzseitige geometrische Illustration (Abb. 32). Abgebildet als Abb. 33 ist weiterhin fol. 119^v aus demselben Textzusammenhang (I 7,108-118 Todd) - hier zusätzliche Schattenmessungen betreffend - mit Scholien und einer veranschaulichenden Zeichnung.

Die Bremer Handschrift ist vom jüngsten Editor des Kleomedes-Textes, Robert Todd,

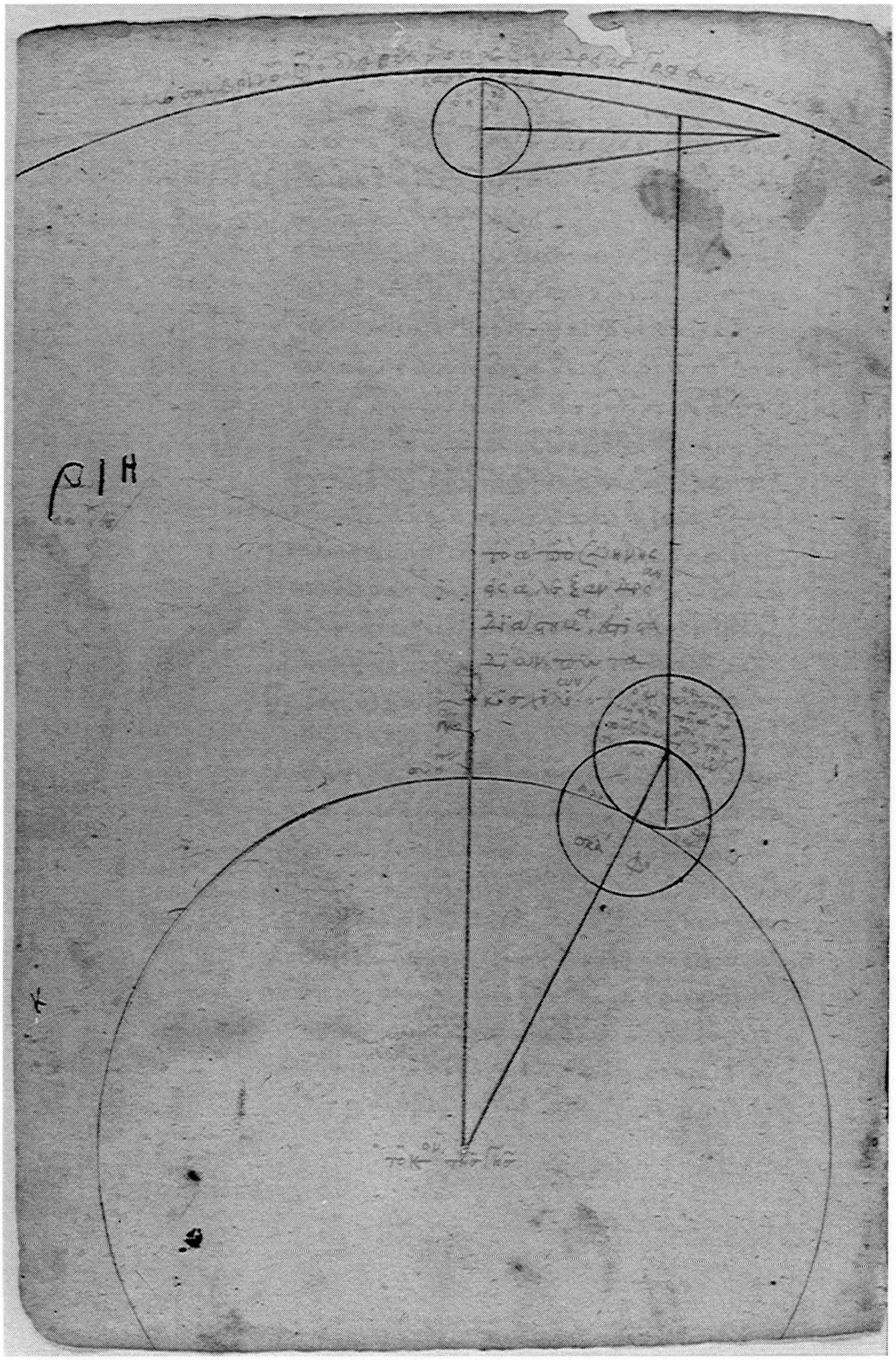

Abb. 32: Cod. Bremensis des Kleomedes (14. Jh.), fol. 118v (= Nr. 21).

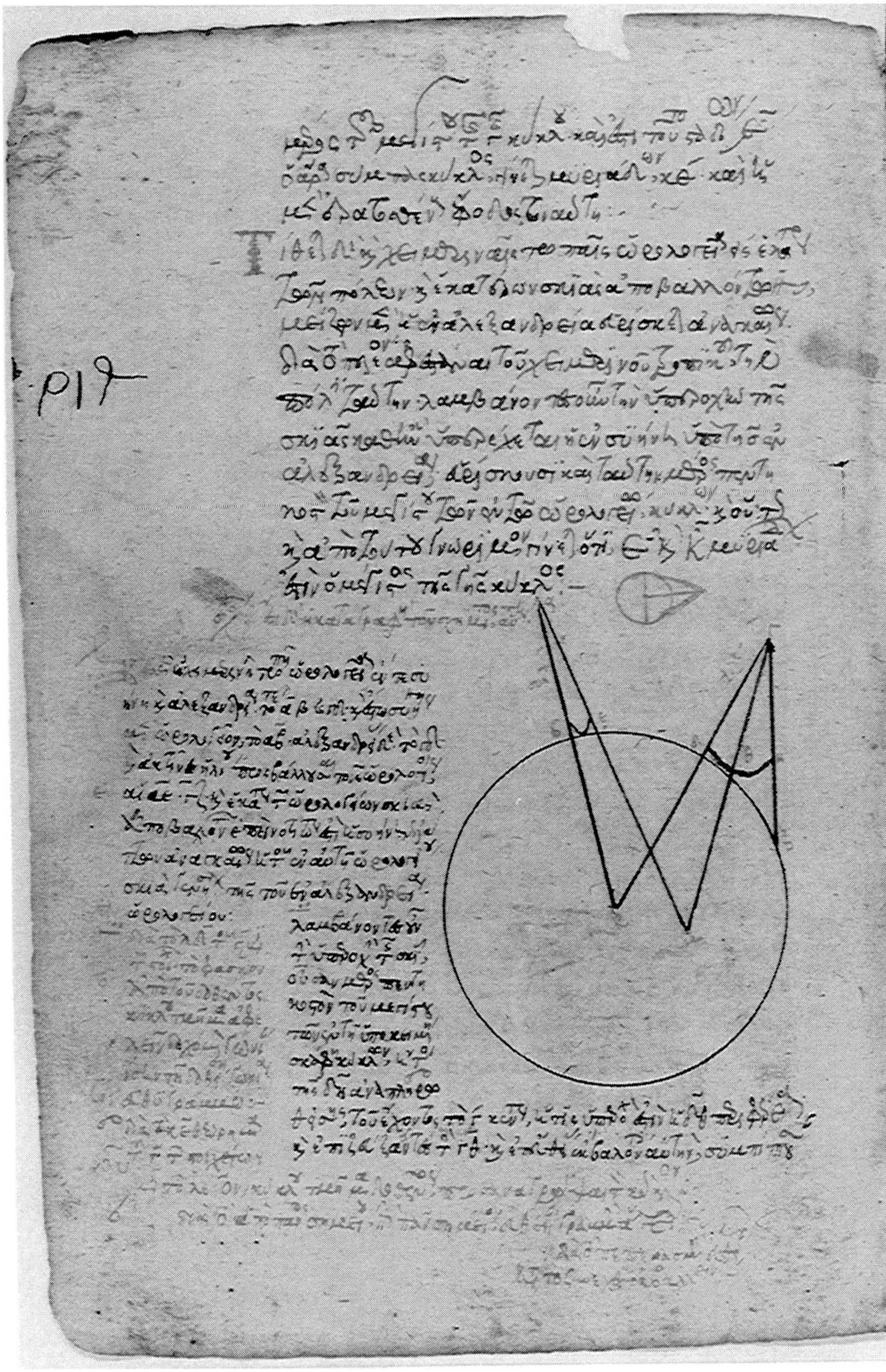

Abb. 33: Cod. Bremensis des Kleomedes (14. Jh.), fol. 119v (= Nr. 21).

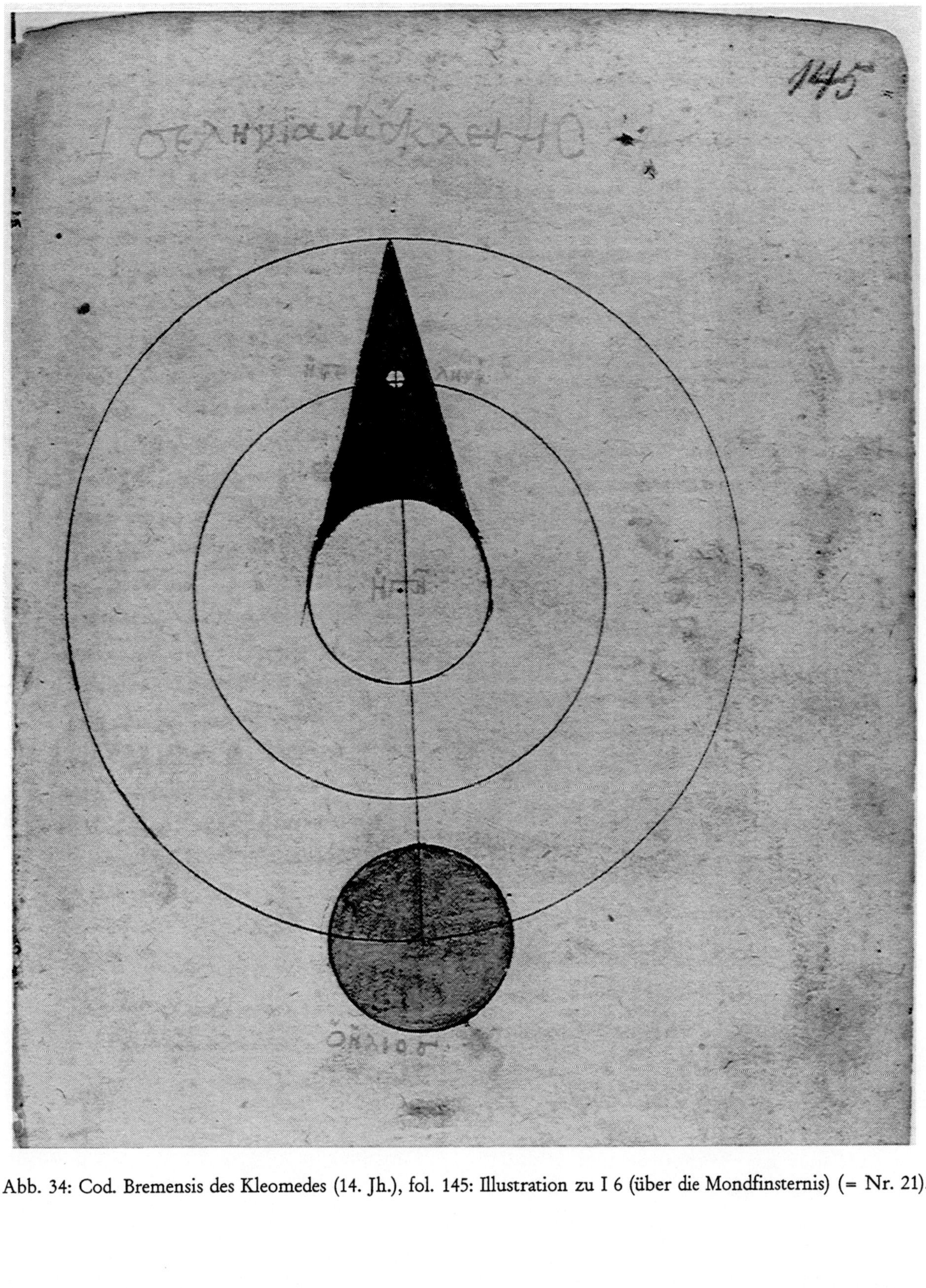

Abb. 34: Cod. Bremensis des Kleomedes (14. Jh.), fol. 145: Illustration zu I 6 (über die Mondfinsternis) (= Nr. 21).

benutzt und als stemmatischer Zwilling des cod. Leidensis B.P.G. 107 klassifiziert worden; sie gehört aber nicht zu den texttragenden Zeugen. Die neue Edition verzichtet wie die vorangehenden leider gänzlich darauf, die zahlreichen Zeichnungen der handschriftlichen Überlieferung mitzupublizieren. Auch die Scholien, die wahrscheinlich wichtige Quelleninformationen enthalten, harren einer systematischen Untersuchung und Edition.

Ein längeres Textzitat aus Kleomedes aus anderem Zusammenhang findet sich unten S. 55-57.

Lit.: Todd, Robert (ed.): Cleomedis Caelestia (ΜΕΤΕΩΡΑ), Leipzig 1990, XVI.

Abb. 32, 33, 34.

Exponat Nr. 22: Plinius, Naturalis Historia, Venedig (Jenson) 1472 mm 402x245.

Aufgeschlagen in der unfoliierten Inkunabel mit Rubrizierung von Hand (die vorgesehenen Initialen sind klein vorgedruckt) ist ein Verso/ Recto mit dem umfangreichen Abschnitt "Terrae universae mensura longitudo & latitudo" als Cap. Cxi bezeichnet (auf dem Verso unten beginnend), der dem Textstück II 242-247 der heutigen Plinius-Ausgaben entspricht. Am Ende dieses Abschnitts aus dem 2. Buch der Naturalis Historia, einer Enzyklopädie des damaligen Wissens, kommt Plinius der Ältere (23-79 n. Chr.) mit Hochachtung auf das Erdmessungsergebnis des Eratosthenes zu sprechen und nennt auch den Modifizierungsversuch des Hipparchos (s. oben S. 46), wobei in der vorliegenden Inkunabel nicht von 26, sondern von 25 Tausend Stadien Differenz die Rede ist (eine Textvariante).

Staats- und Universitätsbibliothek Hamburg: AC VII 184.

Abb. 35 (das genannte Kapitel als Ausschnitt des Verso und Recto).

Eratosthenes hat Bahnbrechendes auch auf dem Gebiet der wissenschaftlichen Erdkartographie geleistet. Zwischen Hekataios und ihm liegt die gewaltige Erweiterung des antiken Erdbildes durch die Feldzüge Alexanders des Großen († 323 v.Chr.) im Osten und durch die Seereisen des Pytheas von Massalia (um 320 v.Chr.) im Westen.

Für den Entwurf seiner Weltkarte führte Eratosthenes ein Koordinatennetz aus astronomisch und klimatologisch bestimmten Parallelkreisen und Meridianen ein. Seine Karte war außerdem durch das rechtwinklige Feldsystem der sog. Sphragiden oder Plinthia ('abgesteckte Grundstücke', 'Rechtecke') gegliedert. Ohne hier auf die Einzelheiten näher eingehen zu können - es sei zur ersten Orientierung auf die Rekonstruktion der Abb. 37 und 38 und für Weitergehendes auf die Literatur verwiesen -, ist der Fortschritt gegenüber dem Erdbild der Ionier klar zu begreifen. An der Vorstellung, daß die Erde vom Okeanos umflossen sei, hat Eratosthenes allerdings nicht gerüttelt; die drei traditionellen Erdteile Europa, Asien, Libyen (Afrika) stellen eine zusammenhängende Insel dar.

Kronzeuge für den uns leider nur in Fragmentzitaten zugänglichen Eratosthenes ist der bekannte Geograph und Historiker Strabon von Amaseia (etwa 63 v.Chr. bis 19 n.Chr.), der sich häufig als kleinlicher Gegner des Eratosthenes präsentiert. Vorläufer der wissenschaftlichen Kartographie sind der Platon-Schüler Eudoxos von Knidos und der Aristoteles-Schüler Dikaiarchos aus Messene, ein ernstzunehmender Kritiker der schon erwähnte Hipparchos von Nikaia (2. Jahrhundert v.Chr.).

Lit.: Berger, Hugo: Die geographischen Fragmente des Eratosthenes, Leipzig 1880. - Irene Ghisu, Cagliari/Berlin, bereitet eine Neuausgabe vor. - Stückelberger, Einführung, 64 ff.

Exponat Nr. 23: Dall' Italia immaginata all' immagine dell' Italia, dalle prime concezioni cosmografiche ai rilevamenti da satellite. Istitu-

Terræ uniuerſæ menſura longitudo & latitudo. Cap.Cxi.

PArs nr̃a terrarum de qua memoro ambiente(ut dictum eſt)oceano:uelut ĩnatãs
lõgiſſĩe ab ortu & ab occaſu patet:hoc eſt ab india ad Herculis colũnas gadibus
ſacratas:octogĩta qnq; milia ſexagĩtaocto milia paſſuũ:ut Artemidoro placet aucto-
ri. Vt uero Iſidoro nõagĩtaocto milia decẽ & octo. Artemidorus adiicit ãplius a gadibus circuitu ſacri pmõtorii ad promõtoriũ artabrũ: quo lõgiſſĩe frõs pcurit hiſpãiæ
octingẽta milia nonagintaunũ. Id menſuræ duplici currit uia. A gange amne oſtioq;
eius:quo ſe in eoum oceanũ effundit per indiã parthienenq; ad myriandrum urbem
ſyriæ in iſſico ſinu poſitã quinquaginta quinq; milia paſſuũ decẽ & nouẽ. Inde pxĩa
nauigatione cyprũ inſulã patarã lyciæ rhodũ aſtypalæã in carpacio mari in inſulas
laconicæ tænarum. Lylibæum ſiciliæ caralium ſardiniæ trigĩta quattuor. Deĩde gades
duodecim milia quinquaginta. Quæ menſura uniuerſa ab eo mari efficit nonaginta
octo milia paſſuum ſexaginta nouem. Alia uia quæ certior itinere terreno maxime

patet a gange ad euphratem amnẽ:quinquaginta milia paſſuũ.xxi. Inde cappadociæ
in mazaca.cc. milia.xliiii. Inde per phrygiam:cariam:ephesum : quadrĩgenta milia
paſſuum.xcviii. Ab epheſo per ægæum pelagus delum ducenta milia. Iſthmũ ducẽta
duodecim milia. Deinde terra & laconico mari & corinthiaco ſinu patras pelopõneſi
ducenta duo milia quingenti. Leucadem octingenta ſex milia quingenti. Corcyram
totidem. Acroceraunia : centum trigĩtaduo milia quingenti. Brunduſiũ octogĩtaſex
milia quingenti. Romam.ccc.milia ſexaginta. Ad alpes uſq; calcincomacum uicum
quingenta decem & octo milia. Per galliam ad pyreneos montes illibriũ quingenta
quinquagintaſex milia. Ad oceanum & hiſpaniæ oram trecenta triginta duo milia.
Traiectu gadis ſeptem milia quingenti. Quæ menſura Artemidori rõne nonaginta
efficit ſexagintanouem. Latitudo autem terræ a meridiano ſitu ad ſeptẽtrionẽ: dĩdio
fere minor colligitur : quinquaginta quattuor milium ſexagintaduo. Quo palam
fit q̃tum & hinc uapor abſtulerit & illĩc rigor. neq; enim deeſſe arbitror terris:aut nõ
eſſe globi formam. Sed inhabitabilia utrinq; incomperta eſſe. Hæc menſura currit
a littore æthiopici oceani qua modo habitatur:ad meroen quingenta quinquaginta
milia. Inde alexãdriam duodecĩ milia qnquaginta. Rhodum quingẽta octogĩtatria.
Gnidum octogintaquattuor milia quingenti. Coum.xxv.milia. Samũ cẽtum milia.
Chium octogintaquattuor milia. Mytilenen ſexaginta quinq; milia. Tenedõ.xcviiii.
milia. Sigæum promontoriũ.xii.milia quingenti. Os ponti.ccc.duodecim milia .d.
Carambin promontorium.ccc.l. Os mæotidis.ccc.xii.milia.d. Oſtium tanais .cclxv.
milia. Qui curſus cõpẽdiis maris breuior fieri poteſt.lxxxix. M. Ab oſtio tanais nihil
modicum diligẽtiſſimi auctores fecere. Artemidorus ulteriora incomperta exiſtĩauit:
cum circa tanain ſarmatarũ gentes degere fateretur ad ſeptentriones uerſas. Iſidorus
adiecit.xii.milia.l.uſq; ad tilen. quæ coniectura diuinationis eſt. Ego non minore q̃
proxĩe dicto ſpatio ſarmatarꝝ fines noſci intelligo. Et alioqn quantũ eſſe debet quod
innumerabiles gentes ſubinde ſedem mutantes capiat? Vnde ulteriorem menſuram
inhabitabilis plagæ multo eſſe maiorẽ arbitror. Nã & a germania ĩmenſas inſulas nõ
pridem compertas cognitũ habeo. De longitudine ac latitudine hæc ſunt:quæ digna
mẽoratu putẽ. Vniuerſũ aũt hũc circuitũ Eratoſthenes ĩ õĩũ qdẽ litterarꝝ ſubtilitate:
& in hac utiq; præter cæteros ſollers quẽ a cunctis probari uideo ducẽtorꝝ qnquagĩta-
duorum miliũ ſtadiũ prodidit. Quæ menſura romana cõputatione efficit trecenties
quindecies centena milia paſſuũ. Improbũ auſũ:uerum ita ſubtili argumentatione
comprehenſum:ut pudeat non credere. Hipparchus & in coarguendo eo & ĩ reliqua
omni diligentia mirus adiicit ſtadiorum paulominus.xxv.milia.

Abb. 35: Inkunabel des Plinius d.Ä. (Venedig 1472), Ausschnitt eines Verso/Recto (= Nr. 22).

to Geografico Militare (Mostra), Firenze 1986.

Rekonstruktion der Oikumene-Karte des Aristoteles-Schülers Dikaiarchos von Messene (um 300 v.Chr.) und des Astronomen Hipparchos von Nikaia (Bithynien) (2. Jahrhundert v.Chr.).

Ausgestellt: Tafeln I A4 und I A6 auf S. 49: Il mappamondo di Dicearco, La carta del mondo di Ipparco (Ipotesi di ricostruzione - IGMI 1986).
Ohne Abb. (aber vgl. zu Dikaiarchos die Abb. 36).

Rekonstruktion der Oikumene-Karte des Strabon von Amaseia (etwa 63 v.Chr. - 17 n.Chr.). Sie unterscheidet sich nur in Kleinigkeiten vom erschlossenen Weltbild des Eratosthenes (vgl. Nr. 24).

Ausgestellt: Faltkarte (Figure X) am Ende des Buches.
Ohne Abb.

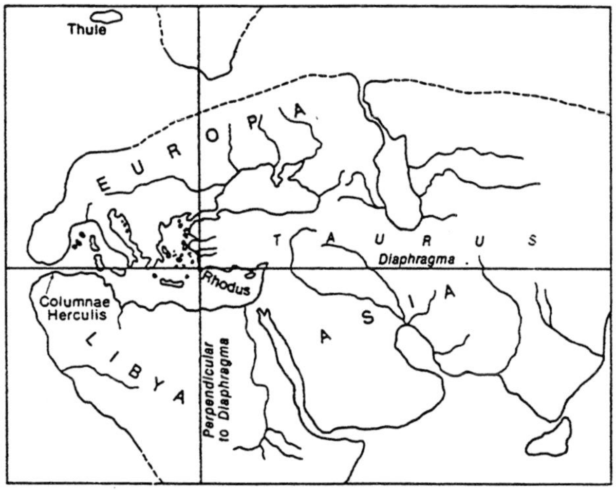

Abb. 36: Rekonstruktion der Weltkarte des Dikaiarchos (1969), aus Harley-Woodward S. 153 Fig. 9.2 nach Armando Cortesão (vgl. Nr. 23).

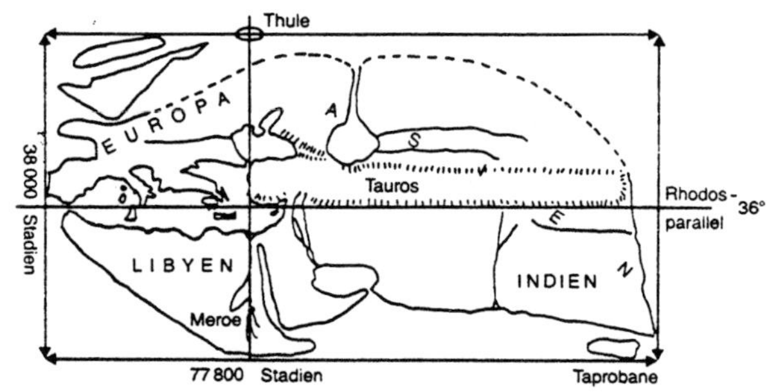

Abb. 37: Die Weltkarte des Eratosthenes nach Stückelberger (1988), S. 66 (vgl. Nr. 24).

Exponat Nr. 24: Due mondi a confronto 1492 - 1728.
Christoforo Colombo e l' apertura degli spazi. Mostra storico - cartografica (Genova - Palazzo Ducale), Hrsg.: G. Cavallo, Rom 1992.

Die Weltkarte des Eratosthenes (nach Germaine Aujac, 1985).

Ausgestellt: S. 19.
Abb. 38 (vgl. auch Abb. 37).

Exponat Nr. 25: Aujac, Germaine: Strabon et la science de son temps, Paris 1966.

Mit Eratosthenes hat die wissenschaftliche Diskussion über die Erdkugel und den Kosmos, wie sie bei Platon und Aristoteles sowie deren Schülern lebhaft geführt wurde, einen Höhepunkt erreicht. Konrad Gaiser hat dieser wissenschafts-historischen Perspektive durch seine ingeniöse Deutung des berühmten Philosophenmosaiks in Neapel gleichsam ihre ikonographische Weihe verliehen.

Gaiser interpretiert das meist als die Sieben Weisen verstandene Mosaik als Darstellung einer philosophischen Diskussion der platonischen Akademie. Von links nach rechts: Herakleides Pontikos, der Sprecher; Speusippos, der Kahlköpfige; Platon, auf die Kugel zeigend; ein im Hintergrund Stehender; Eudoxos von Knidos, distanziert unter einer Sonnenuhr sitzend;

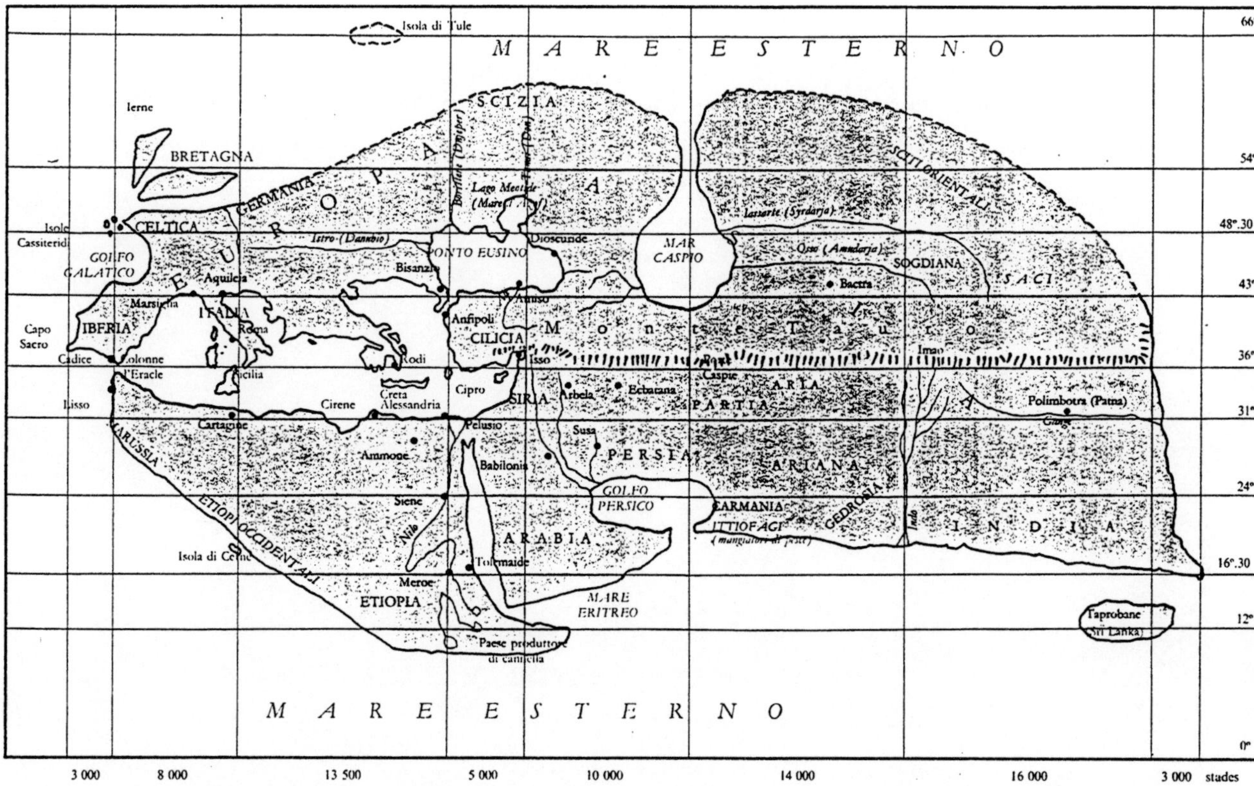

Abb. 38: Die Weltkarte des Eratosthenes nach Aujac (1985) (= Nr. 24).

Xenokrates, der Grübler; Aristoteles, der Zweifler. Gegenstand des Gesprächs sei die Astronomie, der Himmel und die Erde (im Vordergrund eine Himmelskugel). Bei dem im Hintergrund Hinzukommenden handele es sich - anachronistisch - um Eratosthenes. "Angesichts der beschriebenen inneren Nähe des Eratosthenes zu Platon und zur Alten Akademie wage ich es, die folgende Hypothese aufzustellen: Das Original unserer Philosophenmosaiken ist in Alexandrien unter dem Eindruck der Wirksamkeit des Eratosthenes entstanden. Es stellt die Mitglieder der Schule Platons bei einer astronomischen Diskussion dar, also bei der Beschäftigung mit einem die wissenschaftliche Arbeit und die Dichtung des Eratosthenes stark berührenden Thema. Der Mann, den man auf unserem Bild in der Mitte hinter der Exedra stehen sieht, ist kein anderer als Eratosthenes. Die Ehrung, im Kreis der Philosophen der Alten Akademie dargestellt zu werden, ist dem Eratosthenes sicher erst nach seinem Tod zuteilgeworden. Das Bild ist also in den Jahren (bald) nach 202 v.Chr. entstanden. Es diente dem Gedenken an Eratosthenes, hat also vermutlich in Alexandrien sein Grab oder einen der Erinnerung an ihn gewidmeten Raum des Museions geschmückt."

Abb. 39: Das Philosophenmosaik in Neapel. Eine Darstellung der Platonischen Akademie (Deutung Konrad Gaisers) (= Nr. 26).

Exponat Nr. 26: Gaiser, Konrad: Das Philosophenmosaik in Neapel. Eine Darstellung der platonischen Akademie (Abhandlungen der Heidelberger Akademie der Wissenschaften, Philos.-hist. Kl., Jahrgang 1980, 2. Abhandlung), Heidelberg 1980.
Ausgestellt ist ein Farbposter des Frontispiz.
"Das heute im Museo Nazionale zu Neapel (Inv.-Nr. 124545) zu besichtigende Mosaik ist im Jahr 1897 bei der Ausgrabung eines Landhauses in Torre Annunziata bei Pompeji gefunden worden." Archäolog. Datierung: Anfang des 1. Jahrhunderts n.Chr. Kopie eines griechischen Originals Bildfläche mm 860x850.
Abb. 38.

In einer Art zusammenfassender Appendix soll hier noch in zwei längeren Zitaten jener Autor zu Wort kommen, der zwar sicher nicht mehr in die hellenistische Zeit gehört, wohl aber das aus dem Hellenismus übernommene Hand- oder Schulbuchwissen in repräsentativer Form vermitteln dürfte. Es ist Kleomedes mit seiner Schrift 'Über die Kreisbewegung der Gestirne' oder 'Meteora'. Er stellt, wie wir sahen, den wichtigsten Quellenautor für die Methodik und Geschichte der Erdumfangmessung dar (Nr. 21). Zeitlich wird er nach Poseidonios (etwa 135 - 50 v.Chr.), dem jüngsten von ihm zitierten Autor, und vielleicht vor dem im nächsten Kapitel zu behandelnden Ptolemaios (2. Jahrhundert n.Chr.), dessen Einfluß sich nicht bemerkbar macht, anzusetzen sein. Er stand wahrscheinlich stoischen Kreisen nahe.

In der ersten der Passagen hören wir noch einmal Beweise für die Kugelgestalt der Erde. Die zweite macht uns mit der Erdzonentheorie vertraut, wie sie - wohl vom Himmelsglobus (vgl. etwa Abb. 38) auf den Erdglobus transponiert - vielleicht seit Krates von Mallos (2. Jahrhundert v.Chr.) entwickelt worden ist. Vorstellungen von Zonen und von Erdbewohnern, die gegenüber den Menschen der bekannten Regionen als Perioiken - Antoiken - Antipoden anzusehen seien, tauchen - wie wir sehen werden - in der Spätantike und im Mittelalter wieder auf.

Schon der Augenschein überzeugt uns offenbar, daß die Welt eine Kugel ist. Dennoch darf man den Augenschein nicht als Beweismittel verwenden, denn nicht alles erscheint uns so, wie es in Wahrheit ist. Daher müssen wir von dem, was uns ganz offenbar ist, auf das, was uns nur zu sein scheint, schließen. Wenn wir also gezeigt haben werden, daß der festeste und dichteste Teil der Welt, nämlich die Erde, die Gestalt einer Kugel besitzt, so werden wir fortschreitend zu den übrigen Teilen der Welt auch von diesen erkennen, daß sie kugelförmig sind. Und so hat auch die gesamte Welt diese Gestalt.

Es sind viele Meinungsverschiedenheiten unter den älteren Naturforschern über die Gestalt der Erde entstanden. Einige von ihnen haben, dem Augenschein folgend, darzutun versucht, daß die Erdoberfläche die Gestalt einer Ebene habe. Andere wieder haben in Erwägung gezogen, daß das Wasser nicht auf der Erdoberfläche verharren könnte, wenn die Erdoberfläche nicht hohl und vertieft wäre, und haben daher der Erdoberfläche eine solche Gestalt zugesprochen. Wieder andere haben geglaubt, die Erde sei würfelförmig, noch andere hielten sie für pyramidenförmig. Die Gelehrten unserer Zeit aber, die Mathematiker und die meisten Anhänger der Sokratischen Schule hielten die Erde für kugelförmig. Da nun andere Formen, außer den genannten, kaum für sie in Frage kommen können, so kann in Wahrheit die Erde nur eben, vertieft, würfelförmig, pyramidenförmig oder kugelrund sein.

Wenn wir diese fünfgliedrige Disjunktion als wahr unterstellen, so werden wir auf Grund dieser zeigen, daß die Erde die Gestalt einer Kugel besitzt. Wir werden also zeigen, daß die Erde weder eben, noch hohl, noch würfelförmig, noch pyramidenförmig ist. Alsdann werden wir bewei-

sen, daß sie notwendigerweise kugelförmig sein muß. (...)

Wenn nun die Ereignisse zeigen, daß die Erde keine der genannten Formen hat, so muß sie notwendigerweise kugelförmig sein, da irgendeine andere Form außerdem nicht in Frage kommt.

Wir können aber auch auf direktem Wege zeigen, daß die Erde kugelförmig ist, indem wir von den beobachteten Erscheinungen ausgehen. Aus denselben Argumenten nämlich, aus denen hervorging, daß die Erde keine der übrigen genannten Formen haben kann, leuchtet ein, daß sie kugelförmig ist. Erstlich verändert sich mit dem Standort der Horizont, ferner sieht man nicht von jedem Ort im Süden und Norden die gleichen Gestirne; weiter ist nicht die Polhöhe, die Größe des Polarkreises, die Länge der Tage und Nächte die gleiche. Alles dieses zeigt deutlich, daß die Erde kugelförmig ist. Bei irgendeiner anderen Gestalt der Erde könnte nämlich keines dieser Ereignisse eintreten, nur bei einer kugelförmigen Gestalt sind diese Ereignisse möglich. Wenn wir uns weiter auf dem Meere dem Lande nähern, so sehen wir zuerst die Bergspitzen des Landes, während uns alles Übrige durch die Krümmung der Wasserfläche verborgen ist. Dann erst, wenn wir über die Höhe der Krümmung gefahren sind, sehen wir die Täler und den Fuß der Berge. Und von dem Schiffe selbst aus werden etliche Teile des Landes vom Beobachter, der auf dem Deck oder innerhalb des Schiffsrumpfs steht, nicht gesehen, wohl aber kann man sie sehen, wenn man auf den Mast des Schiffes steigt, so daß man über die Krümmung der Wasserfläche hinwegsehen kann. Wenn das Schiff vom Land wegfährt, so entschwindet dem Blick zunächst der Rumpf des Schiffes, während man dann den Mast noch immer sehen kann. Wenn das Schiff sich dem Lande nähert, so sieht man vom Lande aus zuerst die Segel, während der Rumpf des Schiffes noch hinter der Krümmung der Wasseroberfläche verborgen ist. Dies alles zeigt mit fast mathematischer Gewißheit, daß die Erde die Gestalt einer Kugel hat.
(Kleomedes I 5, 1 ff. [Todd]. Übers. von Arthur Czwalina) (vgl. auch unten Nr. 58 u. 59)

Diese ⟨fünf⟩ Teile der Erde nennen die Physiker Zonen. Die beiden äußersten Zonen sollen wegen der Kälte, die mittelste der Hitze wegen unbewohnbar sein. Die beiden Zonen aber, die der heißen Zone benachbart sind, sind gemäßigt. Ihre Temperatur ist nämlich gemischt durch die Hitze der einerseits benachbarten und die Kälte der andrerseits benachbarten Zone. Man teilt nun jede dieser beiden gemäßigten Zonen in zwei Halbzonen, deren eine gewissermaßen auf der Oberseite der Erde und deren andere auf der Unterseite der Erde gelegen ist. So soll es vier bewohnte Halbzonen geben. Die eine dieser Halbzonen bewohnt die Menschheit, deren Geschichte uns bekannt ist, die Bewohner der anderen Halbzone, die mit uns in der gleichen Zone, aber auf der Unterseite der Erde wohnen, heißen die Unterwohner. Die dritte Zone bewohnen die Nebenwohner, die vierte die Gegenfüßler. Und zwar sind diejenigen, welche

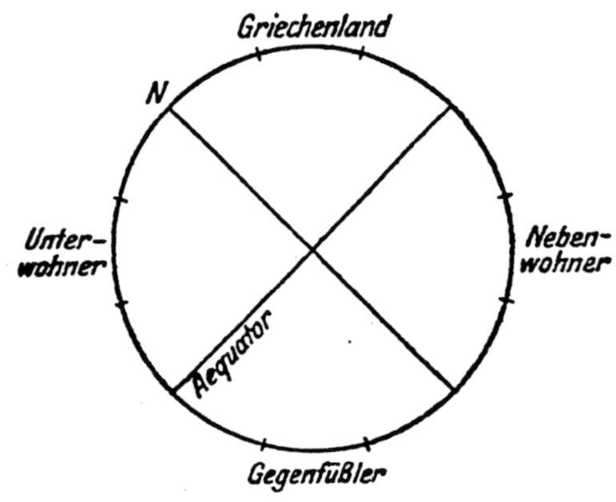

Skizze des Übersetzers.

die auf der Oberseite gelegene Halbzone bewohnen, die Nebenwohner, und die, welche die auf der Unterseite gelegene Halbzone bewohnen, die Gegenfüßler. Alle Menschen, welche auf der Erde schreiten, setzen notwendigerweise ihre Fußspuren in der Richtung nach dem Mittelpunkte der Erde hin. Denn da die Erde die Gestalt einer Kugel hat, so ist ihr Mittelpunkt nach unten hin gelegen. Daher sind auch unsere Unterwohner nicht Gegenfüßler von uns, sondern diejenigen, die in der südlichen gemäßigten Zone auf der Unterseite der Erde und uns diametral gegenüber wohnen; denn ihre Fußspuren liegen den unsrigen gerade entgegengesetzt. Die Fußspuren der Unterwohner sind nicht den unsrigen entgegengerichtet, sondern denen unserer Nebenwohner, so daß diese also gegenseitig Gegenfüßler sind. Unsere Gegenfüßler aber sind die Nebenwohner unserer Unterwohner. Alle diese Beziehungen gleichen der Beziehung der Freunde oder Brüder zueinander, nicht der Beziehung der Väter und Kinder oder der Beziehung der Herren und Knechte. Denn diese Beziehungen sind gegenseitig und umkehrbar. So sind wir denn auch die Unterwohner unserer Unterwohner und die Gegenfüßler unserer Gegenfüßler und ähnlich auch die Nebenwohner unserer Nebenwohner.

Mit den verschiedenen Klassen der Erdbewohner verbinden uns gewisse Gemeinsamkeiten, andrerseits trennen uns von jeder gewisse Verschiedenheiten. Mit den Unterwohnern haben wir zunächst das gemeinsam, daß wir die gleiche gemäßigte Zone bewohnen, dann, daß wir zur gleichen Zeit mit ihnen Winter und Sommer und die übrigen Jahreszeiten haben, sowie das Längerwerden und Kürzerwerden der Tage und der Nächte. Wir unterscheiden uns aber von ihnen in der Tageszeit. Wenn bei uns Tag ist, ist bei jenen Nacht und ebenso auch umgekehrt, um es zunächst ungefähr zu sagen. Denn ganz genau genommen geht nicht etwa, wenn bei uns die Sonne untergeht, bei jenen die Sonne unter. Denn wenn dies der Fall wäre, so müßten ja, wenn bei uns die Tage lang sind, bei jenen die Nächte lang sein, und so würde bei ihnen das Längerwerden der Tage in den Winter, das Kürzerwerden der Tage in den Sommer fallen. In Wahrheit aber überstrahlt die Sonne, da die Erde rund ist, deren Rundung. Wenn daher die Sonne bei uns noch oberhalb des Horizonts zu sehen ist, so geht sie unseren Unterwohnern bereits auf, indem sie die Wölbung der Erdoberfläche überstrahlt. Sie geht dabei für die einen früher, für die anderen später auf.

Mit unseren Nebenwohnern haben wir das gemeinsam, daß wir auf der Oberseite der Erdkugel wohnen, zweitens, daß wir mit ihnen gleichzeitig Tag und gleichzeitig Nacht haben, wenn wir es zunächst ungefähr sagen. Genauer ist der Sachverhalt nämlich so, daß, wenn bei uns der Tag am längsten ist, er bei jenen am kürzesten ist und umgekehrt. Bei ihnen sind nämlich im Vergleich zu uns die Jahreszeiten miteinander vertauscht und ebenso das Längerwerden und das Kürzerwerden der Tage und der Nächte.

Mit unseren Gegenfüßlern haben wir nichts gemeinsam, vielmehr ist dort alles umgekehrt wie bei uns. Wir wohnen auf verschiedenen Seiten der Erde, wir haben entgegengesetzte Jahreszeiten, und ebenso werden, wenn bei uns die Tage länger, die Nächte kürzer werden, bei jenen die Tage kürzer, die Nächte länger und umgekehrt.

Daß es Unterwohner, Gegenfüßler und Nebenwohner geben muß, lehrt die Physiologie, obwohl wir von ihnen durch die Menschheitsgeschichte nichts wissen. Zu den Unterwohnern können wir nämlich nicht gelangen, weil das Weltmeer, das uns von ihnen trennt, undurchfahrbar und von Ungeheuern bewohnt ist. Zu den Nebenwohnern vermögen wir nicht zu gelangen, da es unmöglich für uns ist, die heiße Zone zu durchqueren. Daß aber alle gemäßigten Halbzonen der Erde in gleicher Weise bewohnt werden, ergibt sich mit logischer Notwendigkeit. Die Natur liebt nämlich das Leben, und so ist es notwendig anzunehmen, daß sie, wo es möglich ist, alle Teile der Erde mit lebenden Wesen, vernünftigen und unvernünftigen, erfüllt. (Kleomedes I 1, 209 ff. [Todd]. Übers. von Arthur Czwalina)

Ptolemaios

Abb. 40: Büste des Ptolemaios mit Armillarsphäre im Chorgestühl des Ulmer Münsters, Michel Erhart zugeschrieben.

Den Abschluß der wissenschaftlichen Erdkunde des Altertums bildet die 'Geographike Hyphegesis' ('Anleitung zum Kartenzeichnen') des Klaudios Ptolemaios (ca. 100 - 170 n.Chr.): "ein letztes Monument alexandrinischer Wissenschaft, in welchem das bisherige Wissen, verbunden mit eigenen Beobachtungen und Überlegungen, zusammengefaßt und gleichsam als Vermächtnis der Nachwelt überliefert wird, auf das sich dann die Gelehrten des Spätmittelalters und der Renaissance mit brennendem Interesse stürzten" (A. Stückelberger).

Der Hauptteil des Werks gibt für über 8.000 Orte die Längen- und Breitenpositionen, der Anfang der Schrift entwickelt eine methodische Anweisung für die Projektion der Kugelfläche auf die Ebene. Ptolemaios fußt wohl im wesentlichen auf den Vorarbeiten seines wenig älteren Vorgängers Marinos von Tyros (Anfang 2. Jahrhundert n.Chr.), von dessen Methode der Zylinderprojektion er sich allerdings abwendet. Denn die im rechtwinkligen Koordinatensystem gezeichnete Karte des Marinos führt insbesondere in den Polgegenden zu erheblichen Verzerrungen (Abb. 41). Dem stellt Ptolemaios seine Kegelprojektion gegenüber, die das Kartenbild des ausgehenden Mittelalters und der Renaissancezeit völlig beherrschen sollte.

Er schlägt zwei verschiedene Kegelprojektionen vor. In der echten Projektion (vgl. Abb. 42) "fordert Pt. die Abbildung des Gradnetzes der Erdkugel in die Ebene durch ein Strahlenbüschel und eine Schar konzentrischer Kreise, deren Mittelpunkt im Scheitel des Büschels liegt" (Mžik). In der komplizierteren modifizierten Kegelprojektion (vgl. Abb. 43), der Ptolemaios selbst den Vorzug gibt, fordert er, "daß die Parallelkreisbilder eine Schar konzentrischer Kreise mit dem Mittelpunkt im Ursprung K sein sollen; in der Richtung der Kreisradien soll die Abbildung streckentreu sein. (...) Weiter verlangt Ptolemaios, daß die Abbildung auch entlang dieser Parallelkreisbilder von den Poldistanzen (...) streckentreu sein soll" (Mžik). Übrigens erinnert die bekannte Bonne'sche Projektion an diese zweite Methode des Ptolemaios.

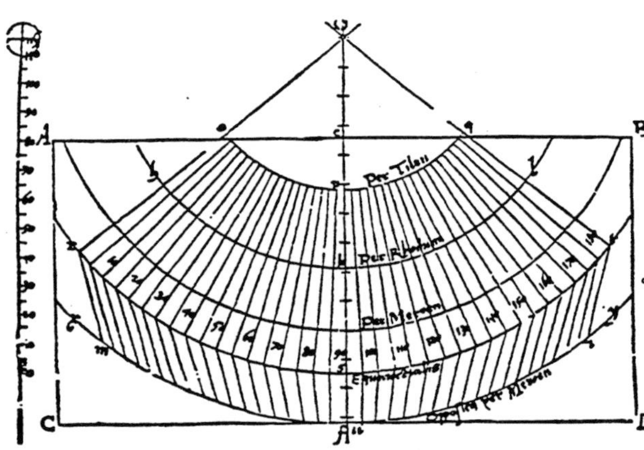

Abb. 42: Kegelprojektion des Ptolemaios (in einem Frühdruck von 1535) (= Nr. 27).

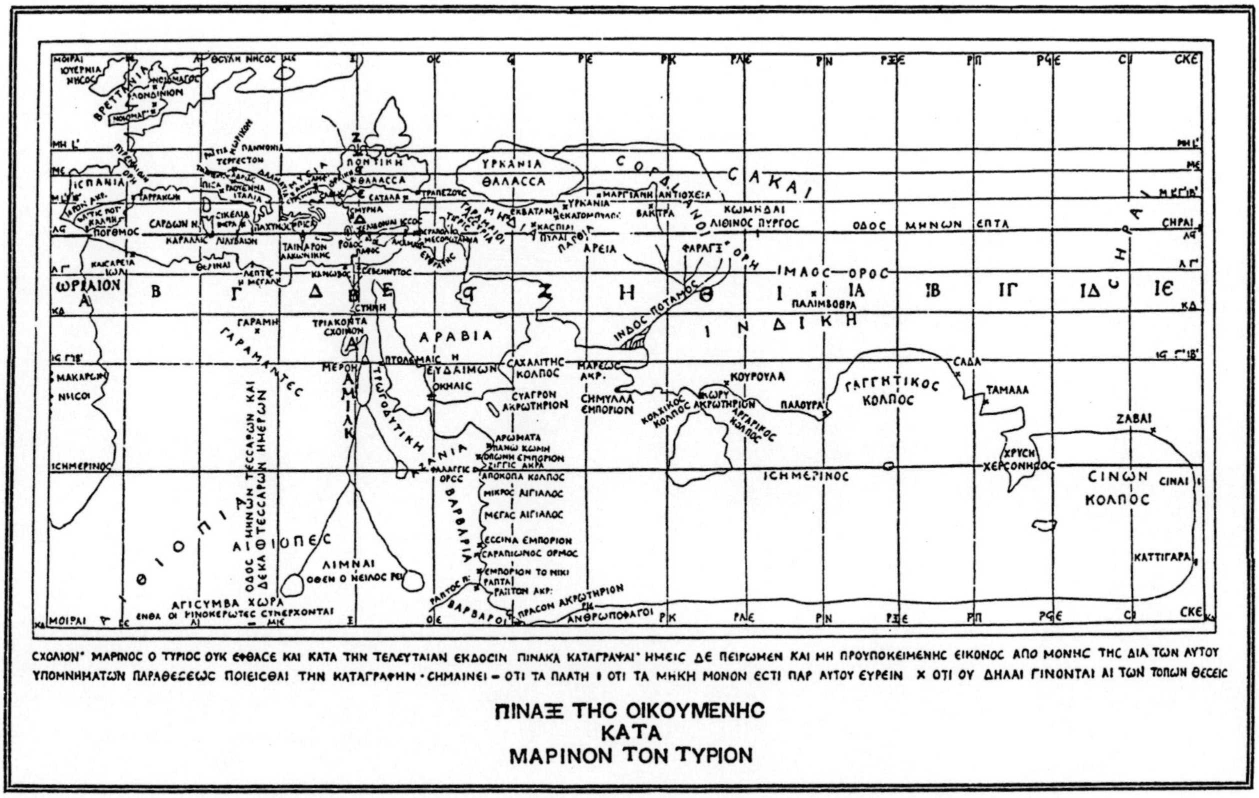

Abb. 41: Rekonstruktion der Oikumene-Karte des Marinos von Tyros in Zylinderprojektion (aus: Honigmann, Art. 'Marinos' [Geograph], in: Paulys Real-Encyklopädie 14,2 [1930], Sp. 1785/6).

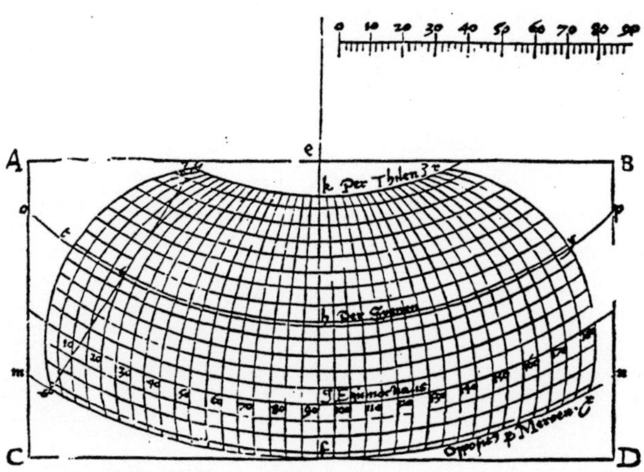

Abb. 43: Modifizierte Kegelprojektion der Ptolemaios (in einem Frühdruck von 1535) (= Nr. 27).

Exponat Nr. 27: Claudii Ptolemaei geographicae enarrationis libri octo, Lyon 1535 (überarbeitete lateinische Übersetzung des Nürnberger Humanisten Willibald Pirckheimer) mm 405x270.

Lit.: Horváth (Hrsg.), Testimonia, Nr. 35.

Staats- und Universitätsbibliothek: KS 179/900.

Ausgestellt: p. 22/23 (mit Text und Illustrationen zur modifizierten Kegelprojektion) und p. 20 in Photokopie (mit Text und Illustration zur echten Kegelprojektion). Abb. 42 (Ausschnitt aus p. 20) und 43 (Ausschnitt aus p. 23).

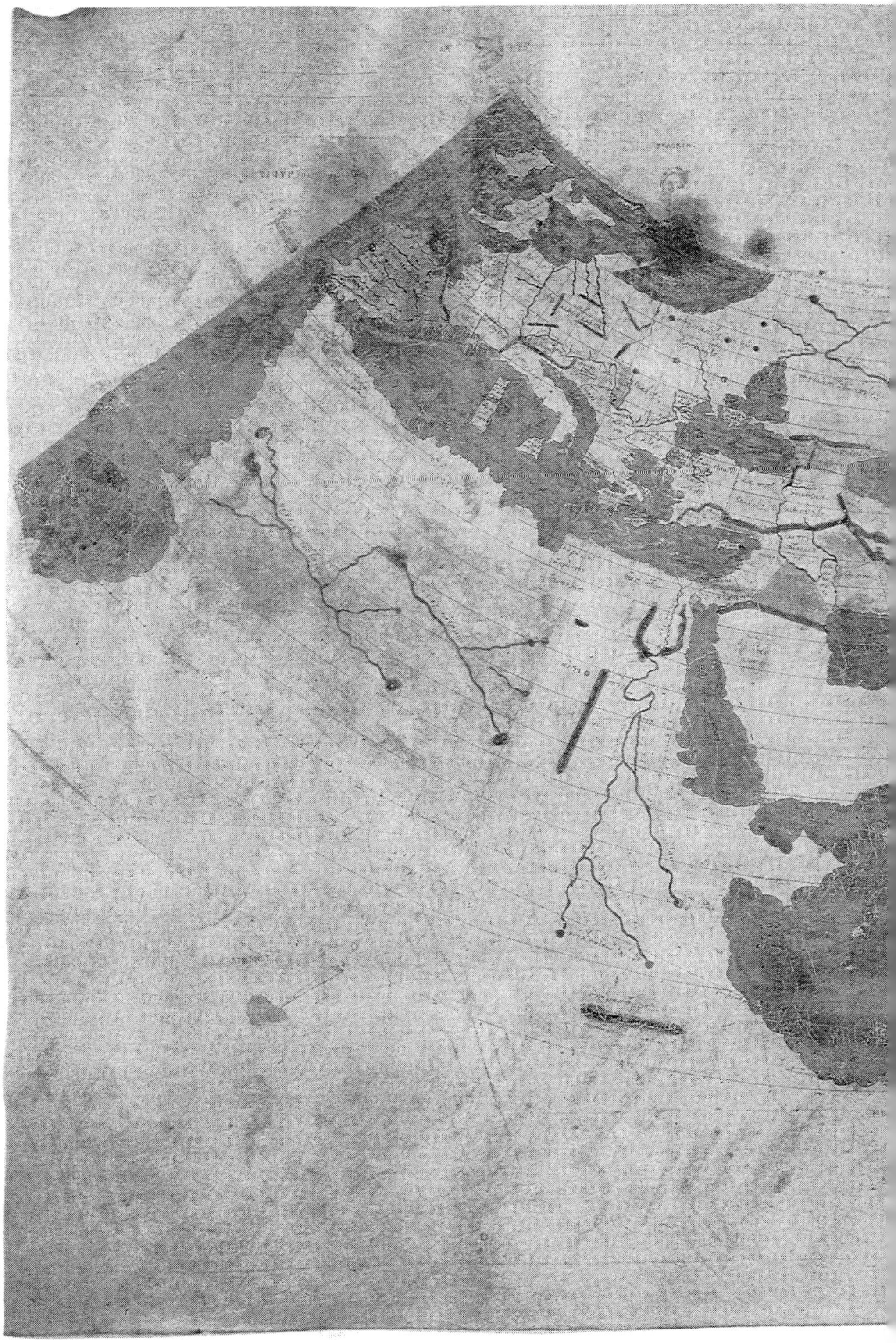

Abb. 44: Cod. Vat. Urb. gr. 82 (13. Jh. Ende), fol. 60v/61 (= Nr. 29).

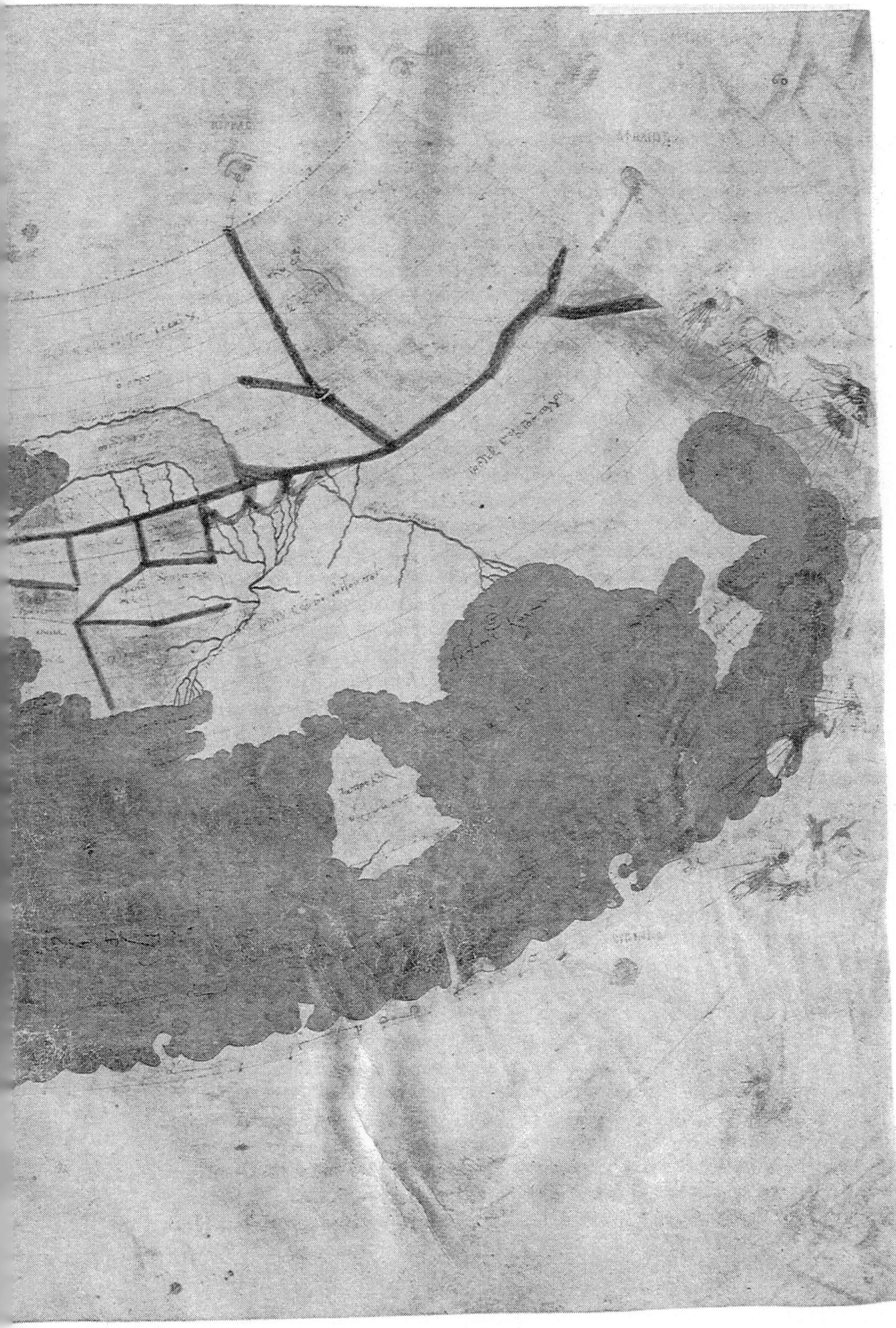

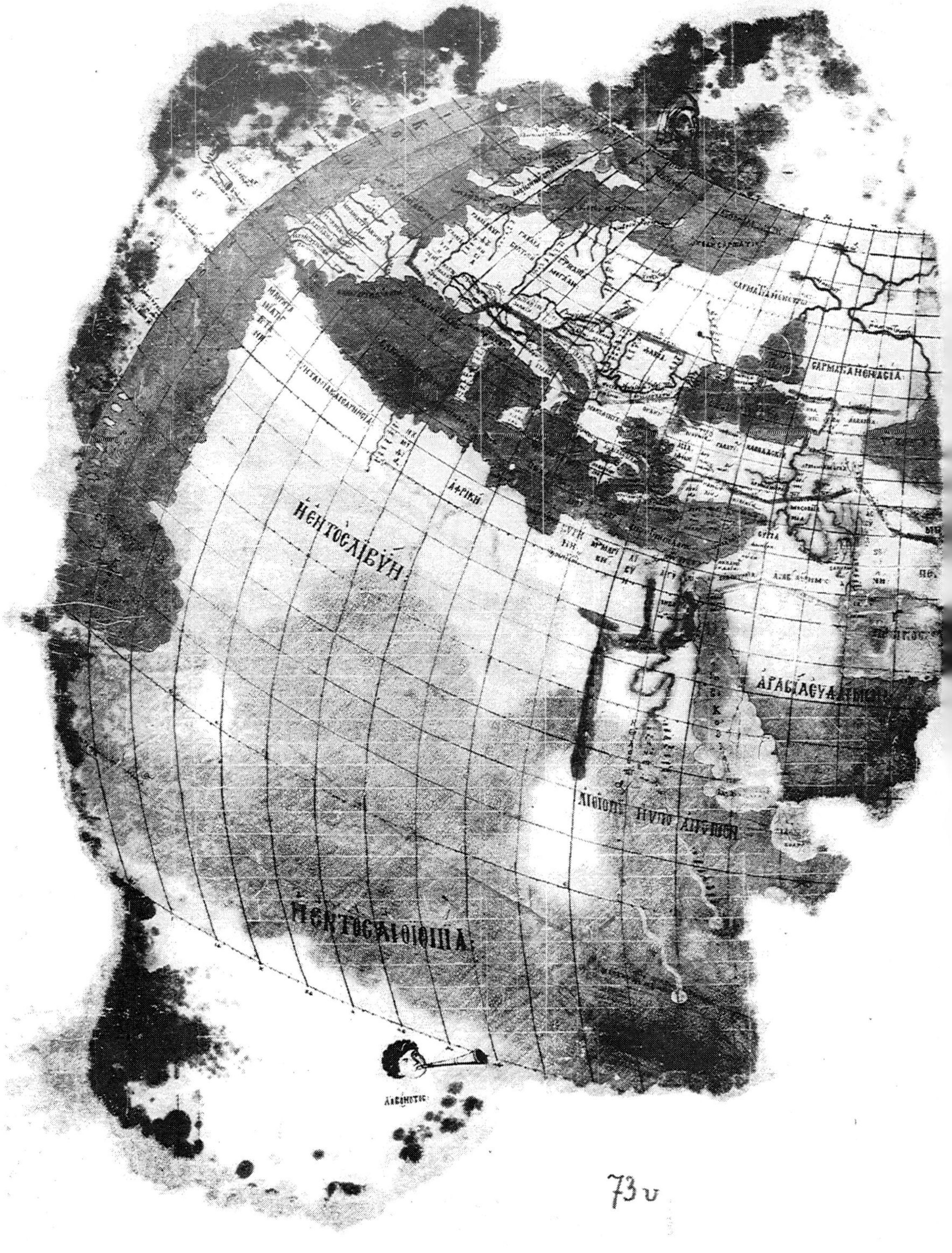

Abb. 45: Cod. Seragl. gr. 57 (13. Jh. Ende) fol. 73ᵛ/74 (= Nr. 30).

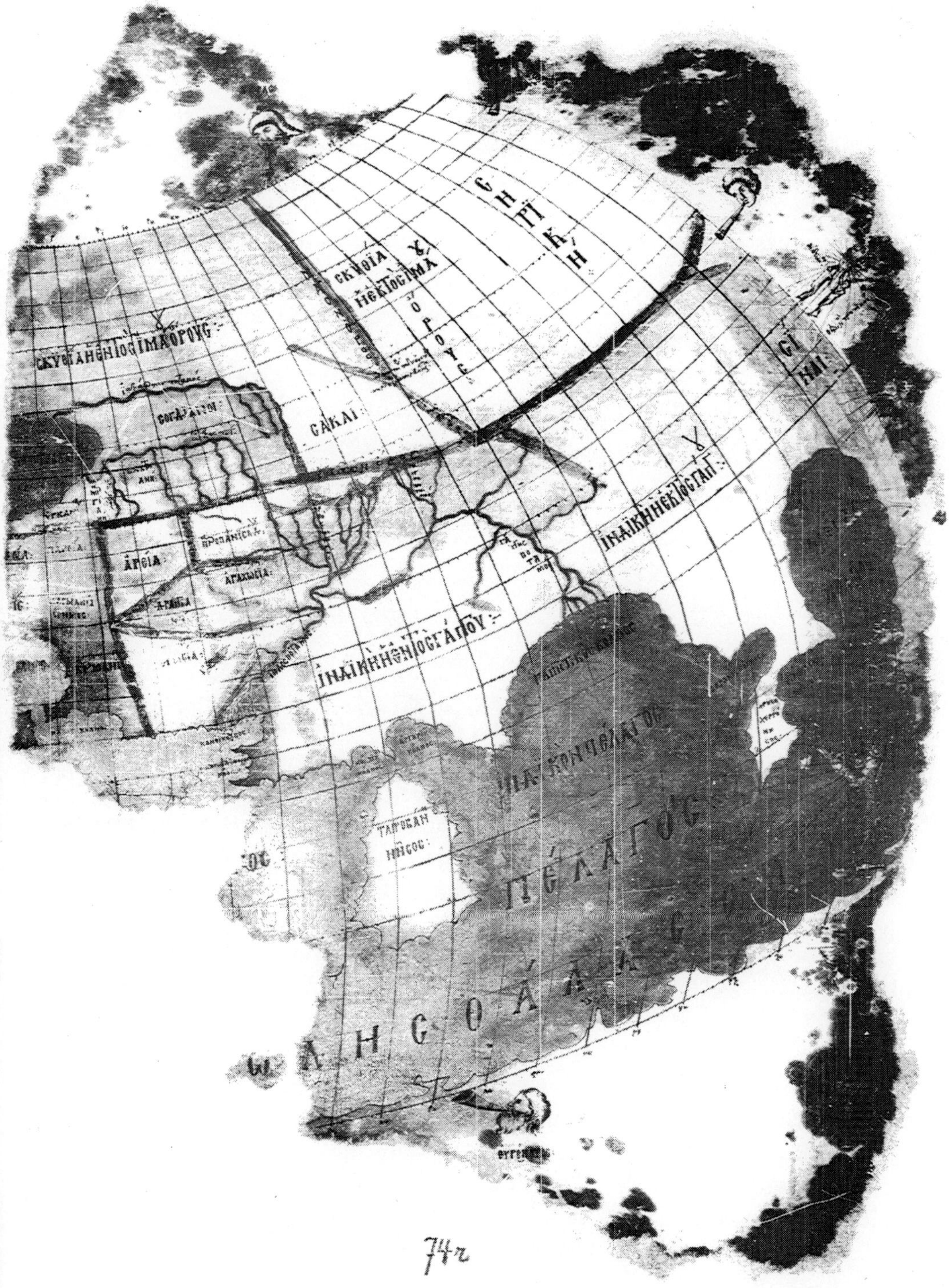
ΣΗΡΙΚΗ
ΣΑΚΑΙ
ΑΡΕΙΑ
ΤΑΠΡΟΒΑΝ ΝΗΣΟΣ
ΠΕΛΑΓΟΣ
74r

Zu den auffälligsten Besonderheiten der Weltkarte des Ptolemaios gehört einerseits ihre viel zu große 360° des Erdumfangs ausmachende Ost-West-Ausdehnung von den Kapverdischen Inseln bis nach Sera in China. Andererseits läßt Ptolemaios die östliche und südliche 'terra incognita' als Landmassen miteinander verbunden sein, so daß der Indische Ozean - im Gegensatz zu Eratosthenes - ein Binnenmeer wird. Für das Entdeckungszeitalter entscheidende Folgen hatte der (heutzutage viel diskutierte) Umstand, daß Ptolemaios den 252.000 Stadien-Ansatz des Eratosthenes für den Erdumfang auf 180.000 Stadien verringerte, was nach den Maßeinheiten der römischen Zeit auf 33.480 km führt. Der Westweg nach Indien mußte also nach der Autorität des Ptolemaios relativ kurz erscheinen.

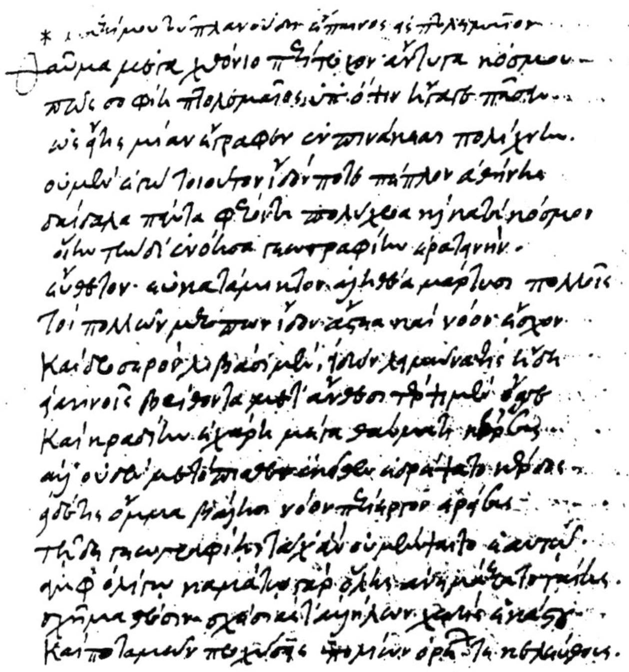

Abb. 46: Cod. Matritensis 4621 (N 72) (Jahr 1490, Schreiber: Konstantinos Laskaris), fol. 129 (Ausschnitt) (= Nr. 28).

Ptolemaios und Planudes

Um die Wiedergeburt des Ptolemaios hat sich in der palaiologischen Renaissance der Gelehrte Maximos Planudes (ca. 1260-1310) in höchstem Maße verdient gemacht.

Wie aus der Korrespondenz sowie einem Gedicht des Planudes deutlich hervorgeht, waren am Ende des 13. Jahrhunderts große Anstrengungen vonnöten, um überhaupt einer Ptolemaios-Handschrift habhaft werden zu können. Zunächst scheint Planudes ein Exemplar (den heutigen Vaticanus gr. 177) bekommen zu haben, das nur den Text ohne die Landkarten überliefert. Es heißt, Planudes habe selbst, ohne jede zeichnerische Vorlage, allein nach den Angaben des Textes eine geographische Karte des Ptolemaios (vermutlich die Weltkarte) entworfen und gezeichnet.

Doch als er das schon erwähnte Gedicht, ein Lobgedicht in 47 Hexametern, schrieb, war seine Suche nach dem griechischen Geographen, seine Fahndung nach einem vollständigen Text mit allen Karten schon von Erfolg gekrönt. In seinen Versen hebt Planudes an mit einem Lob auf Ptolemaios, auf seine wunderbare runde Weltkarte; nie zuvor habe er ein solch kunstreiches Werk gesehen. Mit dem Preis des Ptolemaios und seines prachtvollen Werkes läßt es Planudes nach etwa der Hälfte des Gedichtes "genug sein". Sein Blick richtet sich nun auf seinen Kaiser Andronikos II., der sich ewigen Ruhm und Dank erworben habe, da er sich dieses geographischen Werkes, das so lange verborgen und vergessen war, tatkräftig angenommen habe. Unter der Förderung und Schirmherrschaft des Kaisers und mit fachkundiger Unterstützung des Patriarchen Athanasios von Alexandreia sei das alte Werk der Welt zurückgegeben.

Der Kaiser hatte also offensichtlich eine neue Prachtausgabe des Ptolemaios, an deren Fertigstellung Athanasios maßgeblich beteiligt war, in Auftrag gegeben. Planudes feiert in seinem Gedicht den erfolgreichen Abschluß und die ersehnte Wiederkehr des Ptolemaios.

Nun stammen die beiden ältesten Ptolemaios-Codices - der Urbinas gr. 82 und der Seragliensis gr. 57 - genau aus dieser Zeit, dem Ende also des 13. Jahrhunderts. Während der Urbinas die Weltkarte in der einfachen Kegelprojektion bietet (Abb. 44), fällt in der Handschrift vom Serail die modifizierte (gerundete) Kegelprojektion auf (Abb. 45). Liegen uns in diesen Handschriften die Dokumente der Bemühungen des Planudes vor? Ist eine von ihnen das Exemplar des Kaisers? Die Forschung ist hier noch im Fluß, und es wäre lohnenswert, dieser Frage systematisch nachzugehen.

Exponat Nr. 28: Cod. Matritensis 4621 (N 72) Jahr 1490 Papier ff. 186 mm 215x146.

Die von Konstantinos Laskaris, einem in Messina im ausgehenden 15. Jahrhundert wirkenden griechischen Humanisten, geschriebene Handschrift, enthält auf ff. 129-130 das Lobgedicht des Maximos Planudes auf das neu aufgefundene Werk des Ptolemaios.

Lit.: Iriarte, Joannes: Regiae Bibliothecae Matritensis Codices Graeci Mss, Madrid 1769, 256-266 (dort 263 einziger Gesamtabdruck des Textes).

Ausgestellt: Xerokopie von fol. 129 (mit dem in der Mitte der Seite einsetzenden Gedicht).
Abb. 46.

Exponat Nr. 29: Cod. Vaticanus Urbinas gr. 82 13. Jahrhundert (Ende) Pergament ff. 111 mm 573x420.

Die Handschrift gilt allgemein als der älteste und 'beste' Textzeuge der 'Geographie' des Ptolemaios. Doch scheint der Seragliensis (Nr. 30) einen ähnlichen Rang beanspruchen zu dürfen.

Lit.: Fischer, Urbinas.

Ausgestellt: Farbtafel mit Oikumene-Karte in 'echter' Kegelprojektion (fol. 60^{v}/61) aus Cavallo (Hrsg.), Due Mondi, 38-39.
Abb. 44.

Exponat Nr. 30: Cod. Seragliensis (Istanbul) gr. 57 13. Jahrhundert (Ende) Pergament ff. 122 mm 570x420.

Die Handschrift - leider hat sie durch die Zeitläufte äußerlich sehr gelitten - wird bei einer künftigen Edition eine entscheidende Rolle spielen (vgl. auch Schnabel). Die Weltkarte in modifizierter Kegelprojektion ist für das Mittelalter singulär.

Lit.: Deissmann, Adolf: Forschungen und Funde im Serai. Mit einem Verzeichnis der nichtislamischen Handschriften im Topkapu Serai zu Istanbul, Berlin-Leipzig 1933, insbes. 89-93.

Ausgestellt: Photographie der Oikumene-Karte in modifizierter Kegelprojektion (fol. 73^{v}/74).
Abb. 45 und Katalogumschlag.

Ptolemaios in der Renaissance

Wie kaum ein anderes Werk der Antike hat die 'Geographie' des Ptolemaios, insonderheit ihr Kartenmaterial, das Zeitalter der Renaissance fasziniert und beeinflußt. Zu Beginn des Quattrocento nahm der große byzantinische Gelehrte Manuel Chrysoloras, der Lehrer der italienischen Gräzisten der damaligen Zeit, eine lateinische Übersetzung des Textes in Angriff; sie wurde von seinem Schüler Jacopo Angelo da Scarperia zu Ende geführt.

Schreibateliers, später Druckereien und Verlagshäuser wetteiferten um die Gunst vor allem des italienischen und deutschen Publikums, das sich an den stattlichen Ptolemaios-Atlanten erfreute.

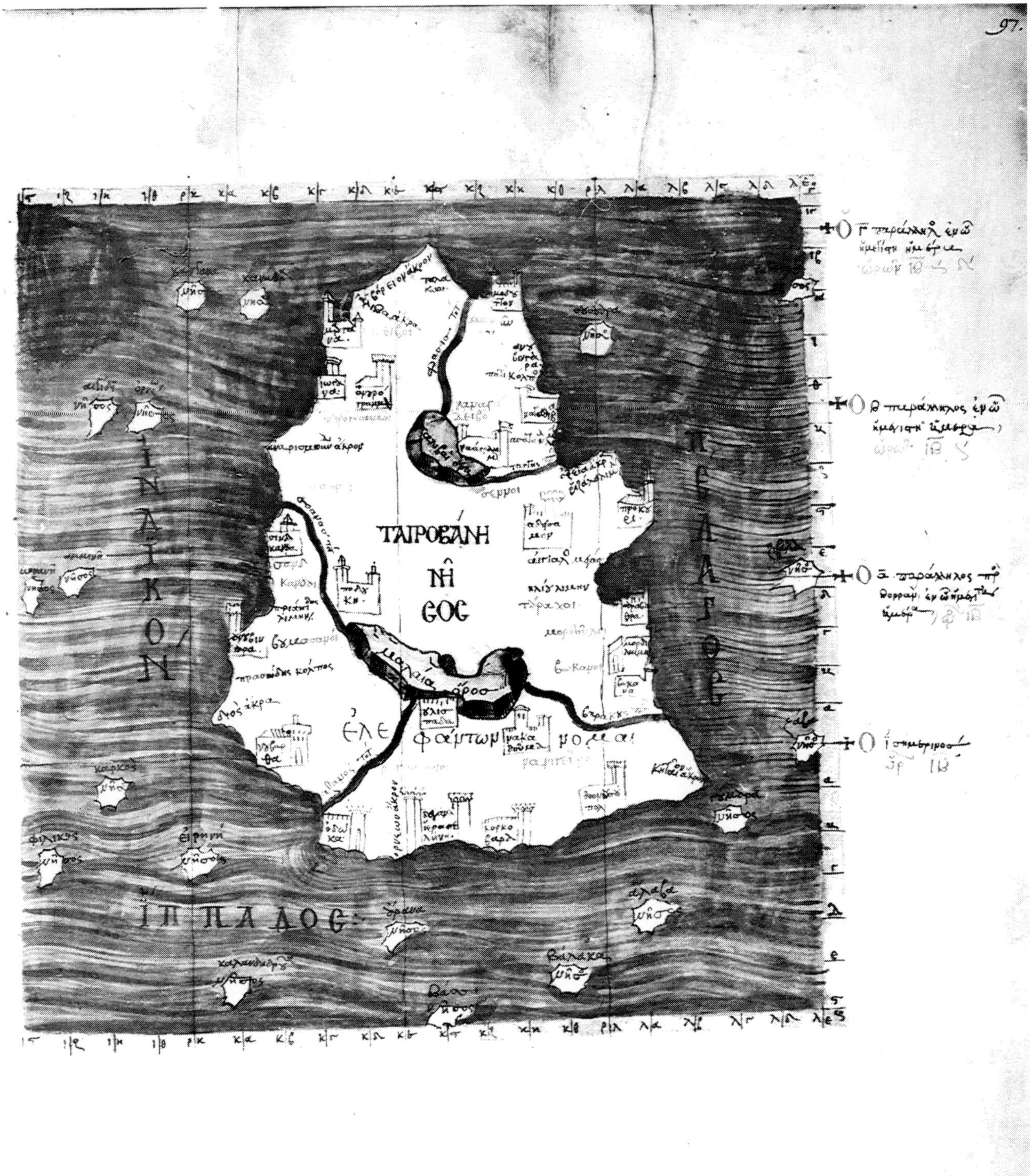

Abb. 47: Cod. Vindob. Hist. gr. 1 (Jahr 1454), fol. 97 (= Nr. 31).

Der größte Einfluß ging offensichtlich von dem früh nach Italien gelangten Urbinas (Nr. 29) aus. Alle griechischen Karten-Handschriften weisen in der Oikumene-Karte die in ihm angewendete normale Kegelprojektion auf. Welche Konkurrenz wäre dem Urbinas erwachsen, wenn auch der Seragliensis (Nr. 30) in den Westen gelangt wäre. Vermittelt sich doch durch die in ihm gewählte modifizierte Projektionsmethode der Weltkarte der dreidimensionale Eindruck des Erdglobus.

Atlanten des Ptolemaios aus der Renaissancezeit sind in dem einen oder anderen Exemplar auch über die Fachwelt hinaus bekannt. Einige sollen hier gestreift werden.

Exponat Nr. 31: Cod. Vindobonensis Hist. gr. 1 Jahr 1454 Pergament ff. 99 mm 600x440.

Die Karten hat höchstwahrscheinlich der Kaufmann und Amateur-Gelehrte Cyriacus von Ancona gezeichnet und beschriftet, einer der bedeutendsten antiquarischen Sammler und epigraphischen Beobachter und Aufzeichner des 15. Jahrhunderts, den man den 'Schliemann der Renaissance' genannt hat. Der Text stammt aus der Feder des bekannten Kalligraphen Johannes Skutariotes.

Lit.: Harlfinger, Dieter: Ptolemaios-Karten des Cyriacus von Ancona, in: ΦΙΛΟΦΡΟΝΗΜΑ. Festschrift für Martin Sicherl, hrsg. v. D.H. (Studien zur Geschichte u. Kultur des Altertums, 1. Reihe, 4. Bd), Paderborn 1990, 225-236.

Ausgestellt: fol. 97 (Einzelkarte von Taprobane = Ceylon; auf der Weltkarte gewöhnlich viel zu groß dargestellt, von den Humanisten gelegentlich mit Sumatra verwechselt).
Abb. 47.

Exponat Nr. 32: Cod. Vaticanus Urbinas lat. 277 Jahr 1472 Pergament pp. 268 mm 593x435.

Der in Florenz für Federigo da Montefeltro, den kunstverständigen Herzog von Urbino, hergestellte ptolemäische Prachtatlas; Kartograph: Pietro del Massaio. Blattgoldverzierung.

Ausgestellt und abgebildet (Abb. 48): Die Weltkarte (normale Kegelprojektion) in einem Facsimile des Belser-Verlags Zürich.

Exponat Nr. 33: Ptolemaios, Cosmographia (lateinisch), Ulm (Lienhart Holl) 1482 Pergamentdruck mm 420x290.

Der berühmte Ulmer Ptolemaios, auf Pergament gedruckt und handkoloriert, die erste Atlasdrucklegung nördlich der Alpen.

Lit.: Meine, Karl-Heinz: Die Ulmer Geographie des Ptolemäus von 1482. Zur 500. Wiederkehr der ersten Atlasdrucklegung nördlich der Alpen. Ausstellung Ulm 1982, Weißenborn 1982. - Harlfinger (Hrsg.), Graecogermania, Nr. 140. - Horváth (Hrsg.), Testimonia, Nr. 31.

Staats- u. Universitätsbibliothek Hamburg: Scrin. 30b.

Ausgestellt: p. 144/145 (Einzelkarte von Spanien, mit beachtlichem Geschick koloriert).
Abb. 49.

Exponat Nr. 34: -wie Nr. 33 -

Ausgestellt: Weltkarte des Ulmer Ptolemaios von 1482 als Farbtafel in: Klemp, Egon: Africa auf Karten des 12. bis 18. Jahrhunderts. 77 Lichtdrucke aus europäischen Kartensammlungen, Leipzig 1968.

Staats- u. Universitätsbibliothek Hamburg: KS 7023/2.

Ausgestellt: Taf. 1.
Ohne Abb.

Exponat Nr. 34a: Ptolemaios, Cosmographia (lateinisch), Rom 1490 Pergamentdruck mm 388x272.

Lit.: Horváth (Hrsg.), Testimonia, Nr. 32.

Staats- u. Universitätsbibliothek Hamburg: AC VII 141.

Ausgestellt: Weltkarte.
Ohne Abb.

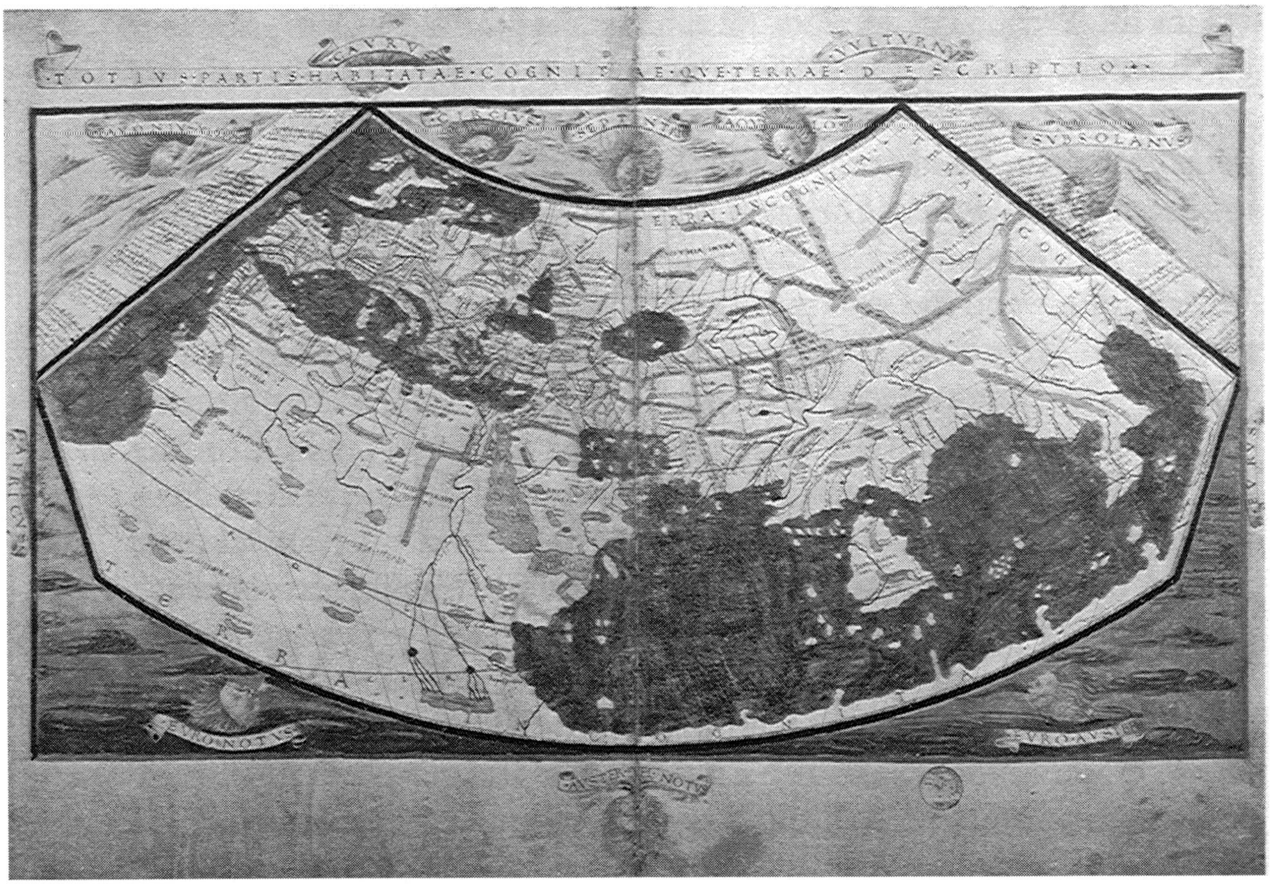

Abb. 48: Cod. Vat. Urb. lat. 277 (Jahr 1472), Weltkarte (= Nr. 32).

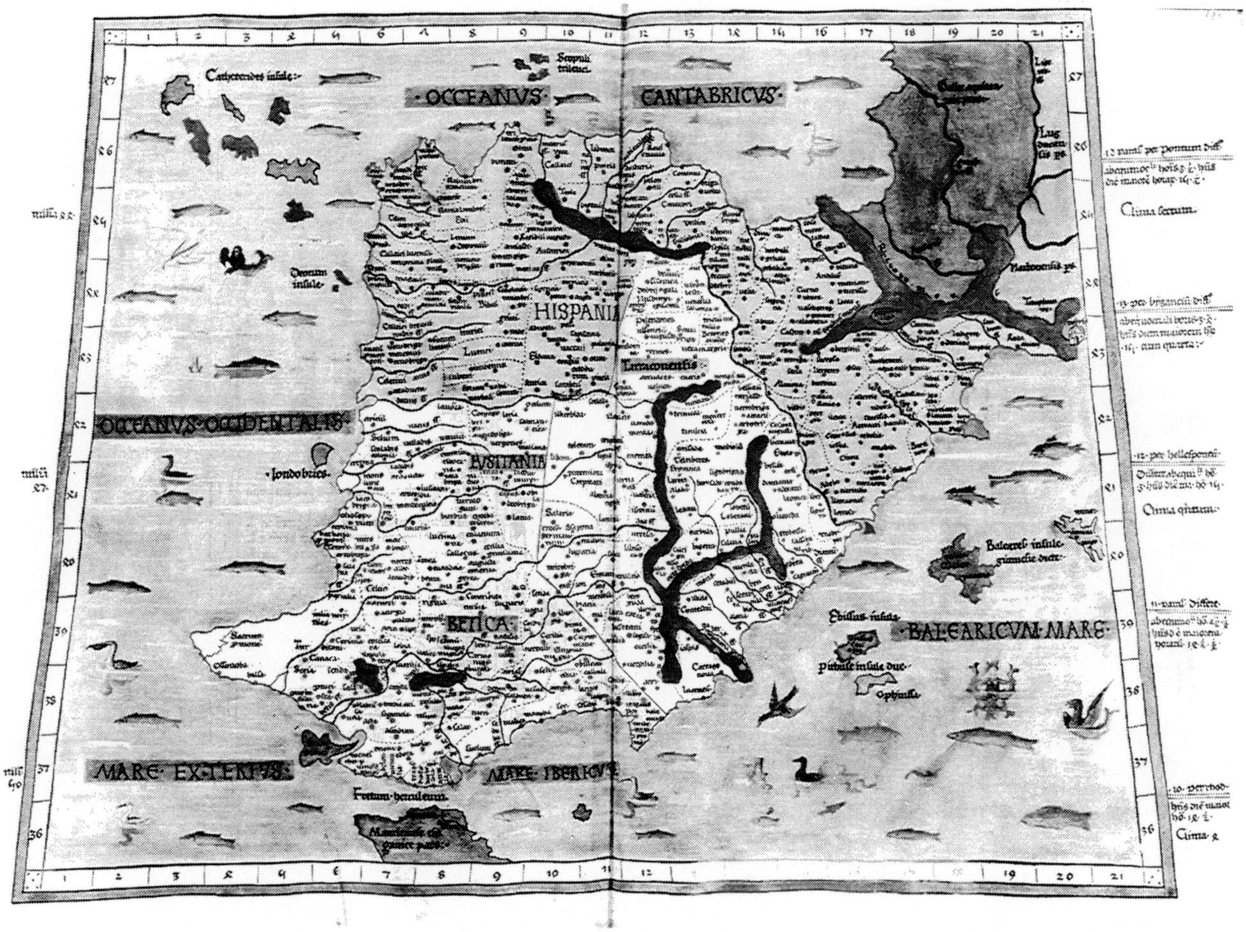

Abb. 49: Ulmer Ptolemaios (lat.) von 1482, p. 144/145 (= Nr. 33).

Exponat Nr. 35: Hartmann Schedel, Weltchronik (deutsch), Nürnberg (Anton Koberger) 1493 mm 433x283.

Das größte Einzelbuchunternehmen der damaligen Zeit. Mit 1.809 Holzschnitten ist diese universalhistorische Kompilation die illustrationsreichste Inkunabel schlechthin. Zu den Illustratoren gehören Michael Wolgemut und vielleicht der junge Dürer.

Lit.: Harlfinger (Hrsg.), Graecogermania, Nr. 189 (mit Lit.).

Commerzbibliothek Hamburg: S 60.

Ausgestellt: fol. XII^{v}/XIII mit der Weltkarte.
Abb. 50.

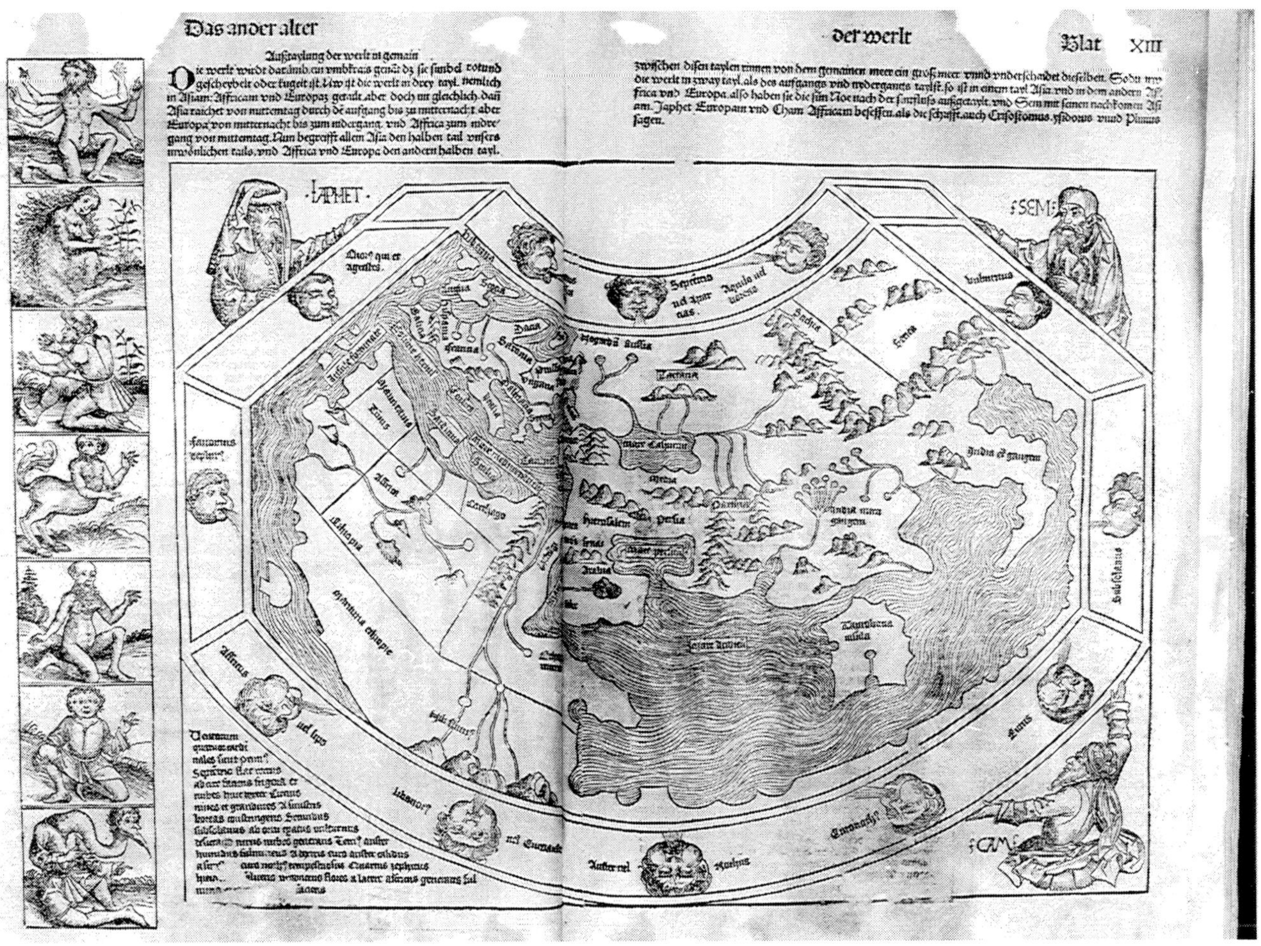

Abb. 50: Schedelsche Weltchronik von 1493, fol. XII^{v}/XIII (= Nr. 35).

Exponat Nr. 36: Ptolemaios, Geographia (lateinisch), Straßburg (Johann Schott) 1513 mm 456x300.

Eine Zusammenfügung von alter ptolemäischer und neuer Kartographie in zwei Teilen. Im zweiten Teil auch das neue Weltbild mit Südamerika, wohl nach Martin Waldseemüller (dazu siehe Nr. 83).

Lit.: Horváth (Hrsg.), Testimonia, Nr. 34.

Staats- u. Universitätsbibliothek Hamburg: Inc. App. b/51 (Linga Cm 20).

Ausgestellt: Neue Weltkarte.
Abb. 51.

Lit.: Fischer, Urbinas - Schnabel, Paul: Text und Karten des Ptolemäus (Quellen und Forschungen zur Geschichte der Geographie und Völkerkunde 2), Leipzig 1939. - Diller, Aubrey: The Oldest Manuscripts of Ptolemaic Maps, in: Transactions and Proceedings of the American Philological Association 71 (1940) 62ff. - Hunger I 513 (mit weiterer Lit.).

Die Neuherausgabe der 'Geographie' des Ptolemaios ist nach den leider nicht zum Abschluß gelangten Unternehmungen von Fischer und von Schnabel eines der wichtigsten Desiderate der altertumskundlichen Editionswissenschaft.
Die vieldiskutierte Verfasserfrage für die Karten bzw. die Weltkarte (Ptolemaios oder Agathodaimon) kann in diesem Rahmen wohl ausgeklammert bleiben.

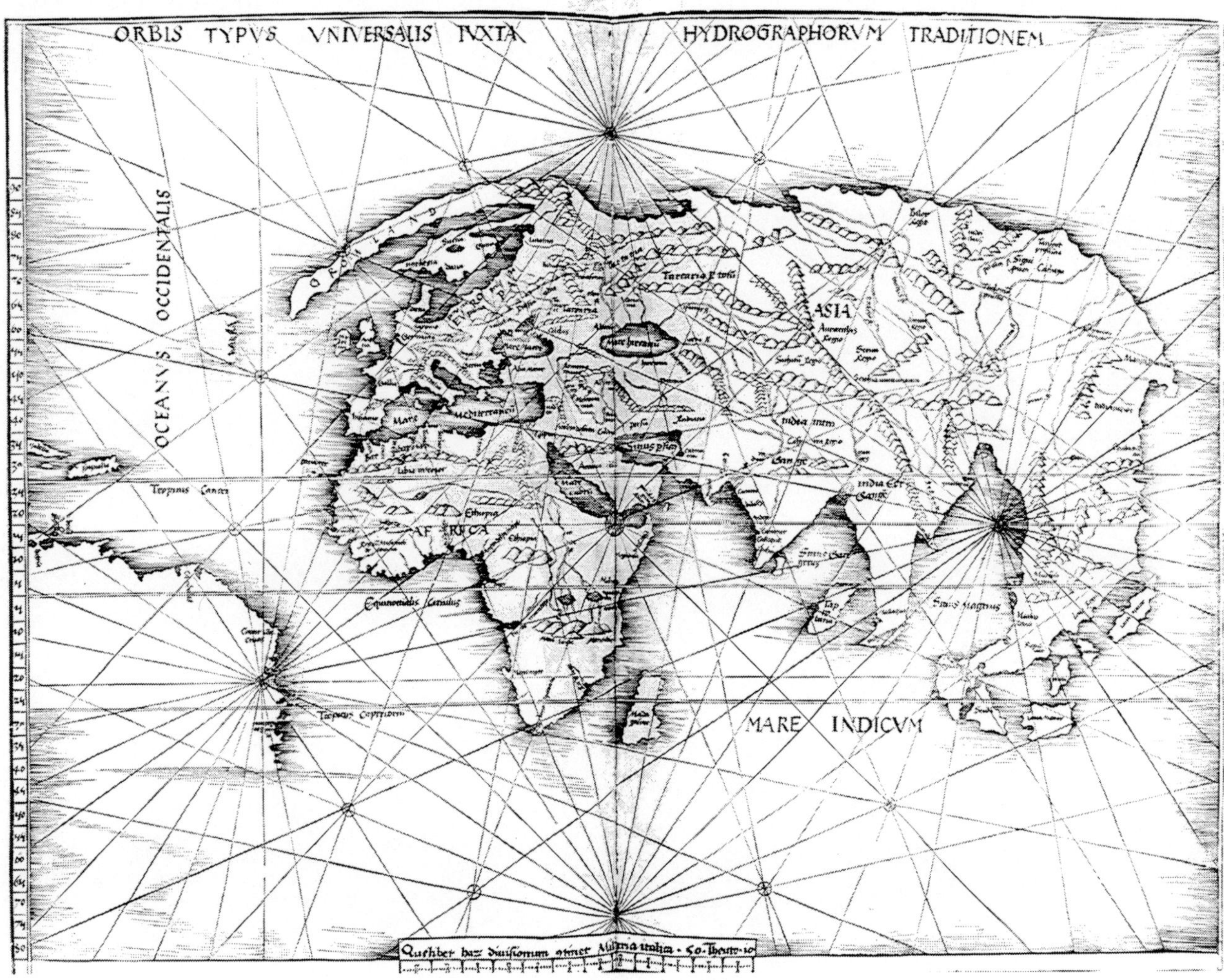

Abb. 51: Straßburger Ptolemaios (lat.) von 1513, Neue Weltkarte (= Nr. 36).

Tabula Peutingeriana

Vom wissenschaftlichen Weltbild des Ptolemaios herkommend, sei ein Seitenblick auf eine Karte zum ausschließlich praktischen Gebrauch geworfen.

Die sog. Tabula Peutingeriana ist eine aus dem 12./13. Jahrhundert stammende Kopie einer römischen Verkehrsroutenkarte, die von Irland (dieser Teil ist verloren) bis China reicht. Ihren Namen trägt sie nach dem Augsburger Ratsherrn und Gelehrten Konrad Peutinger, dem sie der Humanist Konrad Celtis zur Veröffentlichung übergeben hatte. Die Gesamtlänge der Karte beträgt 6,80 m.

Das Straßennetz vom Atlantischen Ozean bis Indien ist in seltsamer Verzerrung dargestellt. Damit die ganze Oikumene auf einer handlichen Buchrolle Platz fand, wurden die Länder in nordsüdlicher Richtung stark zusammengeschoben, in westöstlicher Richtung auseinandergezogen; die Meere sind auf Streifen reduziert, die sich als blaue Bänder horizontal hinziehen. Mehr als 500 Städte sind in schematischen Bildern aufgeführt. In ihren geographischen Grundlagen dürfte die Tabula Peutingeriana letzten Endes auf die berühmte Weltkarte des M. Vipsanius Agrippa († 12 v.Chr.), des bedeutenden Mitarbeiters des Kaisers Augustus, zurückgehen.

Exponat Nr. 37: Tabula Peutingeriana, 12./13. Jahrhundert.
Ausgestellt ist Segment IV (Ungarn, Jugoslawien; einzelne Adria-Inseln; Mittelitalien mit Rom) mm 332x628 in einem farbigen Facsimile: Tabula Peutingeriana. Codex Vindobonensis 324, Graz 1976.

Lit.: Kommentar zum Facsimile von Weber, Ekkehard, Graz 1976.

FU Berlin, Seminar f. Klass. Phil.: Et 31.

Abb. 52.

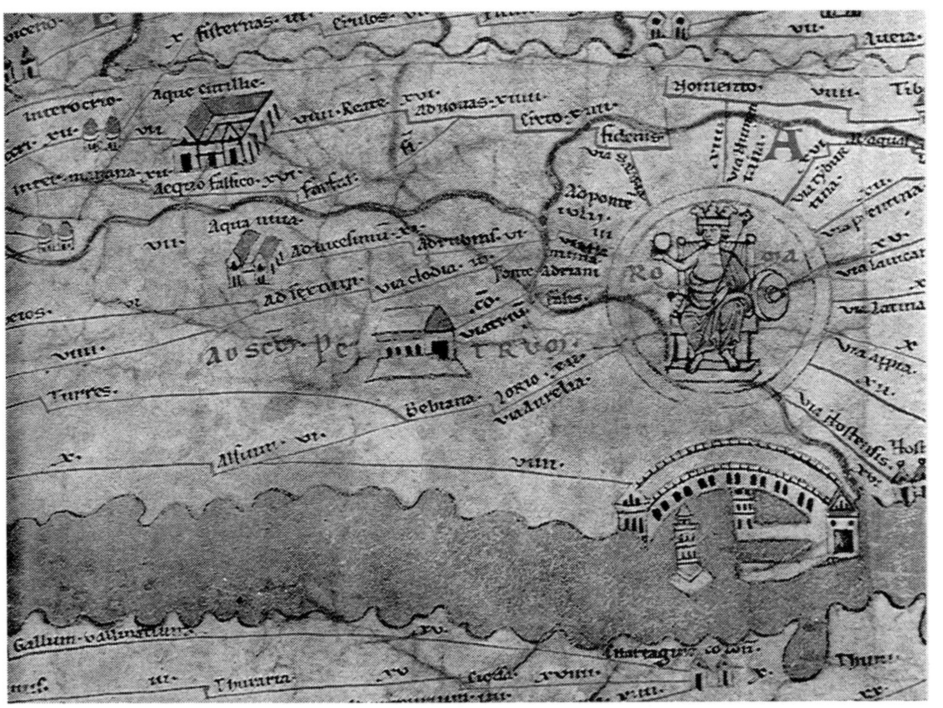

Abb. 52: Tabula Peutingeriana (Kopie des 12./13. Jh.), Segment IV, Ausschnitt (= Nr. 37).

Die Ambivalenz der Seefahrt in der Antike

Die ambivalente Beurteilung von Meer und Schiffahrt in der Antike zeigt sich im dichterisch gestalteten Mythos: einerseits erscheint die Seefahrt als Gabe der Götter, die der Kultur und dem Fortschritt dient, andererseits entsteht sie im Weltaltermythos erst im letzten, dem Eisernen Zeitalter. Während die Seefahrt dem goldenen Menschengeschlecht unbekannt war, führt der moralische Verfall und die "frevelhafte Habgier" des eisernen Geschlechts direkt zur Erfindung des Schiffbaus.

Als erstes entstand das goldene Menschengeschlecht, das keinen Rächer kannte und freiwillig, ohne Gesetz, Treue und Redlichkeit übte. Strafe und Furcht waren fern, keine drohenden Worte las man auf öffentlich angeschlagenen Erztafeln, keine bittflehende Schar fürchtete den Spruch ihres Richters, sondern sie waren auch ohne Rächer geschützt. Noch nicht war die Fichte gefällt und noch nicht, um ferne Länder zu besuchen, von ihren Bergen in die klaren Fluten hinabgestiegen; und die Sterblichen kannten keine Küste außer ihrer eigenen. (...)

Das letzte ⟨Geschlecht⟩ ist von hartem Eisen. Alsbald brach in das Zeitalter des schlechteren Metalls alle Sünde ein, es flohen Scham, Wahrheitsliebe und Treue; an ihre Stelle rückten Betrug, Arglist, Heimtücke, Gewalt und die frevelhafte Habgier. Segel gab der Seemann den Winden - er war mit ihnen bisher nicht vertraut -, die Bäume, die lange auf hohen Bergen gestanden hatten, tanzten übermütig als Schiffe auf Fluten, die sie noch nicht kannten. (Ovid, Metamorphosen I 89 ff., 127 ff. Übers. von Michael v. Albrecht)

"Die Verwendung des erdverwachsenen Baumes zum Schiffbau" erscheint "als frevelhafte Zweckentfremdung, als Vergewaltigung der Naturordnung durch den hybrisbesessenen Menschen" (Heydenreich, 44).

Die machtvolle, elementare Naturgewalt des Meeres wird erlebt als heilige, gottgesetzte Grenze, die der Mensch nicht überschreiten darf: das Meer als Trennung - *oceanus dissociabilis*, zwischen die Länder sind "nicht zu berührende Wasser" gesetzt; so hat Horaz (65 - 8 v.Chr.) dieser Vorstellung in einer berühmten Ode ihren klassischen Ausdruck gegeben. Ein Gedicht zum Geleit (Propemptikon) seines Freundes Vergil, der sich auf eine Seereise nach Griechenland begab, gibt Horaz Anlaß, sein Erschaudern vor der Erfindungstat des ersten Seefahrers in Verse zu setzen (Ode I 3).

An das Schiff,
das den Vergil nach Athen brachte

So dann leite dich Cypria
  und das holde Gestirn, Helenens Brüderpaar,
und auch Aeolus sei mit dir
  ohne Stürme; der West, er nur geleite dich,

Schiff, dem meinen Vergilius
  ich vertrauete, gib, gib ihn den attischen
Küsten froh und gesund zurück.
  Denn du führest von mir, siehe, mein halbes Selbst.

Dreifach war ihm die Brust mit Erz
  und mit Eisen umspannt, der ein zerbrechliches
Fahrzeug wütender Flut zuerst
  anvertrauete, der weder den Africus,

wenn er kämpft mit dem Boreas,
  noch den traurigen Blick jener Hyaden, auch
ihn nicht scheute, den mächtigen Süd,
  der jetzt Adrias Flut türmet und jetzt erlegt.

Welchem Tode erbebte je
  der des schwellenden Meers schwimmende Ungeheu'r
trocknen Auges ersah; der euch
  Unglücksklippen, der dich Donnergebirg ersah?

Nur vergebens ergoß ein Gott
  zwischen Länder den weittrennenden Ozean,
wenn entgegen dem weisen Schluß
  die verbotene Bahn dennoch ein Kiel durcheilt.

Alles kühn zu ertragen bricht

Carminum V

Ad nauim vt Virgilium incolumē vehat ode Tertia

a SIC.te di. Vtitur Apostrophe Cum oratione ad absentē nauē cō uertat. Nec caret sua grauitate ser mo: q ad bruta aut inaniata hēut Sic te hec dictio aliquādo precan tis est vt est illud. Iuuet sic te bū cę sar. Aliquando similitudinis Vir. Sic nos in sceptra reponis.

b POTENS. possum a porro hoc est valde. & sū cōponit: valde eni esse videnf: q validi & potētes fūt quis aliq possū: a potis & sū cōpositū esse velint. Sed poti' deri uat a potis q̄ et pote neutrū habet significat āt qui pōt. Virgil'. At nō quādrū potis est vis villa tenere. & a possū deriuat potēs q pōt. Cui' cōtrariū est impotēs hoc est inuali dus. H ncipotens ireis dicif q ab

c CyPri. Cyprus isula (ita vincit est in carpathio mari sita: porrecta q inter cilicia & syria: veterū diui tiis abūdās: luxui plurimū dedita: ob qd veneri sacratā dixit flo. li. iii.

d Sic fra. Repetitio color rhetori cus hic cōmittit frēs & c. Dicitur ei pcrē Iouē sub forma Cygni cōcu buisse cū leda cōiuge Tyndari re gis. Eiq; ouū vnū pepisse ex q̄ na ti sunt Castor & pollux Sed quod duo oua ediderit intellexisse vidēt horatius cū dixit Nec gemio belli troianū orditur ab ouo: Hos frēs aūt cōstat fuisse in maxima cōcor dia: et mare piratis ifestatū sua ope ra pacauisse verū cū Castor aduersus athenienses in pugna ceccidisset cōmunicauit suā illi imortalitatē pollux. & a Io ue impetrauit: vt alternatim viuerēt vnde Vir. Si fratrē pol lux alterna morte redemit. Sunt igitur a ioue in id zodiaci si gnū mutati quos geminos appellam' idcircoq; a picliātib' bus in tēpestate nautis inuocabant: q̄m dū in terris essent il los a piratis seruauerant. Est āt hmōi signū adeo amplū vt cū alter iā oriat: alter adhuc lateat hinc alter nati viuere dicūt

e VENTORVMQVE pater. Eolū intelligas quē Virg. a Ioue prefectum ponit ventis: eo dicente. Et mulcere dedit fluctus & tollere ventos.

f IAPIGA. Iapiga & messapiā greci vocant: regio est iuncta cala brie & salentinis vt scribit Stra. li. vi. dicta autē a Iapige dedali filio Iapix vero ventus est ex apulię ora proficiscens. Est aūt vtilis grecia m petentibus ex Italia.

g ANIME. dimi. Amicus enim est alter ego: & pares cū paribus (veteri prouerbio) facillime con greganturr. Anime. Differt eni ani mus ab anima. Animus est quo sapimus. Ergo ipsa est pars ratio nalis: que in nobis diuina & im mortalis est. Anima autē qua vi uimus. que quidem cōmunis no bis est cum reliquis animantibus

h DIMIDIVM. differt a dimi diato: nam dimidiū de rebus dici tur que seperatę sunt vt dimidiū donarehno quam credere totum. Dimidiatum vero de rebus quē continue sunt. Cicero in tuscu. Di midiatum dixit mensem.

k ILLI robur. Execratur eū qui primus ausus sit nauigare.

l ROBVR. Proprie species q̄rcus est durissime: sed per q̄ndā translationem sumitur pro animi fortitudine: quia illa durat aduer sus omnia pericula & incōmoda

m AES triplex. quasi di. triplex vsura que apud antiquos maxima putabatur. Iuue. Qui triplicem vsuram prestare paratus circuit & fatuos non inuenit. aes autem hic pro pe cunia ponitur: quoniam aes primum ex metallis ab homi nibus repertum est: primaq; ex aere pecunia signata. Oui. in fas. Aera dabant olim: melius nunc omen in auro est: vi ctaq; concessit prisca moneta noue.

n APHRICVM. Aphricus talis ventus multum procel losus est. Virgil. Creberq; procellis Aphricus.

Sic te diua potens cypri
Sic fratres helenę lucida sydera
Ventorumq; regat pater
Obstrictis aliis preter iapiga.
Nauis: que tibi creditum
Debes Virgilium finibus atticis
Reddas incolumem precor:
Et serues animę dimidium meę.
Illi robur & aes triplex
Circa pectus erat. qui fragilem truci
Commisit pelago ratem
Primus: nec timuit precipitem aphricū
Decertantem aquilonibus.

Abb. 53: Horaz, Ode I 3: Geleitgedicht für Vergil anläßlich einer Seereise (Straßburger Ausgabe von 1498) (= Nr. 38).

unser Menschengeschlecht durch die verbotenen
Greuel. Iapetus' kühner Sohn
bracht', unglückliche List, Feuer den Irdischen,

doch dem Himmel-entraubten Feu'r
folgten Plagen, ein Heer quälender zehrender
Seuchen lagerte brütend sich
auf die Erde; der Tod, säumend und fern voreinst,

kommt jetzt schneller an und ergreift.
Wagte Daedalus nicht sich in die Lüfte mit
Flügeln, die uns der Gott versagt?
Durch den Acheron selbst grub sich Alcides' Arm.

Nichts ist Sterblichen, nichts zu hoch;
selbst zum Himmel hinan streben in Torheit wir,
unser Frevel gestattet es
nicht des Iuppiters Hand, daß sie von Blitzen ruh'.

Deutsch von Johann Gottfried Herder

Andererseits gilt die Schiffahrt als gottgewollt, das Schiff als Erfindung der Pallas Athene. "Was die Meeresgötter, allen voran Poseidon, als Entweihung ihres Naturbereiches empfanden und zu verhindern suchten, ging also auf die Initiative einer anderen Gottheit zurück: Die im Mythos verankerte Ambivalenz weist für das jeweilige Bewertungsprinzip einen göttlichen Vertreter auf" (Heydenreich, 49).

Die allgemein als erstes Schiff angesehene Argo, das Gefährt des Iason und der Argonauten mit dem Steuermann Tiphys, wird, so erzählt der römische Epiker Valerius Flaccus (Argonautica I 640ff.), von Neptun / Poseidon zwar geschont, doch der Meeresgott weiß, daß damit in Zukunft die Strafe für die Verletzung des ihm heiligen Bereiches gesteigert wird. Bekannt sind die Irrfahrten, Gefahren, Schiffbrüche, die auf Odysseus und die anderen von Troja heimkehrenden Griechen (vgl. oben Nr. 4) oder auf Aeneas und seine trojanischen Gefährten warteten. Allerdings tritt das Motiv der Grenzüberschreitung und ursprünglichen Entweihung in den Hintergrund. Die Götter strafen oder bewahren; ein Schiff gelangt sicher in den Hafen, wenn Poseidon oder Zeus es so will.

Abb. 54: Schiffbruch des Aeneas vor Karthago. Holzschnitt (16. Jh.) (= Nr. 39).

Nicht nur im Mythos blieb Schiffbruch eine ständig drohende Gefahr: haud ulla carina consenuit - kein Schiff ist jemals alt geworden - so Properz (etwa 50-15 v.Chr.) in einer Elegie.

Bist du also schuld an der Unrast des Lebens, du Gier nach Gold! Um deinetwillen betreten wir den Weg, der vorzeitig zum Tode führt; du reichst den Lastern der Menschen grausame Nahrung dar; aus deinem Haupt ist die Saat der Sorge entsprungen. Du läßt auch Paetus, der zum Hafen von Pharos seine Segel setzt, dreimal, viermal im rasenden Meer versinken; denn während er dir nachjagt, verliert der Ärmste sein junges Leben und treibt weit draußen, den Fischen zum ungewohnten Fraß. (...) Geht doch hin und zimmert geschweifte Schiffe, zimmert Todesfallen! Dieser Tod wurde von Menschenhänden ins Werk gesetzt. Die Erde genügte uns nicht zum Untergang: wir haben noch die Wellen beigefügt, mit unserer Kunstfertigkeit die Schicksalswege ins Unglück vervielfacht. Wie soll der Anker dich

SVASORIARVM. 499

APATVRIVS dixit,

Sic Cæſtius deſcripſiſſet, fremit Oceanus quaſi indi-gnetur, quod terras relinquas. Corruptiſſimam rem omniũ, quæ unq̃ dictæ ſunt, ex quo homines diſerti inſanire cœperũt, putabant. DORIONIS. Eſſe in Mætaphraſi dictum Homeri, Tum excæcatus Cyclops ſaxũ in mare reiecit. Hæc quomodo ex corruptis eo ꝑueniant, ut & magna & tamẽ ſana ſint, aiebat MECOENAS. Apud Vergiliũ intelligi poſſe, tumidum eſt Vergilius quidem ait, Rapit haud partem exiguam montis, ita magnitudini ſe dat. Sed ut non impudenter diſcedat a fide, eſt inflatum. Vergilius quidem ait, quia de nauibus, credas innare reuulſas Cycladas, nõ dicit hoc fi-eri, ſed uideri, propicijs auribus accipitur, q̃uis incredibile eſt quod excuſatur, anteq̃ di-citur. Multo corruptiorem ſententiam Miniſtrati cuiuſdam declamatoris, nõ abiecti ſu-is temporibus nactus ſum in hac ſuaſoria, cum deſcriberet beluarum in Oceano naſcen-tium magnitudinem. Efficit hæc ſententia ut ignoſcamus ei, qui dixit ipſi Charybdi & Scyllæ maius portẽtum, Charybdis ipſius maris naufragium uideri, & ne in mare ſemel inſaniret, quid ibi poteſt eſſe ſaluum, ubi ipſum mare perit? DAMASETICVS indu-xit matrem loquentem, cum deſcriberet prioribus periculis noua ſuperueniſſe. BAR-BARVS dixit, cum introduxiſſet excuſantem ſe exercitum Macedonum hũc ſenſum. FVSCVS ARELLIVS dixit, Teſtor ante orbem tibi tuũ deeſſe, q̃ militẽ. LATRO ſedens hanc dixit, nõ excuſauit militem, ſed dixit, Dum ſequor, quis mihi promittit ho-ſtem? quis terram? quis diem? quis mare? Da ubi caſtra ponam, ubi ſigna ponam. Reliq̃ parentes, reliqui liberos, cõmeatum peto, nunquid immature ab Oceano? LATINI de-clamatores in Oceani deſcriptionem non minus uiguerunt, nam aut nimis deſcripſerũt aut curioſe. Nemo illorum potuit tanto ſpiritu dicere, quanto Pedo, qui nauigante Ger-manico dixit.

Iampridem poſt terga diem ſolemq; relictum.
Iampridem notis extorres finibus orbis,
Per non conceſſas audaces ire tenebras,
Heſperij mœtas, extremaq; littora mundi.
Nunc illum pigris immania monſtra ſub undis;
Qui ferat oceanum, qui ſæuas undiq; Piſtris
Aequoreoſq; canes ratibus conſurgere panſis.
Accumulat fragor ipſe metus, iam ſydere limo
Nauigia & rapido deſertam flumine claſſem
Seq; feris credunt per inertia fata marinis
Tam non felici laniandos ſorte relinqui.
Atq; aliquis prora ſe dat ſublimis ab alta,
Aera pugnaci luctatus rumpere niſu.
Vt nihil erepto ualuit dinoſcere mundo,
Obſtructo talis effundit pectore uoces.
Quo ferimur? ruit ipſe dies, orbemq; relictum
Vltima perpetuis claudit natura tenebris.
An ne alio poſitas ſub cardine gentes. *
Atq; alium libris intactum quærimus orbem?
Dij reuocant, rerumq; uetant cognoſcere finem
Mortalis oculos, aliena quid æquora remis,
Et ſacras uiolamus aquas? Diuumq; quietas
Turbamus ſedes.

Ex Græcis declamatoribus nulli melius hæc ſuaſoria proceſſit, q̃ Gliconi. Sed nõ minus multa magnifice dixit q̃ corrupte. Vtriuſq; uobis faciam poteſtatem. Et uolebamus ex-periri non adijciendo iudicium meum, nec ſeparando a corruptis ſana, potuiſſet etenim fieri, ut uos illa magis laudaretis, quæ inſaniunt, & nihilominus poteſt fieri, q̃uis diſtinxe-

T 4 rim. Illa bel-

Abb. 55: Seneca der Ältere, Suasoriae mit den Hexametern des Albinovanus Pedo (1515) (= Nr. 40).

halten, wenn die Penaten dich nicht hielten? Was würdest du sagen, hat der verdient, dem seine Erde zu wenig ist? Was du dir auch schaffst, gehört den Winden. Kein Schiff ist jemals alt geworden, und selbst der Hafen täuscht das Vertrauen, das man in ihn setzt. Vor den habgierigen Menschen hat tückisch die Natur das Meer ausgebreitet. Es dürfte sich höchstens einmal ereignen, daß man Erfolg hat. (Properz III 7, 1-7, 29-38. Übers. von Georg Luck)

Nur ein Fragment ist aus dem Epos, das Albinovanus Pedo (Freund des Ovid) über die Taten des Germanicus verfaßt hat, erhalten (vgl. v. Albrecht, Michael: Geschichte der römischen Literatur, Bd. I, Bern 1992, 652). Es beschreibt die Schrecken der Seefahrt. Im Jahre 16 n.Chr. wurde die Flotte des Germanicus auf der Nordsee von einem schweren Sturm überrascht. Albinovanus Pedo läßt in seinen Versen das Motiv des religiösen Frevels und der Überschreitung göttlicher Grenzen anklingen:

Schon längst - so klagen die Soldaten - liege Tag und Sonne hinter ihnen; schon längst gingen sie landflüchtig über die bekannten Grenzen des Erdkreises verwegen hinaus durch verbotene Finsternis bis zu den Grenzmarken der Natur und den äußersten Gestaden der Welt; und nun der Ozean, der unter seinen trägen Wogen furchtbare Ungeheuer trüge, die grimmen Wale allerorten und des Meeres Hyänen: er erhebe sich und erfasse die Schiffe. Das Krachen selber steigert die Angstgefühle. Jetzt, glauben sie, sitzen die Fahrzeuge im Schlamme fest; die Flotte sei vom reißenden Windeswehen im Stich gelassen, und jetzt würden sie durch ein lähmendes Schicksal den Meeresungetümen zu unseligem Lose überlassen, um zerrissen zu werden. Und Einer müht sich ab, von der Spitze des hohen Buges aus die dunkle Luft mit bohrendem Blick zu durchdringen; doch wie er nichts zu unterscheiden vermag, da die Welt ihm entrissen ist, läßt er der gepreßten Brust diese Worte entströmen: Wohin treiben wir? Der Tag selber enteilt, und die Natur beschließt an ihrem Ende die verlassene Welt mit ewiger Finsternis. Oder suchen wir Völker, die darüber hinaus unter einem andern Himmelsstrich gelegen sind, und eine andere von Menschenwitz ⟨Lesart nicht sicher⟩ *unberührte Welt? Die Götter rufen: Zurück! und verwehren sterblichen Augen, die Grenzen der Dinge kennen zu lernen. Was versehren wir mit unsern Rudern fremde Meere und heilige Wasser und stören die stillen Sitze der Götter?* (Übers. von Theodor Nissen)

Der ältere Seneca (etwa 55 v.Chr.-40 n.Chr.), der Vater des Philosophen Seneca, zitiert das Fragment des Albinovanus Pedo im Zusammenhang mit einer Erörterung der Frage, ob Alexander es wagen solle, den Ozean zu befahren. Es werden zu rhetorischen Zwecken Argumente pro und contra gesammelt (Suasorien I 15; siehe Nr. 40).

Doch andererseits wird der Vorstellung von der Seefahrt als Geschenk der Götter, als konstruktiver Kraft, die zusammen mit anderen Gaben und Erfindungen Kultur erst ermöglicht, in der Tradition immer wieder Ausdruck verliehen. Bekannt sind Theseus' Worte in den Hiketiden des Euripides (201ff., 208ff.):

Die Gottheit lobe ich, die nach dem Chaos und/ der Wildheit unsrem Dasein Ordnung aufgeprägt,/ zuerst Verstand uns gab (...) und uns/ das Meer befahren ließ, damit wir voneinander/ durch Tausch erwürben, was dem eignen Lande fehlt. (Übers. v. Dietrich Ebener)

Weitere wichtige Paralleltexte, die in diesem Zusammenhang nicht näher vorgestellt werden können, finden sich bei Vergil (Georgica I 121ff.), Manilius (Astronomica I 66ff.) und dem jüngeren Seneca (90. Brief an Lucilius).

Für Seneca (4-65 n.Chr.) ist Seefahrt notwendig, sie dient dem Wohlstand und der Verständigung. Der Mensch selbst sei schuld, wenn er die göttliche Gabe aus reiner Profitsucht oder Eroberungslust mißbrauche (vgl. Naturales Quaestiones V 18, 4ff.).

In seiner Tragödie Medea hat Seneca die Ambivalenz der Seefahrt in eindringlicher Weise dargestellt. Das zweite Chorlied hebt an mit dem Motiv der Verwünschung des ursprünglichen Frevels, es besingt das Goldene Zeitalter und seine Seefremdheit, um dann in um so schrofferer Antithese die Leistungen der Schiffahrt zu preisen. Schließlich steigert sich das Lied zu einer bewegenden Prophezeihung. Auch der die bekannte Welt umschließende Ozean werde dereinst keine Grenze mehr sein, neues Land, neue Erdkreise würden sich zeigen. *... kommen werden in späteren Zeiten Jahrhunderte, in welchen Oceanus die Fesseln der Elemente lockern und ein ungeheures Land sich ausbreiten und Tethys neue Erdkreise bloßlegen und unter den Ländern nicht mehr Thule das äußerste sein wird.* (Seneca, Medea 374ff. Übers. v. Theodor Thomann)

Worte Senecas von tiefer, inspiratorischer Kraft. Sie haben Christoph Columbus erreicht. "Ob er sie eigener Lektüre entnommen oder irgendwo als Zitat vorgefunden hatte, bleibt ungewiß. Jedenfalls haben ihn diese Verse so beeindruckt, daß er sie in vollem Wortlaut - mit einer bedeutungsvollen Textvariante - in sein 1501 begonnenes Werk 'Las Profecías' übernommen und mit einer freien aber bemerkenswert sachkundigen spanischen Übersetzung erklärt hat" (Stückelberger).

"Und ein neuer Seefahrer wie jener, der Führer des Iason war, mit Namen Tiphys, wird eine neue Welt entdecken" - so Columbus' Übersetzung (Deutsch von P. Calanchini). Durch die Textvariante Tiphys (Steuermann des Iason) statt Tethys (Meeresgöttin) "sieht sich Kolumbus gewissermaßen in der Rolle des Argonau-

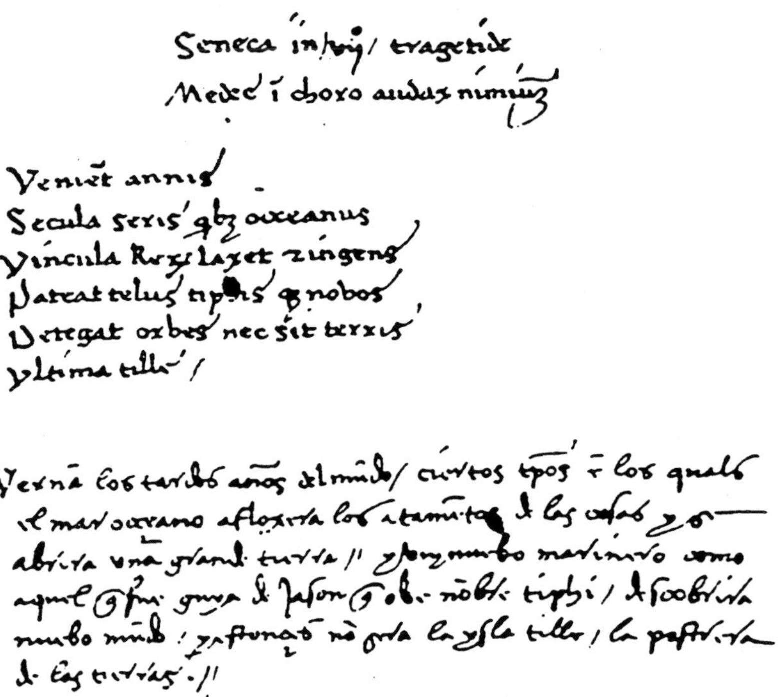

Seneca in VII tragetide Medee
in choro audax nimium

Venient annis
Secula seris, quibus oceanus
Vincula rerum laxet et ingens
Pateat telus tiphisque novos
Detegat orbes nec sit terris
Ultima tille.

Vernan los tardos años del mundo ciertos tiempos en los quales el mar oçeano afloxera los atamentos de las cosas, y se abrira una grande tierra. y um nuebo marinero como aquel que fue guya de Jason, que obe nombre tiphi, descobrira nuebo mundo, y estonçes non sera la ysla tille la postrera de las tierras.

Abb. 56: Columbus' eigenhändiges Exzerpt aus Senecas Medea mit spanischer Übersetzung (nach Stückelberger, Kolumbus 339 [Raccolta I 3 Taf. CXXXIX; fol. 54ᵛ des Originals]).

tenkapitäns, der - im Gegensatz zur ostwärts gerichteten großen mythischen Entdeckerfahrt - auf seiner Fahrt nach Westen das prophezeite Land entdeckt" (Stückelberger).

Lit.: Nissen, Theodor: Die ältesten erhaltenen Verse über die Nordsee, in: Nordelbingen. Beiträge z. Heimatforschung in Schleswig-Holstein, Hamburg und Lübeck 4 (1925) 64-90. - Wachsmuth, Dietrich: ΠΟΜΠΙΜΟΣ Ο ΔΑΙΜΩΝ. Untersuchungen zu den antiken Sakralhandlungen bei Seereisen, Berlin 1967. - Heydenreich, Titus: Tadel und Lob der Seefahrt. Das Nachleben eines antiken Themas in den romanischen Literaturen (Studien zum Fortwirken der Antike 5), Heidelberg 1970. - Wachsmuth, Dietrich: Art. Seewesen, in: Der Kleine Pauly 5, München 1979, 67-71. - Stückelberger, Kolumbus.

Exponat Nr. 38: Horatii Opera, Straßburg (Johann [Reinhard gen.] Gürninger) 1498 mm 297x205.

Hommage an Horaz - 2000 Jahre nach seinem Tode! Die mit zahlreichen Holzschnitten ausgestattete Inkunabel ist vom poeta laureatus und streitbaren Humanistenprofessor Jakob Locher Philomusus (1471-1528), dem Schüler des Konrad Celtis, besorgt und kommentiert worden.

Das vorliegende Bremer Exemplar trägt am Anfang handschriftliche Notizen zwischen den Zeilen (Interlinearglossen).

Staats- u. Universitätsbibliothek Bremen: III. 2. a. 8.

Ausgestellt: Der Anfang von Ode I 3 (fol. V), dem Geleitgedicht für Vergil, der in einem Holzschnitt als 'poeta laureatus' auf dem Schiff zu sehen ist.
Abb. 53.

Exponat Nr. 39: Africae Tabula II mit der Illustration des Schiffbruchs, den Aeneas und seine Flotte vor Karthago erleiden (Vergil, Aeneis, Anfang des 1. Buches). Der Holzschnitt findet sich in verschiedenen Frühdrucken griechischer geographischer Werke (vgl. Hieronymus, 568). Bei dem ausgestellten Exemplar handelt es sich um die griechisch-lateinische Strabonausgabe des Xylander, Basel 1571, p. 964/965.

FU Berlin, Universitätsbibliothek: 4° 7 K 272.

Abb. 54.

Exponat Nr. 40: Senecae lucubrationes omnes, Basel (Johannes Froben) 1515 mm 265x190.

Ausgestellt sind die 'Suasoriae' (p. 498/499) des älteren Seneca, mit den dort zitierten Hexametern aus dem Epos des Albinovanus Pedo.

FU Berlin, Universitätsbibliothek: 44/76/22362 (9).

Abb. 55 (p. 499).

Exponat Nr. 41: Seneca, Tragödien, Venedig (Philippus Pincius Mantuanus) 1510 mm 305x200.

Es ist ein Exemplar der Ausgabe (mit Randkommentaren des Daniel Gaietanus und Bernardinus Marmita), von der das Exemplar in Sevilla die Randnotiz enthält, in welcher Columbus' Sohn Hernando die 'Prophezeiung' Senecas in der Medea durch die Ozeanüberquerung seines Vaters als erfüllt bezeichnet.

Universitätsbibliothek Rostock: Cd 9444/1.

Ausgestellt: fol. XCII^{v}/XCIII.
Abb. 57 (Ausschnitt aus fol. XCI^{v}); dazu 58.

Abb: 57: Seneca, Medea. Holzschnitt zum Argonauten-Mythos (1510) (= Nr. 41).

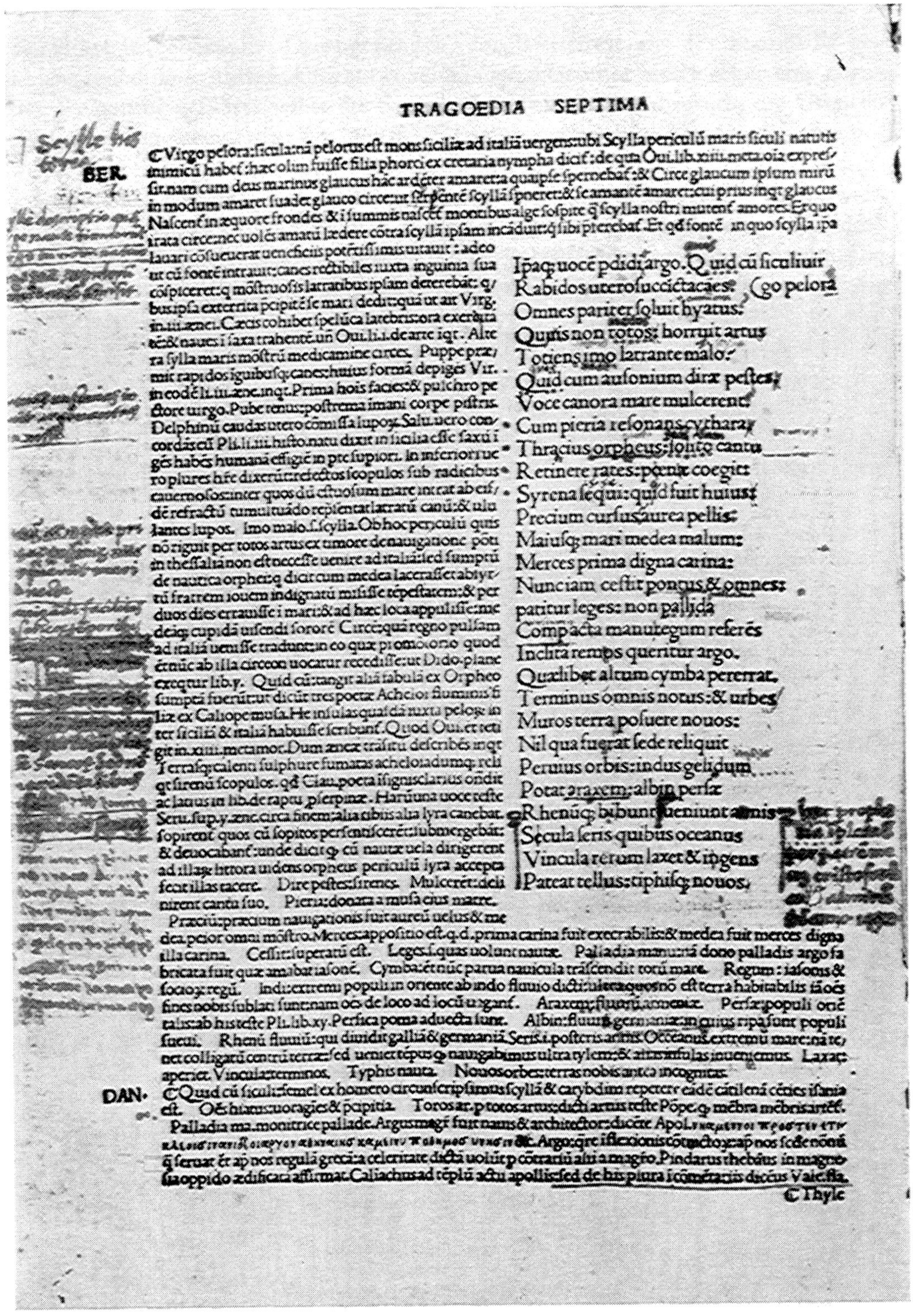

TRAGOEDIA SEPTIMA

BER.

Ipaq; uocē pdidit argo. Quid cū siculi uir
Rabidos utero succinctacaes?
Omnes pariter soluit hyatus?
Quis non totos: horruit artus
Totiens imo latrante malo?
Quid cum ausonium diræ pestes,
Voce canora mare mulcerent?
Cum pieria resonans cythara
Thracius orpheus: solito cantu
Retinere rates: pœne coegit
Syrena sequi: quid fuit huius?
Precium cursus: aurea pellis:
Maiusq; mari medea malum:
Merces prima digna carina:
Nunc iam cessit pontus & omnes:
patitur leges: non pallida
Compacta manu regum referēs
Inclita remps queritur argo.
Quælibet altum cymba pererrat.
Terminus omnis motus: & urbes
Muros terra posuere nouos:
Nil qua fuerat sede reliquit
Peruius orbis: indus gelidum
Potat araxem: albin persæ
Rhenūq; bibunt: ueniunt annis
Secula seris quibus oceanus
Vincula rerum laxet & ingens
Pateat tellus: tiphisq; nouos,

DAN.

Thyle

Abb. 58: Seneca, Medea (1510). Exemplar der Biblioteca Colombina, Sevilla, mit der Glosse des Hernando (unten rechts): *haec prophetia e(x)pleta ēt per patrē meum Cristoforū Colō almirātē anno 1492* (= Nr. 41).

Zur Tradition des griechischen Weltbildes im römischen Reich und in der Spätantike

Einige Streiflichter

Die Erde - eine Kugel. Ist diese Tatsache erst einmal erkannt, gewinnt der Ozean jenseits der Säulen des Herakles, der Grenzmarkierung des *Non plus ultra*, eine neue Bedeutung. Wie weit hätte ein Seefahrer den Atlantik von Spanien aus gen Westen zu befahren, um schließlich im Osten der Oikumene, am anderen Ende der bewohnten und bekannten Welt, anzugelangen? Sind atlantischer und indischer Ozean nur verschiedene Namen eines und desselben Meeres? Ist unsere Oikumene tatsächlich der einzige bewohnte und bewohnbare Teil auf der Erdkugel, alles Übrige aber von den Wassermassen des Ozeans bedeckt?

Wie weit ist es denn von den äußersten Küsten Spaniens bis nach Indien? Eine Strecke von nur wenigen Tagen, wenn das Schiff guten Wind hat. So Seneca, in ähnlicher Weise wie schon Aristoteles - Worte, die einen Seefahrer nur ermutigen können. Freilich geht es Seneca in der Einleitung zu seinen *Naturales Quaestiones* ("Physikalische Untersuchungen"), wo diese Äußerung fällt, nicht um eine genaue Berech-

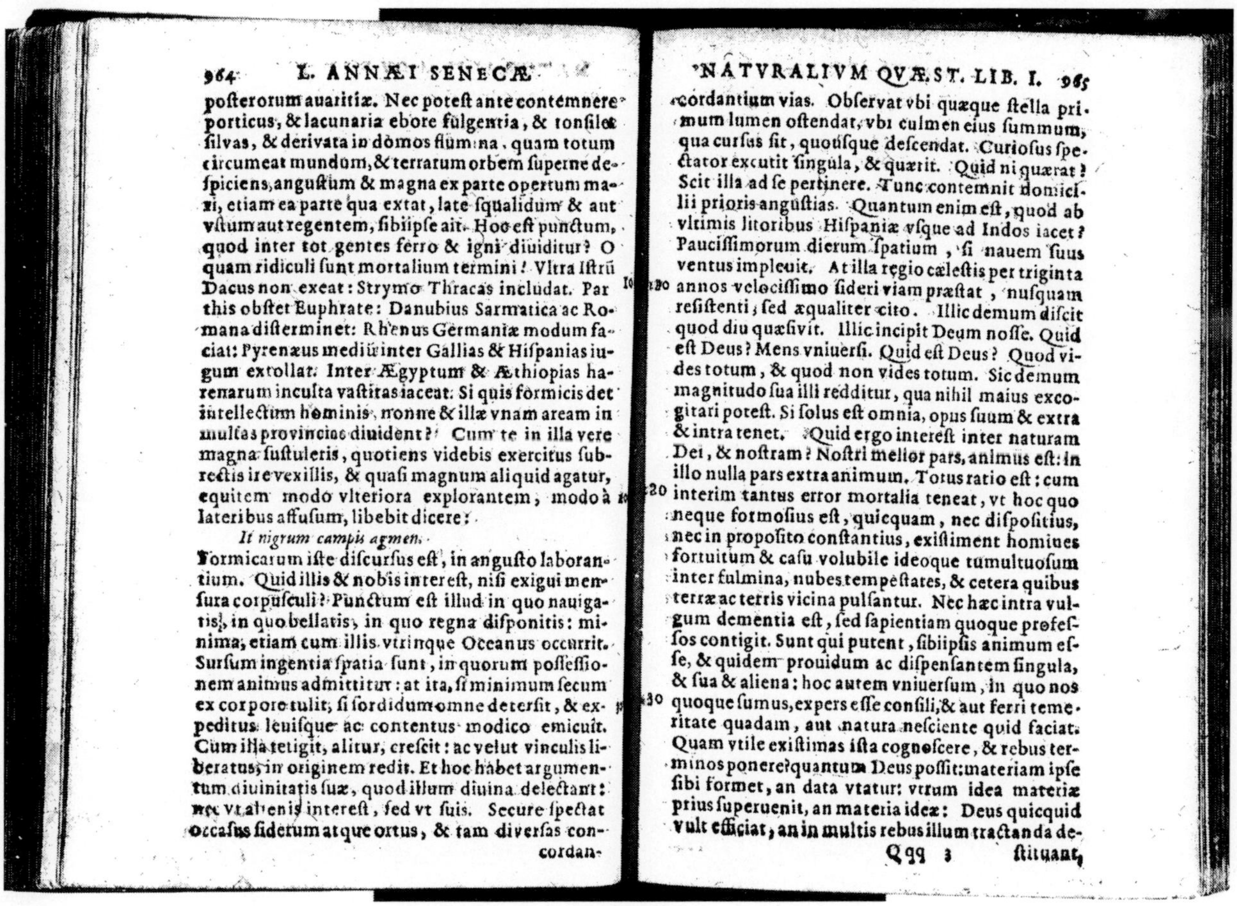

964 L. ANNÆI SENECÆ

poſterorum auaritiæ. Nec poteſt ante contemnere porticus, & lacunaria ebore fulgentia, & tonſiles ſilvas, & derivata in domos flumina, quam totum circumeat mundum, & terrarum orbem ſuperne deſpiciens, anguſtum & magna ex parte opertum mari, etiam ea parte qua extat, late ſqualidum & aut vſtum aut regentem, ſibiipſe ait. Hoc eſt punctum, quod inter tot gentes ferro & igni diuiditur? O quam ridiculi ſunt mortalium termini! Vltra Iſtrũ Dacus non exeat: Strymo Thracas includat. Parthis obſtet Euphrate: Danubius Sarmatica ac Romana diſterminet: Rhenus Germaniæ modum faciat: Pyrenæus mediũ inter Gallias & Hiſpanias iugum extollat. Inter Ægyptum & Æthiopias harenarum inculta vaſtitas iaceat. Si quis formicis det intellectum hominis, nonne & illæ vnam aream in multas provincias diuident? Cum te in illa vere magna ſuſtuleris, quotiens videbis exercitus ſubrectis ire vexillis, & quaſi magnum aliquid agatur, equitem modo vlteriora explorantem, modo à lateribus affuſum, libebit dicere:

It nigrum campis agmen.

Formicarum iſte diſcurſus eſt, in anguſto laborantium. Quid illis & nobis intereſt, niſi exigui menſura corpuſculi? Punctum eſt illud in quo nauigatis, in quo bellatis, in quo regna diſponitis: minima, etiam cum illis vtrinque Oceanus occurrit. Surſum ingentia ſpatia ſunt, in quorum poſſeſſionem animus admittitur: at ita, ſi minimum ſecum ex corpore tulit, ſi ſordidum omne deterſit, & expeditus leuiſque ac contentus modico emicuit. Cum illa tetigit, alitur, creſcit: ac velut vinculis liberatus, in originem redit. Et hoc habet argumentum diuinitatis ſuæ, quod illum diuina delectant: nec vt alienis intereſt, ſed vt ſuis. Secure ſpectat occaſus ſiderum atque ortus, & tam diverſas concordan-

NATVRALIVM QVÆST. LIB. I. 965

cordantium vias. Obſervat vbi quæque ſtella primum lumen oſtendat, vbi culmen eius ſummum, qua curſus ſit, quouſque deſcendat. Curioſus ſpectator excutit ſingula, & quærit. Quid ni quærat? Scit illa ad ſe pertinere. Tunc contemnit domicilii prioris anguſtias. Quantum enim eſt, quod ab vltimis litoribus Hiſpaniæ vſque ad Indos iacet? Pauciſſimorum dierum ſpatium, ſi nauem ſuus ventus impleuit. At illa regio cæleſtis per triginta annos velociſſimo ſideri viam præſtat, nuſquam reſiſtenti, ſed æqualiter cito. Illic demum diſcit quod diu quæſivit. Illic incipit Deum noſſe. Quid eſt Deus? Mens vniuerſi. Quid eſt Deus? Quod vides totum, & quod non vides totum. Sic demum magnitudo ſua illi redditur, qua nihil maius excogitari poteſt. Si ſolus eſt omnia, opus ſuum & extra & intra tenet. Quid ergo intereſt inter naturam Dei, & noſtram? Noſtri melior pars, animus eſt: in illo nulla pars extra animum. Totus ratio eſt: cum interim tantus error mortalia teneat, vt hoc quo neque formoſius eſt, quicquam, nec diſpoſitius, nec in propoſito conſtantius, exiſtiment homines fortuitum & caſu volubile ideoque tumultuoſum inter fulmina, nubes tempeſtates, & cetera quibus terræ ac terris vicina pulſantur. Nec hæc intra vulgum dementia eſt, ſed ſapientiam quoque profeſſos contigit. Sunt qui putent, ſibiipſis animum eſſe, & quidem prouidum ac diſpenſantem ſingula, & ſua & aliena: hoc autem vniuerſum, in quo nos quoque ſumus, expers eſſe conſili, & aut ferri temeritate quadam, aut natura neſciente quid faciat. Quam vtile exiſtimas iſta cognoſcere, & rebus terminos ponere? quantum Deus poſſit: materiam ipſe ſibi formet, an data vtatur: vtrum idea materiæ prius ſuperuenit, an materia ideæ: Deus quicquid vult efficiat, an in multis rebus illum tractanda deſtituant,

Qqq 3

Abb. 59: Seneca, Naturales Quaestiones (1604), Buch I Praefatio (= Nr. 42).

nung der tatsächlichen Entfernungen auf der Erde. Er spricht von der grundlegenden Bedeutung einer Wissenschaft, die die Geheimnisse der Natur, des Himmels, des Weltalls ergründet, die die göttliche Ordnung des Kosmos erforscht. Der Mensch müsse sich von den irdischen, körperlichen, nur sinnlich erfahrbaren Dingen lösen und sich erheben zu höherer, geistiger Betrachtung und Erkenntnis. Dieser Aufstieg, die Betrachtung des Weltalls und der kosmischen Ordnung befähige den Menschen, gleichsam von oben auf die Erde herabzusehen und ihre Kleinheit und Beengtheit zu erkennen. Sie sei großenteils von Wasser bedeckt und auch das Land sei weithin unwirtlich und wegen Hitze oder Kälte unbewohnbar.

Das ist also jener Punkt, der mit Feuer und Schwert unter so viele Völker aufgeteilt wird. Oh, wie lächerlich sind die Grenzen der Sterblichen. (...) Es ist nur ein Punkt, auf dem ihr Schiffahrt betreibt, auf dem ihr Kriege führt, auf dem ihr kleinste Königreiche verteilt, denen dann noch auf beiden Seiten der Ozean entgegentritt. Unermeßlich dagegen ist das Universum, das der geistigen, theoretischen Durchdringung offensteht und den Menschen lehrt, die enge Begrenztheit seiner irdischen Behausung zu verachten. Hier fällt nun die Äußerung über die geringe Entfernung zwischen Spanien und Indien: nur wenige Tage Seefahrt bei gutem Wind. Ganz anders aber sind die Verhältnisse von Zeit und Raum im Universum, angesichts derer selbst das auf Erden noch unversuchte nautische Wagnis einer Umrundung des Globus in westlicher Richtung als klein erscheint.

Exponat Nr. 42: Seneca, Opera omnia, Heidelberg 1604 mm 117x85x85.

FU Berlin, Universitätsbibliothek: 13 K 82.

Ausgestellt: p. 964/965 mit den oben zitierten Stellen aus den Naturales Quaestiones, Buch I, Praefatio.
Abb. 59.

Doch von philosophischer Weltbetrachtung zurück zu den oben beschriebenen konkreten Ergebnissen der Erdumfangberechnung. Auch Eratosthenes (s.o. S. 44ff.) hatte, so kann man Strabon (I 4,6) entnehmen, an einen westlichen Seeweg nach Indien von Spanien aus gedacht, doch lediglich als rein theoretische Möglichkeit, denn seine realistischeren Berechnungen des Erdumfangs ließen eine praktische Umsetzung nicht erwarten.

Indem er uns nun weitläufig zu belehren sucht, daß der Natur gemäß der Längenraum von Osten nach Westen der größere zu nennen sei, behauptet er, daß der Natur gemäß auch die bewohnte Erde von Morgen gegen Abend größer sei, wie wir schon oben gesagt haben. [Denn die gemäßigte Zone, in welche jene falle, sei selbst größer und] bilde, wie die Mathematiker sich ausdrücken, einen mit sich selbst zusammenlaufenden Kreis, so daß wir, wenn nicht die Größe des Atlantischen Meeres es verhinderte, auf derselben Parallele von Iberien bis Indien den übrigen Teil außer der genannten Strecke durchschiffen könnten, welche über den dritten Teil des ganzen Kreises betrage, indem der Kreis durch Athen, auf welchem wir die erwähnte Stadienrechnung von Indien nach Iberien gemacht haben, nicht kleiner als 20 Myriaden sei. Aber auch dies sagt er nicht richtig. Denn diese Abhandlung über die gemäßigte Zone unsrer Erdhälfte, wovon die bewohnte Welt ein Teil ist, möge den Mathematikern überlassen bleiben; die über die bewohnte Welt aber [nicht auf gleiche Weise]. Bewohnte Welt nämlich nennen wir die, welche wir bewohnen und kennen; es können aber in derselben gemäßigten Zone auch zwei oder mehrere bewohnte Welten liegen, besonders in der Nähe des Kreises durch Athen, welcher durch das Atlantische Meer gezogen wird. (Übers. von A. Forbiger)

Nach Stückelbergers Umrechnung beträgt die Entfernung, die Eratosthenes für die Strecke Spanien - Indien auf dem Breitengrad von Rhodos (36°) ansetzt, ca. 28.500 km. Diese Entfernung hätte niemand auf sich nehmen können. Doch diese auf die Größe des Atlantiks bezogene Berechnung des Eratosthenes scheint in der Erinnerung verlorengegangen zu sein. Die andere, gegenteilige Ansicht, wie sie Seneca ausspricht, daß der Weg vom Westen Spaniens zum Osten Indiens kurz sei, findet Anerkennung und setzt sich fest, zumal in der einflußreichen Geographie des Klaudios Ptolemaios (2. Jahrhundert n.Chr.) ebenfalls ein erheblich geringerer Erdumfang behauptet wird (s.o. S. 64). Auch im Werk des Strabon findet sich an späterer Stelle (II 3,6) - hier referiert er den stoischen Philosophen Poseidonios (etwa 135-50 v.Chr.) - eine andere, ein nautisches Unternehmen eher begünstigende Ansicht: Die bewohnte Welt erstrecke sich über die Hälfte des Erdkreises, es sei also über den Atlantik nach Indien lediglich noch einmal so weit.

Endlich nimmt er an, daß die etwa 70.000 Stadien betragende Länge der bewohnten Erde die Hälfte des ganzen Kreises sei, auf dem sie gemessen worden, so daß man, mit Ostwind von Westen her segelnd, mit eben so viel tausend Stadien wohl nach Indien kommen könne. (Übers. von A. Forbiger)

Exponat Nr. 43: Strabon (griechisch-lateinisch), Basel (per Henrichum Petri) 1549 mm 316x205.

Universitätsbibliothek Rostock: Cc 9282.

Ausgestellt: p. 60/61 (mit dem Zitat aus I 4,6).
Abb. 60 (p. 60).

Exponat Nr. 44: Strabon (lateinisch), Basel (Ioan. Vualder) 1539 mm 329x217.

Universitätsbibliothek Rostock: Cc 9281.

Ausgestellt: p. 70/71 (mit dem Zitat aus II 3,6).
Abb. 61 (p. 70).

Aus der Anerkennung der Kugelgestalt der Erde ergibt sich nun nicht nur die Frage nach dem Seeweg über den Atlantik nach Indien, sondern es ist auch, wie es sich in den oben zitierten Worten des Eratosthenes und schon bei Platon in der Atlantis-Erzählung andeutet (s.o. S. 26ff.), mit der Möglichkeit zu rechnen, daß der Ozean noch andere Kontinente - außerhalb der bewohnten Welt und ihr unbekannt - umschließt.

Weitreichende Nachwirkung in Antike, Spätantike und Mittelalter sollte das Globusmodell erlangen, das mit dem Gelehrten Krates von Mallos, der im 2. Jahrhundert v.Chr. in Pergamon tätig war, in Verbindung gebracht wird. Die Erde wird geteilt durch zwei sich kreuzweise überschneidende Ozeangürtel, deren einer längs des Äquators sich erstreckt, während der andere durch die beiden Pole läuft. Diese beiden Ozeane geben vier Landmassen frei: zum einen die bekannte und bewohnte Zone, die Oikumene bzw. den Kontinent der Synoikoi. Unterhalb im Süden des Äquators erstreckt sich die Antoikumene (Kontinent der Antoikoi). Entsprechend teilt sich die westliche Hemisphäre in die Zone der Perioikoi und die der Antipodes ("Gegenfüßler"). Mit dieser Aufteilung des Globus wird dann die Zoneneinteilung kombiniert, nach der auf der Erde (in der Regel) fünf Zonen zu unterscheiden sind: drei Zonen, die Gebiete um die Pole und der Äquatorgürtel, seien wegen der Kälte bzw. der Hitze nicht bewohnbar. Dazwischen liege sowohl auf der nördlichen wie auch auf der südlichen Halbkugel eine gemäßigte und bewohnbare Zone.

Rekonstruktion nach v. den Brincken (1976).

60 STRABONIS GEOGRAPH.

Calbium, & huic adiacētes insulæ, ex quibus nouissima Vxisama per trium dierum (ut ait Pytheas) nauigationem abest. Hæc postremò locutus, nōnulla de promontorijs & de Ostidamnijs, & de Vxisama, & de dictis ab eo insulis ad longitudinē contendentia adiungit. Omnia hæc enim ad septentrionē & ad Galliam, non autem ad Hispaniam pertinere inquit. Immo uerò ut supra dimidietatem longitudinis latitudinem esse, saluet figmenta Pytheæ, ad dictas longitudinis distantias, alia duo stad. millia ad occidentem, & totidem item ad orientem adiungit. Exhortatus etiam amplius, quia secundum naturam est dicere maiorem ab oriente ad occidentem esse distātiam. Secundum naturā inquit ab aurora ad uesperam longiorem esse habitabilem, sicuti diximus ut Mathematici dicunt, coniungere circulum, ipsam sibijpsi consertam. Itaq; nisi maris Atlantici magnitudo uetaret, per eundem parallelum ex Hispania ad Indiam nauigare possemus. Reliquam partem ultra prædictam distantiam supra tertiā esse totius circuli partem. Si quidem is per litora ducentis millibus minor est, ubi prædictam stadiorum dinumerationem ab India in Hispaniam fecimus. Nec igit hæc bene dicit. Nanq; ratio ista per temperatam zonamq; nostram secundū Mathematicos dici posset, cuius pars habitabilis est. Cęterū de habitabili (uocamus enim habitabilem quam incolimus, & notam habemus) fas autem est in eadem temperata zona habitabiles duas esse, uel etiā plures. Si sit maximè prope circulum per litora, qui per Atlāticum pelagus describitur. Rursum persistens in ea demonstratione, quòd terræ forma sit rotunda, eandem assequeretur increpationem. Similiter et aduersus Homerum de ijsdem disceptare non cessat. Deinceps cum dicat multum de terris cōtinentibus sermonem extitisse, nonnullosq; ipsas diuidere fluuijs, Nilo in quam & Tanai insulas declarātes, aliquos autem isthmis, id est inter maria terris, qui sunt inter Caspium & Ponticum rubrum mare & abscissam terrā, alios autē Cheronesos eas dicere, haud intueri dicit, quo'nā modo hęc ipsa quæstio in molestias cōuertat, sed eorū tantū esse, qui magis litē dijudicant inquit secundū Democritū. Nam cum accurati nequaquam sint termini, sicut Colytti & Melitæ, quemadmodum columnarum & septorum hoc posse dicere nos, hoc quidem est Colyttum, hoc autem est, Melitam terminos non posse dicere.

κάλβιον, καὶ τὰς κατὰ τοῦτο νήσους. ὧν τὴν ἐσχάτην οὐξισάμην φησὶ πυθέας ἀπέχειν ἡμερῶν τριῶν πλοῦν. ταῦτα δ' εἰπὼν τὰ τελευταῖα οὐδὲν πρὸς τὸ μῆκος συντείνοντα, προσέθηκε τὰ περὶ τῶν ἀκρωτηρίων, καὶ τῶν ὀστιδαμνίων, καὶ τῆς οὐξισάμης, καὶ ὧν φησὶ νήσων. ταῦτα γὰρ πάντα προσαρκτικά ἐστι, καὶ κελτικά, καὶ οὐκ ἰβηρικά, μᾶλλον δὲ πυθέου πλάσματα. προστίθησι τοῖς εἰρημένοις τοῦ μήκους διαστήμασιν, ἄλλους σταδίους δισχιλίους μὲν πρὸς τῇ δύσει, δισχιλίους δὲ πρὸς τῇ ἀνατολῇ, ἵνα σώσῃ τὸ πλέον ἥμισυ τοῦ μήκους τὸ πλάτος εἶναι. παραμυθούμενος δ' ἔτι πλέον, ὅτι κατὰ φύσιν ἐστὶ τὸ ἀπὸ ἀνατολῆς ἐπὶ δύσιν διάστημα μεῖζον λέγειν, κατὰ φύσιν εἶναι ἀπὸ τῆς ἕω πρὸς τὴν ἑσπέραν μακροτέραν εἶναι τὴν οἰκουμένην, καθάπερ εἰρήκαμεν. ὡς οἱ μαθηματικοί φησι κύκλον συνάπτειν, συμβάλλουσαν ἑαυτὴν ἑαυτῇ. ὥστ' εἰ μὴ τὸ μέγεθος τοῦ ἀτλαντικοῦ πελάγους ἐκώλυε, κἂν πλεῖν ἡμᾶς ἐκ τῆς ἰβηρίας εἰς τὴν ἰνδικὴν διὰ τοῦ αὐτοῦ παραλλήλου, τὸ λοιπὸν μέρος παρὰ τὸ λεχθὲν διάστημα ὑπὲρ τὸ τρίτον μέρος ὂν τοῦ ὅλου κύκλου. εἴπερ ὁ διὰ θινῶν ἐλάττων ἐστὶν εἴκοσι μυριάδων, ὅπου πεποιήμεθα τὸν εἰρημένον σταδιασμὸν ἀπὸ τῆς ἰνδικῆς εἰς τὴν ἰβηρίαν. οὐδὲ ταῦτα οὖν εὖ λέγει. οὗτος γὰρ ὁ λόγος τὰ τῶν μὲν περὶ τῆς εὐκράτου, καὶ καθ' ἡμᾶς ζώνης λέγοιτ' ἂν κατὰ τοὺς μαθηματικούς. ἧς μέρος ἡ οἰκουμένη ἐστί. περὶ δὲ τῆς οἰκουμένης, καλοῦμεν γὰρ οἰκουμένην ἣν οἰκοῦμεν, καὶ γνωρίζομεν. ἐνδέχεται δὲ ἐν τῇ αὐτῇ εὐκράτῳ ζώνῃ, καὶ δύο οἰκουμένας εἶναι, ἀεὶ, καὶ πλείους, εἰ καὶ μάλιστα ἐγγὺς τοῦ διὰ θινῶν κύκλου τοῦ διὰ τοῦ ἀτλαντικοῦ πελάγους γραφομένου. πάλιν δὲ ἐπιμένων τῇ περὶ τὸ σφαιροειδῆ τὴν γῆν εἶναι ἀποδείξει τῶν αὐτῶν ἐπιτιμήσεως ἂν τυγχάνοι. ὡς δ' αὕτως καὶ πρὸς τὸν ὅμηρον οὐ παύεται περὶ τῶν αὐτῶν διαφερόμενος, ἑξῆς δὲ περὶ τῶν ἠπείρων εἰπὼν γεγονέναι πολὺν λόγον. καὶ τοὺς μὲν τοῖς ποταμοῖς διαιρεῖν αὐτὰς, τῷ τε νείλῳ καὶ τῷ ταναΐδι νήσους ἀποφαίνοντας, τοὺς δὲ τοῖς ἰσθμοῖς, τῷ τε μεταξὺ τῆς κασπίας, καὶ τῆς ποντικῆς θαλάσσης, καὶ τῷ μεταξὺ τῆς ἐρυθρᾶς, καὶ τοῦ ἐκρήγματος. τοὺς δὲ χερρονήσους αὐτὰς λέγειν, οὐχ ὁρᾶν φησι πῶς ἂν εἰς πράγματα καταστρέφοιο ζήτησις αὕτη, ἀλλὰ μόνον ἐρίν διαιτώντων μᾶλλον κατὰ δημόκριτον εἶναι. μὴ ὄντων γὰρ ἀκριβῶν ὅρων καθάπερ κολυττοῦ, καὶ μελίτης, οἷον στηλῶν ἢ περιβόλων, τοῦτο μὲν ἔχειν φάναι ἡμᾶς, ὅτι τουτὶ μέν ἐστι κολυττός. τουτὶ δὲ μελίτη, τοὺς ὅρους δὲ μὴ ἔχειν εἰπεῖν.

διὰ

Abb. 60: Strabon, Geographie (1549) (= Nr. 43).

70 STRABONIS GEOGRAPH.

quorum tranſmigratione ex natali ſolo facta, propter inundantis maris incurſum non uno contingentem impetu. Suſpicatur quoq; orbis terrarum longitudinem, ſeptuaginta millia ſtad. eſſe, dimidium totius ambitus ſecundum quem deprehenſus eſt, ut dicat ab occaſu Euro nauigantem in tot millibus ad Indos peruenire poſſe. Conatus eſt autem eos accuſare qui hoc modo continentes terras diſtinxerūt, non autem per parallelos ad æquinoctialem, quibus diuerſitates demonſtraturi erant, & animalium, & arborum & aëriarum partium quarundam frigidam continentiū, quarūdam exuſtam, & perinde ac zonas eſſe cōtinentes terras. Rurſus deſtruit, & ut in reſolutione efficitur, denuo collaudans exiſtentē diuiſionem, poſitiuam faciens quæſtionem, nullam ad rem utilem. Tales enim ordinationes ex prouidentia nequaquàm conficiuntur, ſicut neq; gentium differentiæ neq; linguæ, ſed à caſu & fortuna, & artes quoq; & facultates & exercitationes ut plurimū non ullos inchoantes obtinent, quocunq; in climate. Aliquid etiam † præter ipſa climata adeo ut nonnulla locis quibuſdam attributa, quædam ex impoſitione, aliquaq; exercitatione. Haud enim Athenienſes natura ſtudiorum cupidi, Lacedæmonij uero nequaquam, & adhuc propiores Thebani, ſed conſuetudine magis. Sic neq; Babylonij & Aegyptij natura ſapientiæ ſtudioſi, ſed uſu & operatione, itemq; equorum boumq; ac cæterarum animantiū præſtantiæ, non ſolis ex locis, ſed exercitatione comparantur. Ille uero iſta confundit, talem laudans terrarum diuiſionem qualis hoc tempore eſt. Exemplo utitur, quod Indi ab Æthiopibus differunt qui in Africa ſunt. Nam robuſtiores eſſe & aëris ſiccitate minus coctos. Idcirco Homerum cum omnes dicat Æthiopas bipartito diuidi,

† περὶ τὰ κλίματα. *Athenienſes philologi.*

Odyſſ. α. οἱ μὲν δυσομένου ὑπερίονος, οἱ δ' ἀνιόντος.

Hos quidem ad occidentem, alios ad aſcendentem ſolem eſſe.

Introducentemq; orbem terrarum alium quem minime nouit Homerus ſuppoſitioni ſeruire, & ſic deſcribere oportebat, inquit. Nōnulli recedēte ſole ueluti à meridiano declinante. Primū quidē propinqui Ægypto Aethiopes & ipſi dupliciter diuiduntur. quidam enim in Aſia ſunt, quidā uero in Africa inter ſe nihilo diuerſi. Poſtmodū Homerus nō idcirco partitur Æthiopas, quod Indos quoq; talibus cognorat eſſe corporibus. Neq; enim ab initio Indos Homero cognitos fuiſſe, probabile eſt, ubi nec Euergetes ipſe per illā Eudoxi fabulam res nouit Indicas, nec ad Indiam nauigandi modum, ſed potius per dictam à nobis antea diuiſionē. Illic autē de Cratetis deſcriptione iudicauimus, quod uel hoc pacto uel illo deſcribere nihil intereſt. Ipſe autem hoc quidē intereſſe dicit, melius autem eſſe hunc in modum tranſmutare, illi quidem diſcedente. Quid igitur hoc differt ab hoc? illi autem occidente. Nam totum ſpatium à meridiano ad occidentem, occidens uocatur, ſicut & horizontis ſemicirculus. Quod etiam Aratus annotat, dicens,

Eudoxi fabula *Occidens.* *Aratus.*

ἧχί περ ἄκραι
μίσγονται δύσιές τε καὶ ἀντολαὶ ἀλλήλῃσιν. *id eſt,*

Qua quidem extrema miſcentur occaſus & ortus Inter ſe.

Si utiq; in pictura Cratetis ſic melius eſſe dicat aliquis, & in Ariſtarchi pictura oportere. Hæc & in Poſidonium. Nam & in ſingulariter dictis per multa ſua conuenienter aſſeruntur ad propoſitam inſtitutionem, quot ad terræ deſcriptionē attinent. Quæ autem magis phyſica, & ad naturalem hiſtoriam pertinent, in alijs cōſyderanda ſunt uel utiq; negligenda. Multa enim apud eum cauſarum expoſitio & Ariſtot

Abb. 61: Strabon, Geographie (1539) (= Nr. 44).

Dieses Globusmodell, die Vorstellung von den zwei Ozeangürteln, von den fünf Zonen, von dem Gebiet der Antipoden, bleibt Grundlage des Weltbildes für Jahrhunderte. Wiederzuerkennen ist es nicht nur z.B. bei Cicero (De re publica 6,21 [Somnium Scipionis]), es ist Grundwissen und Basis für die geographische Lehre und Darstellung bei den für das Mittelalter so wichtigen Autoritäten Macrobius (Anfang des 5. Jahrhunderts) und Martianus Capella (Anfang des 5. Jahrhunderts) und auch bei Isidor von Sevilla (etwa 570-636) ist es noch greifbar.

Martianus Capella, der sich in den geographischen Kapiteln seines enzyklopädischen, die sieben Freien Künste darstellenden Werkes 'De nuptiis Philologiae et Mercurii' für die Vorstellung von der Kugelgestalt der Erde ausdrücklich auf den Gelehrten Dikaiarchos (um 300 v.Chr.) aus der Schule des Aristoteles beruft, und Macrobius geben das Weltbild des Krates an das Mittelalter weiter.

Interessanterweise schließt Macrobius in seinem Kommentar zu Ciceros Somnium Scipionis die Möglichkeit nicht aus, daß es auch auf den anderen durch die Ozeangürtel abgetrennten Inselkontinenten in den gemäßigten Zonen von Menschen bewohnte Gebiete geben könne, denn die Lebensbedingungen seien vergleichbar. Wegen der unüberwindlichen Grenzen könne diese Annahme allerdings nicht bewiesen werden. Jedenfalls - so Macrobius - atmeten sie dieselbe Luft wie wir, und, wenn bei ihnen die Sonne sinke, steige sie bei uns empor. Sonnenuntergang hier bedeute Sonnenaufgang dort. Es sei keineswegs zu fürchten, daß die Gegenfüßler von der Erde herunterfallen könnten, denn überall sei die Erde unten und der Himmel oben.

Zu dem Text des Macrobius ist in vielen Handschriften eine kartographische Darstellung der Welt mit Zoneneinteilung und beiden Ozeangürteln überliefert. Die Macrobius-Karte ist ein Standardtyp schematischer Weltdarstellung im Mittelalter. "Seine Karte wird, verwandt als kleines Signum, in ähnlicher Weise zum konventionellen Symbol wie die T-Karte: die T-Karte steht für die Ökumene, die schematische Zonenkarte für die Erde als Körper im Kosmos. Als Abbreviatur für *mundus* ist sie schon mit einem Durchmesser von 2,3 cm denkbar. Sie zeigt die Kugel als Planiglob, gerahmt vom Polarozean. Die fünf Zonen erscheinen als Segmente: kalt, gemäßigt, heiß, gemäßigt, kalt, wobei die heiße Zone vom Äquatorialozean durchschnitten ist" (v. den Brincken 1992, S. 38).

Die T-Karte bzw. TO-Karte oder Radkarte ist eine Darstellung der bekannten Welt, der Oikumene, mit ihren Teilen Asien, Europa und Afrika. Die Oikumene wird rund, radförmig, aufgefaßt. Die Karte ist in der Regel geostet ("orientiert"). Asien - im Schema so groß wie Europa und Afrika zusammen - nimmt die obere Hälfte des Kreises ein, in die untere teilen sich die beiden anderen Kontinente. Bei dieser Aufteilung wird durch die "Schnittstellen" der Kontinente in den Weltkreis ein T eingeschrieben. Es sind Wasser, die diese Trennung manifestieren. Der senkrechte Schaft des T repräsentiert das Mittelmeer, der waagerechte den Don und den Nil. Der Typ der T-Karte findet sich vielfach als Illustration in Handschriften der im Mittelalter weit verbreiteten Werke des Isidor von Sevilla, aber auch in den mittelalterlichen Textzeugen anderer Schriftsteller, z.B. bei Sallust (als Illustration zum Bellum Iugurthinum), ist sie anzutreffen.

Das Konzept der T-Karte beschreibt Augustinus (354-430) folgendermaßen: *Ich spreche hier nicht von Asien im Sinne der heutigen Provinz, die nur ein Teil von Großasien ist, sondern meine das sogenannte Gesamtasien, das von manchen als einer der beiden Erdteile, von den meisten aber als der dritte Teil des ganzen Erdkreises angesehen wird, der Asien, Europa und Afrika umfaßt, wobei die Größenverhältnisse keine Rolle spielen. Denn der Kontinent, der Asien heißt, erstreckt sich von Süden über den Osten bis nach Norden, Europa aber nur von Norden bis Westen, und Afrika von Westen bis Süden. So teilen sich, wie man sieht, Europa und Afrika in die eine Hälfte der Erde, die andre nimmt Asien allein ein. Europa und Afrika aber nimmt man nur deshalb als zwei Erdteile an, weil zwischen ihnen vom Ozean her das Wasser eindringt und unser großes Meer (das Mittelmeer) bildet. Wenn man daher den Erdkreis in zwei Teile zerlegt, in Morgen- und Abendland, bildet Asien den einen, Europa und Afrika zusammen den andern.* (Augustinus, Der Gottesstaat XVI 17. Übers. von Carl Johann Perl)

Exponat Nr. 45: Pomponius Mela, De situ orbis, Leiden 1696 mm 157x95.

Seine Ausgabe des Pomponius Mela (Mitte des 1. Jahrhunderts n.Chr.), dessen Beschreibung der bewohnten Welt das älteste erhaltene geographische Werk der Römer ist, illustriert Jacobus Gronovius u.a. mit Abbildungen von Münzen.

FU Berlin, Sem. f. Klass. Philol.: W 61.

Ausgestellt: p. 2/3: Die *Mundi in quatuor partes divisio* ist mit Globus-Münzen (1 Erd-, 2 Himmelsgloben) illustriert; handschriftliche Anmerkungen eines Lesers.
Abb. 62 (p. 2).

Exponat Nr. 46: Mosaik mit Darstellung der Erdkugel (ehedem im Besitz des Bildhauers Albaccini).
Quelle: Schlachter, Alois (hrsg. von Gisinger, Friedrich): Der Globus. Seine Entstehung und Verwendung in der Antike. Nach literarischen Quellen und den Darstellungen in der Kunst (ΣΤΟΙΧΕΙΑ 8), Leipzig-Berlin 1927, S. 57 und Taf. 25: "Eine spezielle Darstellung der Erdkugel bietet noch ein merkwürdiges Mosaik, das von Guattani, mon. ant. in 1786 Luglio tav. II (p. LIIf.) publiziert wurde. Über einem halbku-

2 POMPONII MELAE
CAP. I.
Mundi in quatuor partes divisio.
Omne igitur hoc, quicquid est, cui mundi cæ-lique nomen indidimus, unum id est, & uno ambitu se cunctaque amplectitur. Partibus differt; unde sol oritur, Oriens nuncupatur, aut
Ortus: quo demergitur, Occidens, vel Occasus: quà decurrit, Meridies: ab adversa parte, Septentrio. Hujus medio terra sublimis cingitur undique mari: eodemque in duo latera, quæ Hemisphæria nominantur, ab oriente divisa ad

Abb. 62: Pomponius Mela, ed. J. Gronovius (1696) (= Nr. 45).

Abb. 63: Erdkugel auf Mosaik (= Nr. 46).

DE SOMNIO SCIPIONIS

habitabilem angustam uerticibus latiorem in eadem descriptione poterimus aduertere. Nam quanto longior est tropicus circus semptentrionali circo. tãto zona uerticibus q̃ lateribus angu/stior est quia summitas eius in arctum extremi circuli breuitate cõtrahitur. Deductio autem late rum longitudine tropici ab utraq; parte distendit. Deniq; ueteres omnem nobilem nostram ex/tentæ chlamydi similem esse dixerunt. Item quia omnis terra in qua & oceanus est: ad quemuis cœlestem circulum quasi cẽtron puncti obtinet locum: necessario de oceano adiecit: Qui tamen tanto nomine q̃ sit paruus uides. Nam licet apud nos atlanticum mare licet magnum uocetur: de cœlo tamen despicientibus non potest magnum uideri: cum ad cœlum: terra signum sit: & punctum: quod diuidi non possit in partes. Ideo autem terræ bræuitas tam diligenter asseritur ut paruipendendum ambitum famæ.

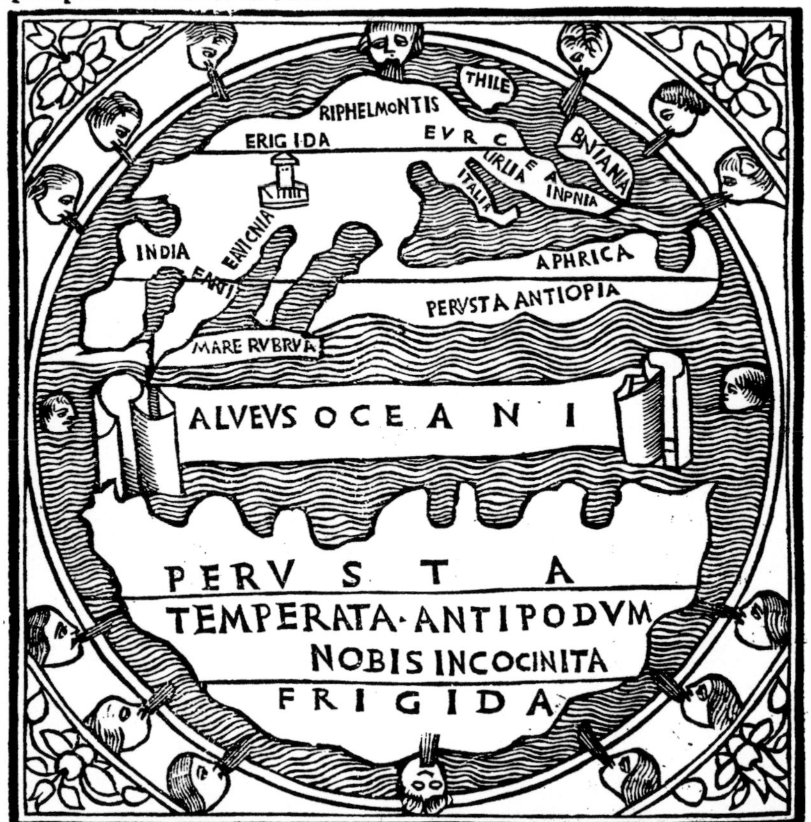

uir fortis intelliga: quæ in tam paruo magna esse non poterit: quod doctrinæ propositum non mi nus in seq̃ntibus apparebit: quinetiã si cupiat ꝓles futuroꝝ hoĩum deinceps laude uniuscuiusq; nostrũ acceptas a patribus posteris ꝓdere: tamen ꝓp eluuiones exustionesq; terraꝝ: quas accidere tpe certo necesse est: non mõ non æternã sed ne diuturnã qdẽ gloriã assequi possumus. Virtutis: fructũ sapiens in conscientia ponit minus pfectus in gloria: unde Scipio pfectionẽ cupiẽs infun/dere nepoti author est: ut contentus conscientiæ pmio gloriã non reqrat. Inq̃ appetenda qm̃ duo sunt maxime q̃ probari possint: ut & q̃ latissime uaget: & q̃ diutissime pseueret. Postq̃ superius de habitationis nostræ angustiis disserendo totius terræ: q̃ ad cœlũ puncti locũ obtinet: minimã q̃dã docuit ab hoĩbus nostri gñis particulã possideri: nullius uero gloriam uel in illã totam partẽ po/tuisse diffundi: siqdẽ gangẽ transnatare: uel transcendere caucasum romani nois fama nõ ualuit

Virtutis fructum

spem quam

Abb. 65: Macrobius-Karte (1521) (= Nr. 47).

geligen, innen mit Sternen bedeckten Becken schwebt die Erdkugel, auf der Land und Wasser abgeteilt sind. Dieses Mosaik, einzig in seiner Art, repräsentiert offenbar das 'Ptolemäische Weltsystem'" (dazu Gisinger: "d. Erdbild d. Pt. freilich modifiz.").

Ausgestellt: Photo.
Abb. 63.

Exponat Nr. 47: Macrobius, Interpretatio in Somnium Scipionis, Venedig (In Aedibus Ioannis Tacuini de Tridino) 1521 mm 300x206.

FU Berlin, Universitätsbibliothek: 44/71/6051(0).

Ausgestellt: fol. XXVI^{v} mit der Macrobius-Karte.
Abb. 64 und 65.

SOMNIVM SCIPIONIS I

CSOMNIVM SCIPIONIS EX CICERONIS LIBRO DE REPVBLICA EXCERPTVM.

Abb. 64: Macrobius, In Somnium Scipionis (1521) (= Nr. 47).

Exponat Nr. 48: Isidorus, Etymologiae, Augsburg 1472 mm 308x220.

Staats- u. Universitätsbibliothek Hamburg: AC IV 1^{c}.

Ausgestellt: Isidor-Karte (der Band ist unfoliiert).
Abb. 66 (Ausschnitt).

Exponat Nr. 49: Cod. Rostochiensis Ms. philol. 27 11. Jahrhundert Pergament ff. 65 mm 290x210.

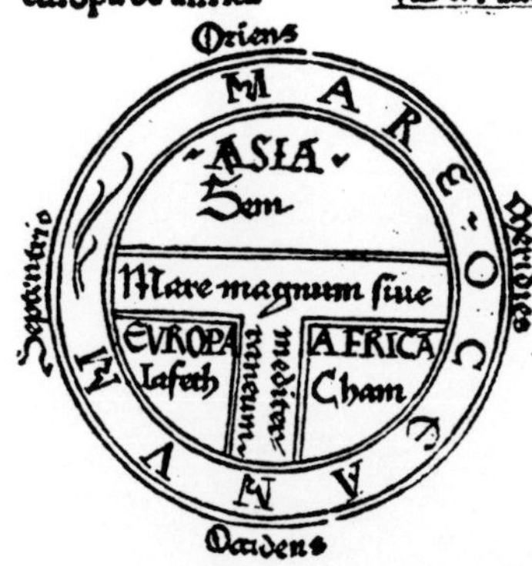
europa & affrica

De. Asia & eius partibus Ca·m·

Asia ex noie cuiusdã mulieris est appellata· que apud antiquos imperiũ orientis tenuit. Hec in tercia orbis parte disposita· ab oriente ortu solis·a meridie·oceão·ab occiduo nostro mari finitur· a septentrione meothide lacu & tanai fluuio terminatur. Habet autem prouincias multas et regiones·quarũ breuiter nomina et situs expediam·sumpto initio a paradiso Paradisus est locus in orientis partibus constitu/

Abb. 66: Isidor-Karte (1472) (= Nr. 48).

Diese Sallust-Handschrift ist eine der ältesten des Autors mit einer Karte. Die T-Karte, die sich eigentlich auf das 17. Kapitel des Bellum Iugurthinum bezieht, ist hier an exponierter Stelle sozusagen als Frontispiz (f. 1^{v}) des mit dem 'Catilina' beginnenden Bandes postiert.

Ausgestellt: fol. 1^{v}/2.
Abb. 67.

Reaktion

Besonders die Vorstellung der "Gegenfüßler" hat verständlicherweise die Phantasie angeregt und zu heftiger Polemik geführt.

Einen scharfen Angriff gegen das kratetische Weltbild richtet der Kirchenlehrer Laktanz (um 300) in seinen *Divinae Institutiones* (3,24). Lächerlich sei der Glaube an Gegenfüßler. Kann man so dumm sein zu behaupten, es gebe Menschen, die kopfüber, die Füße nach oben, nicht wie wir auf der Erde stehen, sondern im Gegenteil von ihr herabhängen? Die Bäume, Pflanzen wüchsen nach unten, Regen aber, auch Schnee und Hagel, falle nach oben auf die Erde? Alles hängt! Land, Meer, Städte, Berge. Dies alles seien die absurden Konsequenzen

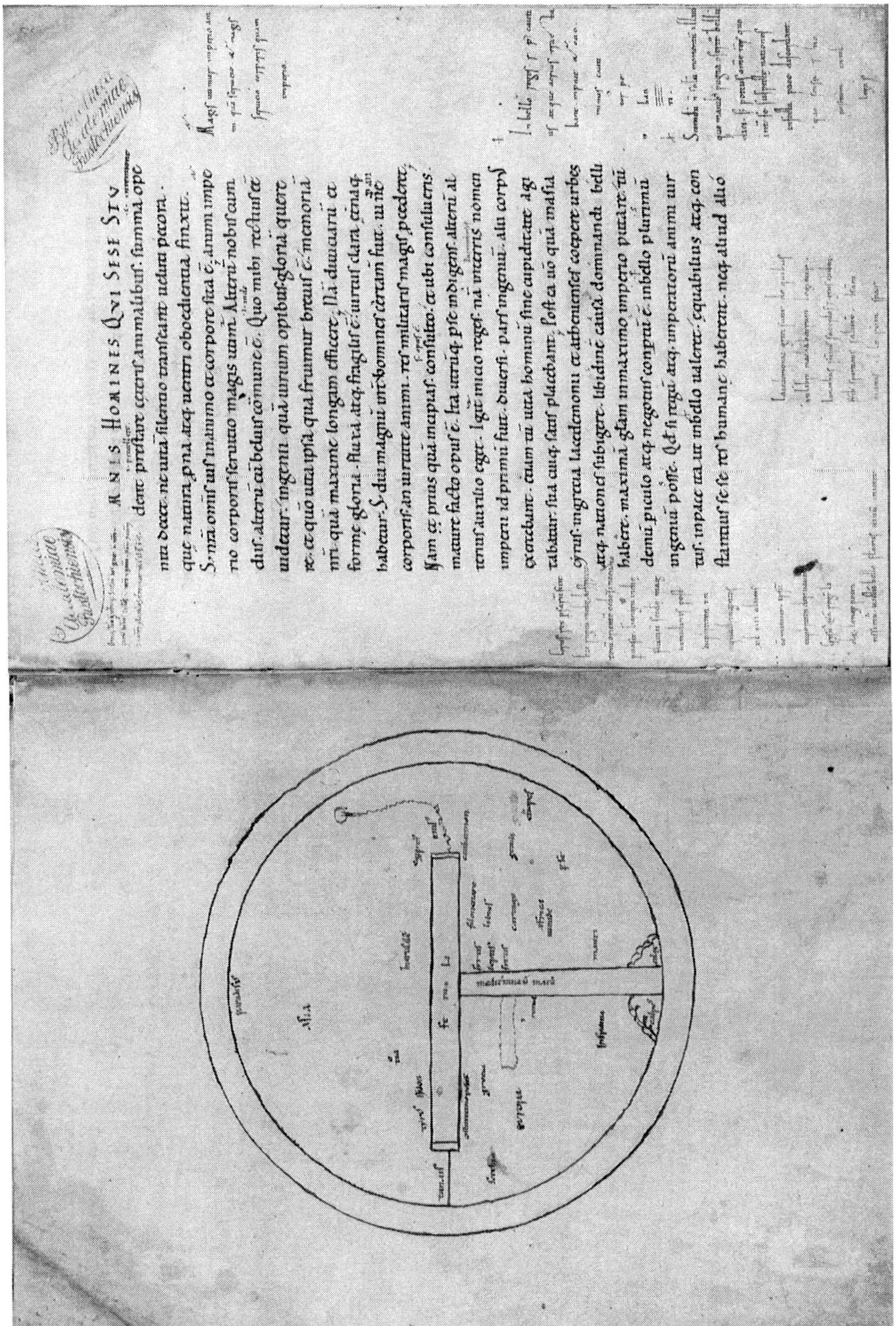

Abb. 67: Cod. Rostochiensis Ms. philol. 27 (11. Jh.) (= Nr. 49).

einer absurden Theorie, der Annahme nämlich, die Erde sei eine Kugel. Aus dieser Voraussetzung werde gefolgert, daß die Erde überall gleichartig sei und ähnliche Lebensbedingungen gewähre. Jeder Teil der Erde - so die äußerste Konsequenz - werde von Menschen und Tieren bewohnt. Wenn man die Vertreter solch abstruser Ideen frage, wieso ihre Gegenfüßler denn nicht nach unten, in den unter ihnen liegenden Himmel fielen, so sprächen sie von Gesetzen der Natur: Was schwer sei werde zur Mitte gezogen, Leichteres, wie Rauch oder Feuer, strebe von der Mitte weg, zum Himmel hin. Doch keineswegs könne es der Fall sein - und er, Laktanz, hätte viele Gegenbeweise anzuführen, wenn ihn sein Thema nicht zu anderen, im Zusammenhang seines Werkes wichtigeren Erörterungen riefe -, daß unterhalb der Erde Himmel sei.

Krass im Gegensatz zu Krates steht auch das Weltbild, das Kosmas Indikopleustes im 6. Jahrhundert entwirft (vgl. Hunger I 520-521). Die Welt als Scheibe, darüber erhebt sich das Firmament wie ein Zelt oder ein Zimmer mit gewölbter Decke. (In der Sekundärliteratur wird Kosmas' Weltbild verschiedentlich als Tabernakel, Bundeszelt, Parallelogramm oder Altar bezeichnet). Ein gewaltiger Berg ist für die Abfolge von Tag und Nacht verantwortlich, indem die Sonne hinter ihm bald verschwindet, bald aber wieder auftaucht.

Jetzt aber das Ausgeklügeltste! Ihr nehmt Antipoden (Gegenfüßler) an, Menschen, die auf der ganzen Erde herumspazieren. Gut, dann zeichnen wir auf eure Weise die Erde und die Antipoden. Ein jeder von euch, der ein gesundes Seh- und ein heiles Denkvermögen hat, soll die Erde umdrehen, wie er auch will, und dann sagen, ob alle Antipoden zur gleichen Zeit aufrecht stehen können. Aber das werden sie nicht beweisen können, wenn sie es auch unverschämt behaupten werden. Das sage ich zu euren erdichteten und falschen Hypothesen und zu den abwegigen, widersprüchlichen und widersinnigen Schlußfolgerungen eurer Argumente. Eure Folgerungen werden nicht von irgendwelcher Verwirrung betroffen, sondern unterliegen einer größeren Unruhe als eure phantastische Kugel, die ruhelos ihren Kreislauf vollzieht. Deswegen, Vater, der Du Christus liebst, werde ich - da ich ja hier das vierte Buch abschließe - nach der Zeichnung der Antipoden das fünfte Buch anfangen. Wie ich Deiner gottesfürchtigen Person versprochen habe, werde ich darin Gottes, unser aller Retters, Willen gemäß, die Stiftshütte beschreiben, die Moses in der Wüste errichtet hat. (Kosmas Indikopleustes 4, 23-25. Übers. von Koen Vanhaegendoren)

Zum Abschluß sei noch einmal der große Kirchenvater des Westens Augustinus, gleichsam als vermittelnde Position, zitiert. Er scheint die Kugelgestalt durchaus anzuerkennen, bezweifelt jedoch, daß es andere bewohnbare oder sogar bewohnte Erdteile gebe: *Wenn aber von Antipoden gefaselt wird, das heißt von Menschen auf dem entgegengesetzten Teil der Erde, wo die Sonne aufgeht, wenn sie bei uns untergeht, die also auf dem unseren Füßen abgewendeten Boden wandeln, so gibt es keine Begründung dafür, daß man es glauben soll. Wer das behauptet, hat es nicht durch geschichtliche Erfahrungen gelernt, sondern vermutet es aus der Überlegung, daß die Erde innerhalb der Himmelswölbung in Schwebe hänge und jeder Teil der Welt oben und unten gleich sei. Und deshalb meint man, daß auch der andre, untere Teil der Erde nicht ohne menschliche Bewohner sein könne. Obwohl die Kugelgestalt der Erde nicht bestritten wird oder sich zumindest begründen läßt, übersieht man, daß anzunehmen ist, daß die Erde in diesem Teil von Wassermassen bedeckt sein dürfte. Und selbst wenn das nicht der Fall sein sollte, ist damit noch nicht gesagt, daß dieser Teil bevölkert sein muß. Da die Heilige Schrift ja auf keinen Fall lügt und ihren Berichten über die Vergangenheit dadurch Glauben verschafft, daß ihre Voraussagen sich erfüllen, ist es völlig abwegig, wenn behauptet wird, es hätten Menschen aus unseren Breiten den ungeheuren Ozean über-*

DIVINARVM INSTITVTIONVM

Xeno/phanes

esse diceret:ut cælũ ac solẽ uideret:qui ĩ terra nihil uidebat sole lucente. Xenophanes
dicentibus mathematicis orbẽ lunæ duo de uiginti partibus maiorẽ eẽ q̃ terrã: stultis
sime credidit. Et ꝙ huic leuitati fuit cõsentaneũ: dixit ĩtra cõcauum lunæ sinũ esse aliã
terrã: & ibi aliud genus hoĩum simili mõ uidere:quo nos ĩ hac terra uiuimus. Habent
igit̃ illi lunatici homines alterã lunã:quæ illis nocturnũ lumẽ exhibeat:sicut hæc ex/
hibet nobis. Et fortasse hic noster orbis alterius ĩferioris terræ luna sit. Fuisse Senecai
ter stoicos ait:q deliberaret utrũ ne soli quoq; suos populos daret ĩepte scilicet q dubi
tauerit. Quid.n.pderet si dedisset? Sed credo calor deterrebat:ne tãtam multitudinẽ
piculo cõmitteret:ne si æstu nimio pissent:ipsiꝰ culpa euenisse tãta calamitas diceret̃.

De ãtipodibus:quos iõ esse finxerũt:qa opinati sunt mũdũ eẽ rotũdũ. Ca.xxiiii.

q

Vid illi q eẽ cõtrarios uestigiis nostis antipodas putãt? Nũqd aliqd loquunt̃?
Aut est quisq̃ tã ineptus:q tradit esse hoĩes:quoꝝ uestigia sint supiora q̃ capi/
ta? Aut ibi quæ apud nos iacẽt uniuersa:pẽdere fruges & arbores deorsũ uer/
sus crescere:pluuias & niues & grãdines sursum uersus cadere ĩ terrã. Et mirat̃ aliquis
hortos pensiles ĩter septẽ mira narrari:cum philosophi & agros:& maria:& urbes:&
montes pensiles faciãt? Huius quoq; erroris aperienda nobis origo est. Nã semp eodẽ
mõ fallũtur. Cũ.n.falsum aliqd ĩ principio sumpserint:uerisimilitudine ĩducti:neces
se est eos ĩ ea quæ consequunt̃ currere. Sic ĩcidũt ĩ multa ridicula:qa necesse est falsa
eẽ:quæ rebus falsis cõgruunt. Cũ aũt primis habuerit fidẽ:qualia sunt ea quæ sequũ
tur:nõ circũspiciunt:sed defendũt oĩ mõ:cũ debeãt prima illa utrũ ne uera sint an fal
sa:ex cõsequentibus iudicare. Quæ igit̃ illos ad antipodas rõ pduxit? Videbãt siderũ
cursus ĩ occasũ meantiũ. Solẽ atq; lunã ĩ eandẽ partem semper occidere:atq; oriri sem
per ab eadem. Cum autẽ nõ pspicarẽt quæ machinatio cursus eorum temperaret:nec
quomodo ab occasu ad orientem remeat. Cælum autẽ ipsum ĩ omnes partes putarẽt
esse deuexum. Quod sic uideri propter immensam latitudinẽ necesse est. Existima/
uerunt rotundum esse mundum sicut pilam. Et ex motu siderũ opinati sunt cælũ uol
ui:sic astra solemq; cũ occiderint uolubilitate ipsa mũdi ad ortũ referri. Itaq; æthereos
orbes fabricati sunt:quasi ad figuram mundi eosq; cælarunt portentosis quibusdam
simulacris:quæ astra esse dicerent. Hanc igit̃ cæli rotũditatem illud sequebat̃:ut ter
ra in medio sinu eius esset ĩclusa. Quod si ita esset:terrã ipsam globo similẽ. Neq;.n.
fieri posset:ut nõ esset rotundum:quod rotundo teneretur: Si autẽ rotunda etiam ter
ra esset:necesse est ut in omnes cæli partes eandem faciem gerat:id est montes erigat:
campos tendat:maria cõsternat. Quod si esset:sequebat̃ illud extremum:ut nulla sit

Erratũ primum

ps terræ:quæ nõ ab hominibus cæterisq; animalibus ĩcolatur. Sic pendulos istos anti
podas cæli rotunditas adinuenit. Quod si quæras ab his qui hæc portenta defendũt:
quomodo non cadunt omnia in inferiorem illam cæli partem? Hanc respõdet rerum
esse naturam:ut pondera in medium ferant̃:& ad medium conuexa sint oĩa:sicut ra
dios uidemus in rota. Quæ autem leuia sunt ut nebula: fumus: ignis:a medio defe/
rant̃:ut cælum petant. Quid dicam de his nescio:q cum semel aberrauerint: cõstan
ter in stultitia pseuerant. & uanis uana defendunt:nisi ꝙ eos ĩterdum puto ioci causa
philosophari:aut prudentes & scios mendacia defendenda suscipere: quasi ut ĩgenia
sua ĩ malis rebus exerceant uel ostendant. At ego multis argumentis pbare possem:
nullo modo fieri posse:ut cælum terra sit inferius:nisi & liber iam cõcludendus esset:
& adhuc aliqua restarent:quæ magis sint præsenti operi necessaria. Et quoniã singu/
orũ errores percurrere nõ est unius libri opus:satis sit pauca enarrasse:ex qbꝰ possint

Abb. 68: Lactantius, Divinae Institutiones 3,24 (1493) (= Nr. 50).

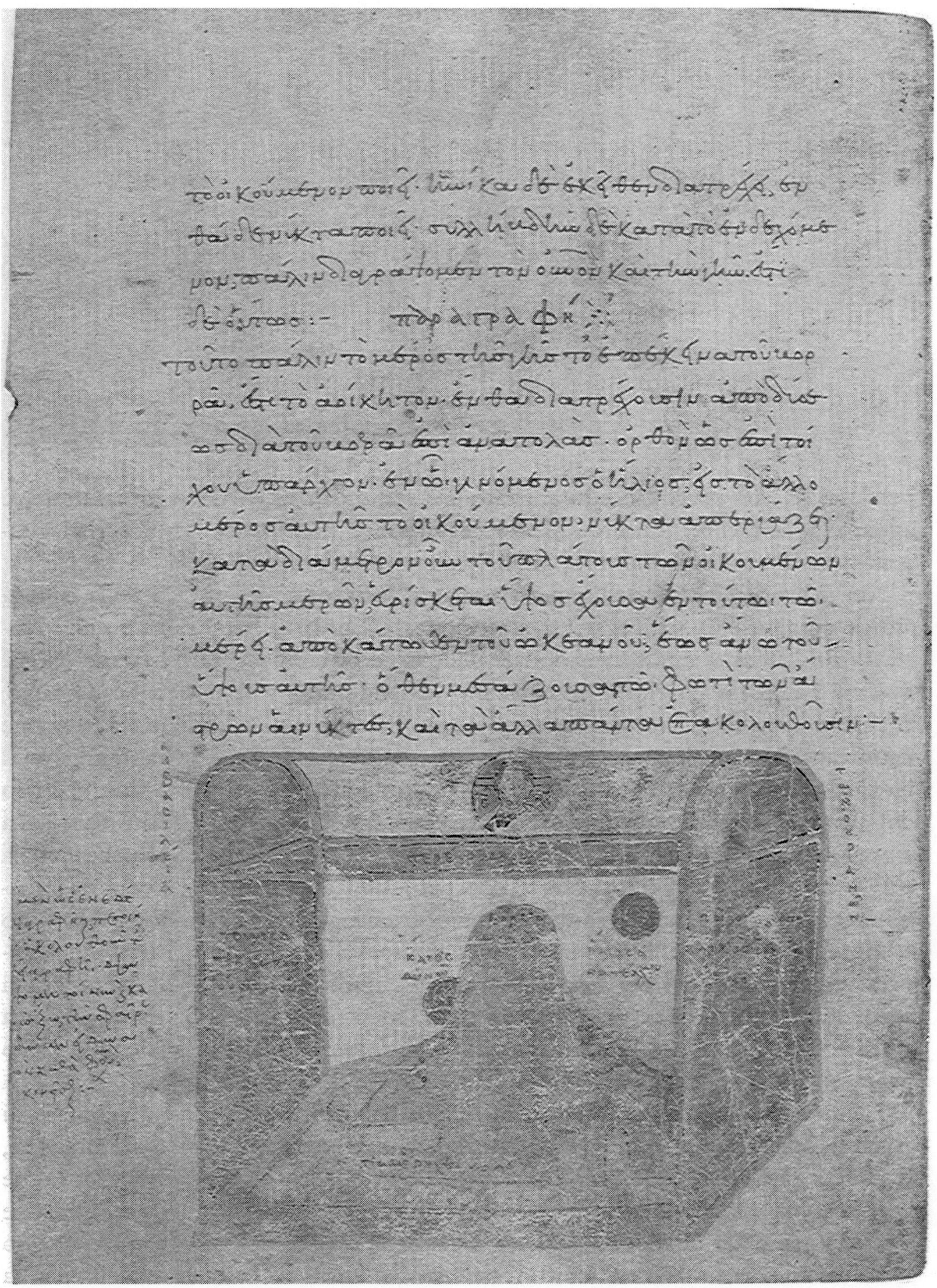

Abb. 69: Kosmas Indikopleustes, Welt als Tabernakel (10./11. Jh.) (= Nr. 51).

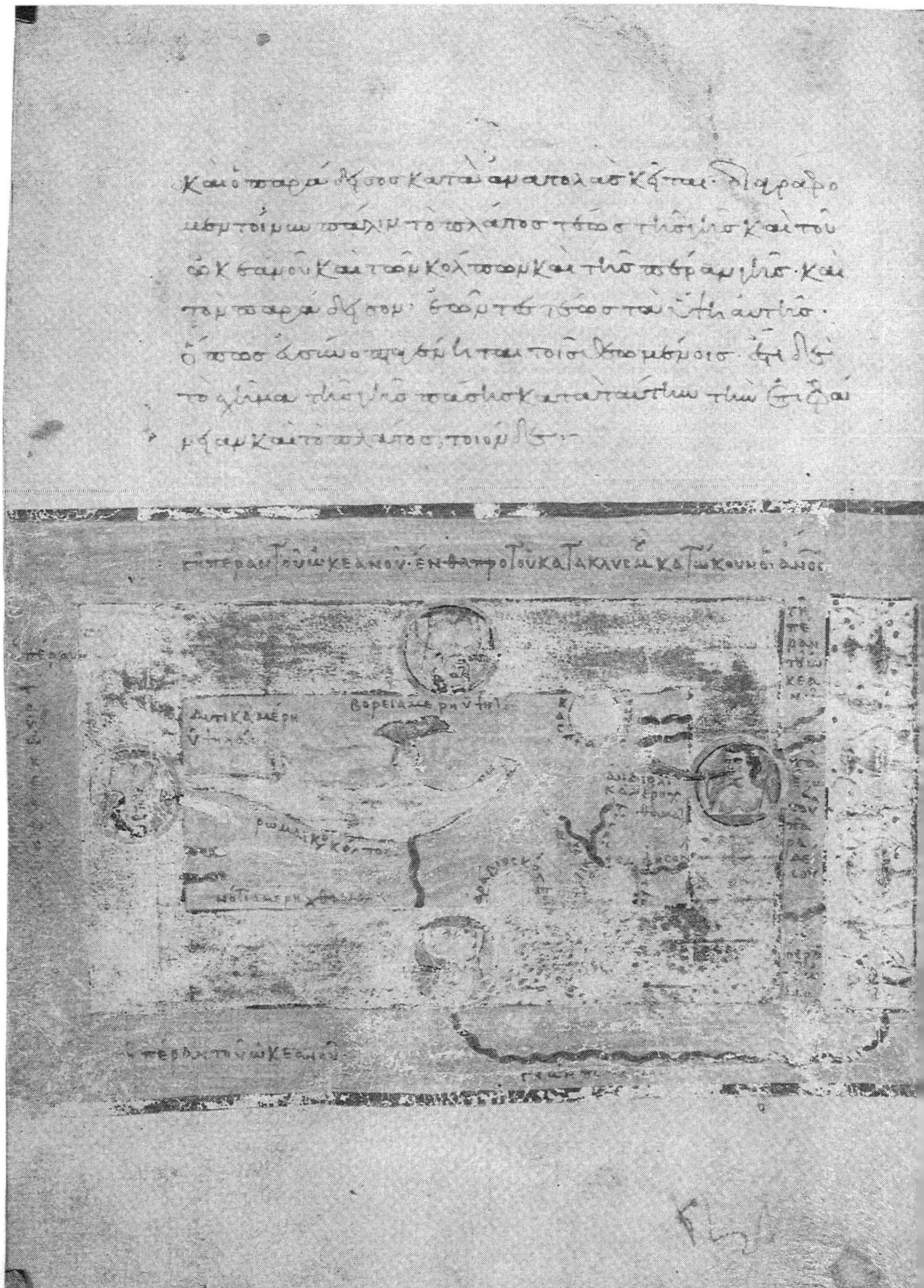

Abb. 70: Kosmas Indikopleustes, Weltbilder (10./11. Jh.) (= Nr. 51).

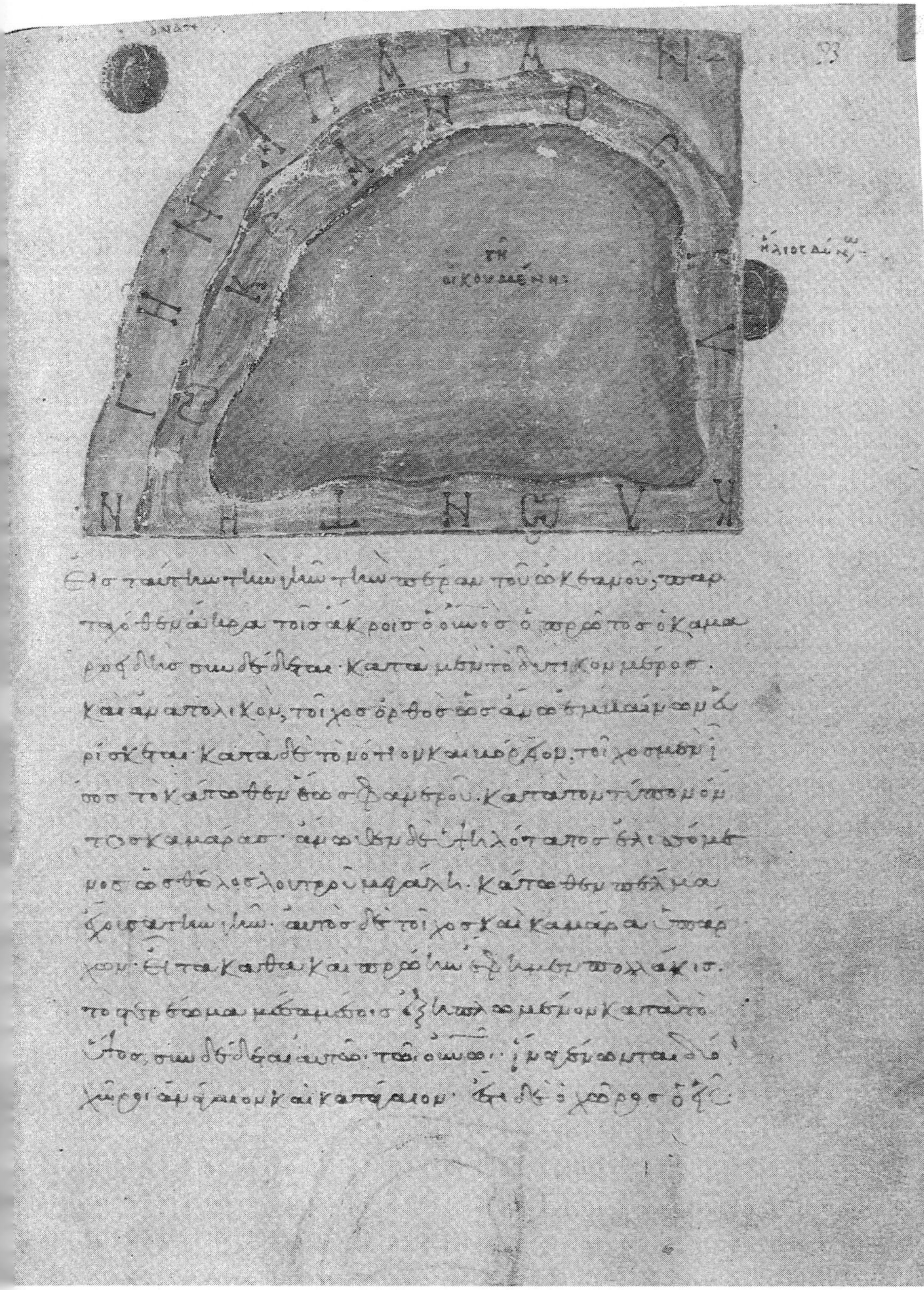
ΓΗ
ΟΙΚΟΥΜΕΝΗΣ
ἥλιος δύνων

quert, um zu Schiff in jenen Teil gelangen zu können, so daß sich auch dort aus jenem einen Menschen ein Menschengeschlecht gebildet hätte. Deshalb beschränkt sich unsre Frage nach dem auf Erden pilgernden Gottesstaat in seinem Fortbestand nach der Sündflut und der Arche in den Söhnen Noes auf jene damals auf Erden lebende Menschheit, die in zweiundsiebzig Völker mit ebenso vielen Sprachen aufgeteilt gewesen ist. Und zwar ist dieser Fortbestand durch die Segnungen eben jener Söhne Noes gewährleistet, vor allem in der Nachkommenschaft des ältesten, der Sem hieß, da ja Japheth in der Weise den Segen empfing, daß er in den Häusern seines Bruders wohnen sollte. (Augustinus, Der Gottesstaat, XVI 9. Übers. von Carl Johann Perl)

Exponat Nr. 50: Lactantius, Divinae Institutiones, Venedig (per Vincentium benalium) 1493 mm 300x207.

Universitätsbibliothek Kiel: Ink. 117.

Ausgestellt: fol. gii^{v}/giii (auf dem Verso das Kap. XXIV: De antipodibus).
Abb. 68 (fol. gii^{v}).

Exponat Nr. 51: Cod. Laurentianus 9,28 10./11. Jahrhundert Pergament ff. 279 mm 255x180.
Illuminierte Handschrift der 'Christlichen Topographie' des Kosmas Indikopleustes.

Lit.: Cavallo (Hrsg.), Due mondi 118-119 usw.

Ausgestellt: Farbtafeln aus Cavallo (Hrsg.), Due mondi.
Abb. 69 (fol. 95^{v}) und 70 (fol. 92^{v}/93).

Exponat Nr. 52: Cod. Hamburgensis in Scrinio 5 1150-1170 Pergament ff. 229 mm 430x320.
Augustinus, De civitate Dei.

Lit.: Brandis, 33-34.

Ausgestellt: fol. 140^{v}/141 (mit der oben zitierten Stelle XVI 9).
Abb. 71.

Lit.: Andrews, Michael C.: The Study and Classification of Medieval Mappae Mundi, in: Archaeologia 2. Ser., 25 (1926) 61-76. - Uhden, Richard: Zur Herkunft und Systematik der Mittelalterlichen Weltkarten, in: Geographische Zeitschrift 37 (1931) 321-340. - Uhden, Richard: Die Weltkarte des Martianus Capella, in: Mnemosyne 3. Ser., 3 (1935-36) 97-124. - Uhden, Richard: Die Weltkarte des Isidorus von Sevilla, in: Mnemosyne 3. Ser., 3 (1935-36) 1-28. - Stahl, William Harris: Astronomy and Geography in Macrobius, in: Transactions and Proceedings of the American Philological Association 73 (1942) 232-258. - Mette: Sphairopoiia. - v. den Brincken, Anna Dorothee: Die Kugelgestalt der Erde in der Kartographie des Mittelalters, in: Archiv für Kulturgeschichte 58 (1976) 77-95. - Stevens, Wesley M.: The Figure of the Earth in Isidore's "De natura rerum", in: Isis 71 (1980) 268-277. - v. den Brincken (1992).

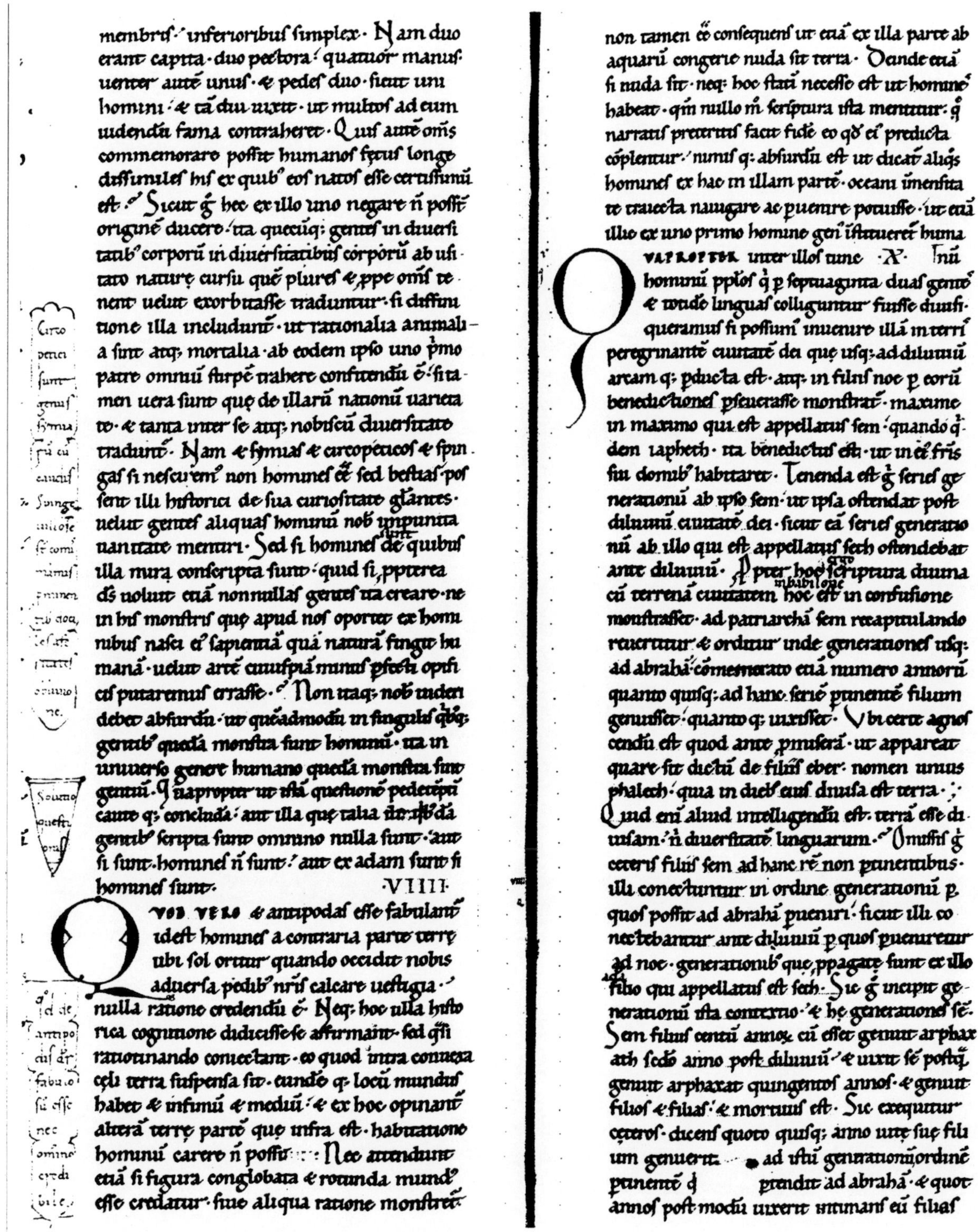
membris · inferioribus simplex · Nam duo
erant capita · duo pectora · quatuor manus ·
uenter autē unus · & pedes duo · sicut uni
homini · & tā diu uixit · ut multos ad eum
uidendū fama contraheret · Quis autē omīs
commemorare possit humanos fetus longe
dissimiles his ex quib' eos natos esse certissimū
est · Sicut g̃ hec ex illo uno negare ñ possit
originē ducere · ita quecūq; gentes in diuersi
tatib' corporū in diuersitatibus corporū ab usi
tato nature cursu quē plures & ppe omīs te
nent uelut exorbitasse traduntur · si diffini
tione illa includuntur · ut rationalia animali
a sint atq; mortalia · ab eodem ipso uno pmo
patre omniū stirpē trahere confitendū ē · si ta
men uera sunt quę de illarū nationū uarieta
te · & tanta inter se atq; nobiscū diuersitate
traduntur · Nam & symias & cercopitecos & spin
gas si nescirem' non homines ēē sed bestias pos
sent illi historia de sua curiositate gl̃antes ·
uelut gentes aliquas hominū nob impunita
uanitate mentiri · Sed si homines de quibus
illa mira conscripta sunt · quid si ppterea
ds̃ uoluit etiā nonnullas gentes ita creare · ne
in his monstris quę apud nos oportet ex homi
nibus nasci eī sapientiā quā naturā fingit hu
manā · uelut artē cuiuspiā minus pfecti opifi
cis putaremus errasse · Non itaq; nob uideri
debet absurdū · ut quēadmodū in singulis quibusq;
gentib' quedā monstra sunt hominū · ita in
uniuerso genere humano quedā monstra sint
gentiū · Quapropter ut istā questionē pedetēptī
caute q; concludā · aut illa que talia de ... dā
gentib' scripta sunt omnino nulla sunt · aut
si sunt · homines ñ sunt · aut ex adam sunt si
homines sunt · VIIII ·
QUOD VERO & antipodas esse fabulant'
id est homines a contraria parte terrę
ubi sol oritur quando occidit nobis
aduersa pedib' nr̃is calcare uestigia ·
nulla ratione credendū ē · Neq; hoc ulla histo
rica cognitione didicisse se affirmant · sed qsi
ratiocinando coniectant · eo quod intra conuexa
celi terra suspensa sit · eundē q; locū mundus
habet & infimū & mediū · & ex hoc opinant
alterā terrę partē quę infra est · habitatione
hominū carere ñ posse · Nec attendunt
etiā si figura conglobata & rotunda mund'
esse credatur · siue aliqua ratione monstret'
non tamen ēē consequens ut etiā ex illa parte ab
aquarū congerie nuda sit terra · Deinde etiā
si nuda sit · neq; hoc statī necesse est ut homines
habeat · qm̃ nullo m̃ scriptura ista mentitur · q̃
narratis preteritis facit fidē eo qd' eī predicta
cōplentur · nimis q; absurdū est ut dicat aliqs
homines ex hac in illam partē · oceani īmensita
te traiecta nauigare ac puenire potuisse · ut etiā
illic ex uno primo homine geñ īstitueret huma
QUAPROPTER inter illos tunc · X · ...
hominū pplos q̃ p septuaginta duas gentes
& totidē linguas colliguntur fuisse diuisi
queramus si possimus inuenire illā in terris
peregrinantē ciuitatē dei quę usq; ad diluuiū
arcam q; pducta est · atq; in filiis noe p eorū
benedictiones pseuerasse monstrat · maxime
in maximo qui est appellatus sem · quando q̃
dem iapheth · ita benedictus est · ut in eī fris
sui domib' habitaret · Tenenda est g̃ series ge
nerationū ab ipso sem · ut ipsa ostendat post
diluuiū ciuitatē dei · sicut eā series generatio
nū ab illo qui est appellatus seth ostendebat
ante diluuiū · Propter hoc scriptura diuina
cū terrenā ciuitatem ... hoc est in confusione
monstrasset · ad patriarchā sem recapitulando
reuertitur · & orditur inde generationes usq;
ad abrahā · cōmemorato etiā numero annorū
quanto quisq; ad hanc seriē ptinentē filium
genuisset · quanto q; uixisset · Ubi certe agnos
cendū est quod ante pmiserā · ut appareat
quare sit dictū de filiis eber · nomen unius
phalech · quia in dieb' eius diuisa est terra ·
Quid enī aliud intelligendū est · terrā esse di
uisam · ñ diuersitatē linguarum · Omissis g̃
ceteris filiis sem ad hanc rē non ptinentibus ·
illi conectuntur in ordine generationū p
quos possit ad abrahā perueniri · sicut illi co
nectebantur ante diluuiū p quos perueniretur
ad noe · generationib' que ppagate sunt ex illo
filio qui appellatus est seth · Sic g̃ incipit ge
nerationū ista contextio · & hę generationes sē ·
Sem filius centū annoꝝ cū esset genuit arphax
ath scđo anno post diluuiū · & uixit sē postq̃
genuit arphaxat quingentos annos · & genuit
filios & filias · & mortuus est · Sic exequitur
ceteros · dicens quoto quisq; anno uitę suę fili
um genuerit · ... ad ipsū generationū ordinē
ptinentē ... prendit ad abrahā · & quot
annos post modū uixerit intimans eū filias

Abb.: 71: Cod. Hamburgensis des Augustinus (1150-70) (= Nr. 52).

Im Mittelalter

Wenn eine Ausstellung auf die Voraussetzung und Bedeutung der Antike und ihrer Renaissancen für die Entdeckungsfahrt des Columbus von 1492 ausgerichtet ist, so wird das westliche Mittelalter im Hintergrund bleiben dürfen. Das bedeutet keineswegs, daß die Rolle etwa der an Wissensgut aus der Antike reichen naturhistorischen Enzyklopädien in all ihren Verzweigungen und Mischformen als gering veranschlagt wird. Ist doch gerade Pierre d'Ailly mit seiner 'Imago mundi' (Nr. 75) eine der wichtigsten Autoritäten des Columbus. Daß Aristoteles und seine spätantiken Kommentatoren auch im westlichen Mittelalter präsent sind, bedarf keiner weiteren Ausführungen. Man hat sogar Linien gezogen: z.B. Jourdain, Charles: De l'influence d'Aristote et de ses interprètes sur la découverte du Nouveau-Monde, in: Journal général de l'Instruction publique 1861, 495-506. - Mandonnet, Fr. P., O.P.: Les idées cosmographiques d'Albert le Grand et de S. Thomas d'Aquin et la découverte de l'Amérique, in: Revue Thomiste 1 (1883) 46-64, 200-221.

Trotz also anderer Prioritäten soll das westliche Mittelalter in wenigen ausgewählten Exponaten zu Worte kommen (darin zum Teil sogar etwas ausführlicher als sonst): zwei Fernreisen - eine reale und eine fiktive -, zwei Weltkarten und ein kosmologisches Kompendium.

Adam von Bremen

Die Fahrten der Wikinger sind durch Adam von Bremen in die lateinische historische Literatur eingegangen. In seiner Hamburgischen Kirchengeschichte, die er 1075/76 beendete (weitere Arbeit an seinem Handexemplar bis 1080/81), stellt das vierte Buch als eine Art Appendix die 'Descriptio insularum Aquilonis' dar. Sie ist in schlichter und nüchterner Sprache "eine historische Landeskunde der Gebiete, auf die sich die Missionsbemühungen und Metropolitanansprüche der bremisch-hamburgischen Kirche richteten." (F.-J. Schmale). Im 35. Kapitel des Buches werden die Orkneys beschrieben, Islands im 36., Grönland im 37., die Insel Helgeland im 38. Im 39. Kapitel geht es um eine nach dänischer Information weit im Ozean neu entdeckte Insel 'Winland'.

Außerdem erzählte er ⟨der Dänenkönig⟩, viele Männer hätten in diesem Ozean noch eine weite-

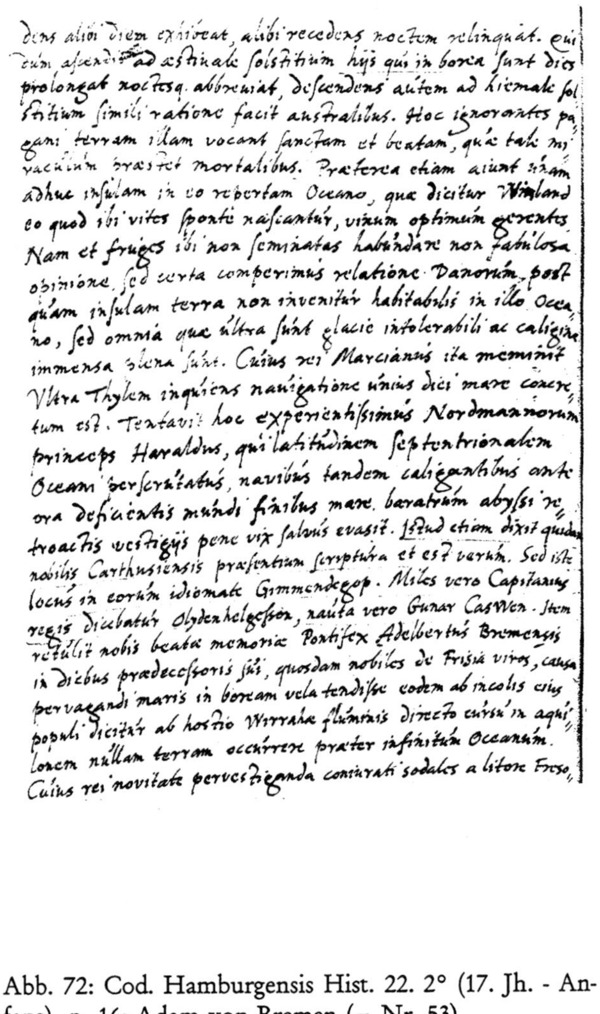
dens alibi diem exhibeat, alibi recedens noctem relinquat. qui
cum ascendit ad aestivale solstitium, hijs qui in borea sunt dies
prolongat noctesq. abbreviat, descendens autem ad hiemale sol
stitium simili ratione facit australibus. Hoc ignorantes pa
gani terram illam vocant sanctam et beatam, quae tale mi
raculum praestet mortalibus. Praeterea etiam aiunt unam
adhuc insulam in eo repertam Oceano, quae dicitur Winland
eo quod ibi vites sponte nascantur, vinum optimum gerentes.
Nam et fruges ibi non seminatas habundare non fabulosa
opinione, sed certa comperimus relatione Danorum. post
quam insulam terra non invenitur habitabilis in illo Occea
no, sed omnia quae ultra sunt glacie intolerabili ac caligine
immensa plena sunt. Cuius rei Marcianus ita meminit
Ultra Thylem inquiens navigatione unius diei mare concre
tum est. Tentavit hoc experientissimus Nordmannorum
princeps Haraldus, qui latitudinem septentrionalem
Oceani perscrutatus, navibus tandem caligantibus ante
ora deficientis mundi finibus mare, baratrum abyssi re
troactis vestigijs pene vix salvus evasit. Istud etiam dixit quidam
nobilis Carthusiensis praesentium scriptura et est verum. Sed iste
locus in eorum idiomate Gimmendegop. Miles vero Capitaneus
regis dicebatur Olydenhelgeson, nauta vero Gunar Caswen. Item
retulit nobis beatae memoriae Pontifex Adelbertus Bremensis
in diebus praedecessoris sui, quosdam nobiles de Frisia viros, causa
pervagandi maris in boream vela tendisse, eo quod ab incolis eius
populi dicitur ab hostio Wirrahe fluminis directo cursu in aqui
lonem nullam terram occurrere praeter infinitum Oceanum.
Cuius rei novitate pervestiganda coniurati sodales a litore Freso,

Abb. 72: Cod. Hamburgensis Hist. 22. 2° (17. Jh. - Anfang), p. 16: Adam von Bremen (= Nr. 53).

re Insel entdeckt; sie heiße Winland, weil dort wilde Weinstöcke wachsen, die besten Wein bringen. Nicht ausmalenden Vermutungen, sondern zuverlässigen dänischen Berichten entnehme ich auch, daß dort ohne Aussaat reichlich Getreide wächst. [Nach dieser Insel, sagte er, findet man in diesem Ozean kein bewohnbares Land mehr, alles dahinter sei voll von unerträglichem Eise und unermeßlichem Dunkel. Martianus erwähnt das mit folgenden Worten: "Einen Tag Schiffsreise hinter Thule wird das Meer fest". Das hat der weiterfahrene Norwegerfürst Harald kürzlich selbst festgestellt. Als er mit seinen Schiffen die Weite des nördlichen Ozeans durchfuhr und schließlich vor seinen Augen der Raum am Ende der Welt sich verfinsterte, entkam er, umkehrend, nur mit Mühe unversehrt dem gähnenden Schlunde des Abgrunds.] (Adam von Bremen IV 39. Übers. von Werner Trillmich)

Exponat Nr. 53: Cod. Hamburgensis Hist. 22. 2° 17. Jahrhundert (Anfang) Papier (unbeschnitten) pp. 365 mm 330x208.

Die von Heinrich Lindenbrog (1570-1642), dem Bibliothekar des Herzogs Johann Adolf von Holstein auf Schloß Gottorp, geschriebene Handschrift enthält am Anfang die 'Descriptio insularum aquilonarium' des Adam von Bremen. Die Passage über das im Ozean entdeckte 'Winland' steht auf p. 16.

Lit.: Schmeidler, Bernhard (Hrsg.): Adam von Bremen, Hamburgische Kirchengeschichte (Scriptores Rerum Germanicarum), Hannover-Leipzig ³1917, XIV. - Quellen des 9. und 11. Jahrhunderts zur Geschichte der Hamburgischen Kirche und des Reiches: Rimbert Leben Angars. Adam von Bremen ..., neu übertr. von Werner Trillmich, Darmstadt 1978, 152. - (allg.) Schmale, Franz-Josef: Art. 'Adam von Bremen', in: Die deutsche Literatur des Mittelalters. Verfasserlexikon 1 (1978), Sp. 50-54.

Ausgestellt: p. 16/17.
Abb. 72 (Ausschnitt).

Jean de Mandeville

Der Autor eines um 1356 in französischer Sprache verfaßten Reiseberichtes gibt im Prolog und Epilog seines Werkes Auskunft über sein Leben: Er, der Ritter Jean de Mandeville, sei in St. Albans in England geboren und im Jahre 1322 ins Heilige Land aufgebrochen; nach 34 Jahren heimgekehrt, gebe er einen Bericht von seinen Fahrten, die ihn sogar bis nach Indien und China geführt hätten. Diese Vertrauen heischenden Ausführungen verdienen nicht den ungeteilten Glauben des Lesers, denn Jean de Mandeville ist nach den Erkenntnissen der modernen Forschung wahrscheinlich identisch mit Jean de Bourgogne dit à la Barbe, einem Lütticher Arzt, Naturforscher und Philosophen, der im östlichen Mittelmeer Entdeckungsreisen unternahm. In die ferner liegenden Regionen zog er hingegen nicht zu Wasser und zu Lande, hierhin trieb ihn vielmehr der Leseeifer, mit dem er aus mittelalterlichen Enzyklopädien und früheren Reiseberichten phantastische und ungeheuerliche Geschichten zur Bereicherung seines Büchleins schöpfte. Diese Neugier erwekkende Mischung aus angeblicher Authentizität und sensationellem Unbekannten war es vermutlich auch, die dem Werk zu einer großen Verbreitung verhalf, die sich an 250 Handschriften und zahlreichen Frühdrucken, mehreren Übersetzungen und ihren Überarbeitungen ablesen läßt.

Jean de Mandevilles heutigen Leser wird vor allem sein Bericht von der Kugelgestalt der Erde berühren: "Car la terre et la mer sont de ronde fourme" (Letts, 333)."Denn das Land und das Meer sind rund".

Zudem weiß er zu berichten, er habe in seiner Kindheit von einem Mann erzählen hören, der um die Welt gereist sei: *Als ich klein war, habe ich erzählen hören, wie ein trefflicher Mann unseres Landes einst aufbrach, um die Welt zu sehen. Er kam nach Indien ... und so weit zog er während vieler Jahreszeiten durch die Welt, daß er zu einer Insel kam, wo er seine Sprache vernahm ... Ich aber sage, daß er zu Lande und zu Wasser herumgeirrt war, bis daß er die ganze Welt umfahren hatte und auf dieser Fahrt zu seinem Land zurückgekehrt war.*

Es mag dahingestellt bleiben, ob diese Erzählung auf einer wahren Begebenheit beruht, es ist auch nicht eindeutig geklärt, ob der Bericht Jean de Mandevilles auf das Weltbild und die Entdeckungsreise des Columbus Einfluß hatten, wie die Memorias del reinado de los reyes católicos des Andrés Bernáldez († 1514), eines mit Columbus befreundeten zeitgenössischen Geschichtsschreibers, vermuten lassen:
"... y sintió cómo este mundo y firmamento de tierra y agua es todo andable en derredor por tierra y por agua, según cuenta Juan de Mandavilla". (cap. CXVIII) "... und er ⟨nämlich Columbus⟩ meinte, daß diese Welt und dieses Firmament aus Erde und Wasser ganz umreist werden können zu Lande und zu Wasser, wie es Jean de Mandeville berichtet."

Im Rahmen der Ausstellung wird auf zwei deutsche Übersetzungen verwiesen, die den Einfluß Jean de Mandevilles im deutschsprachigen Raum erkennen lassen.

Michel Velser, der vermutlich aus dem südtiroler Geschlecht der Herren von Vels stammt, hat den französischen Text wahrscheinlich vor 1393 ins Mittelhochdeutsche übersetzt und die ausführlichen Erörterungen Mandevilles über die Kugelgestalt der Erde in einem Satz zusammengefaßt.

Otto von Diemeringen, Domherr zu Metz im 14. Jahrhundert, hat die Reisen Mandevilles aus dem Französischen und Lateinischen ins Mittelniederdeutsche übertragen, die Passagen über die Kugelgestalt der Erde jedoch ausgelassen oder durch Ausführungen ersetzt, in denen Jerusalem ausdrücklich als Mittelpunkt der Welt genannt wird. K. Ridder hat aus diesen Änderungen auf ein christlich-traditionelles Weltbild Diemeringens geschlossen, der die Auffassung von der Kugelgestalt der Erde nicht geteilt und mit den genannten Eingriffen in den Text seinem Denken Ausdruck verliehen habe.

Lit.: Letts, M.: Mandeville's Travels. Texts and Translations, Vol. I-II, London 1953. - Bremer, E.: Jean de Mandeville, in: Verfasserlexikon. Die deutsche Literatur des Mittelalters 5, Berlin-New York 1985, Sp. 1201-1214. - Ridder, K.: Jean de Mandevilles "Reisen". Studien zur Überlieferungsgeschichte der deutschen Übersetzung des Otto von Diemeringen, in: Münchener Texte und Untersuchungen zur deutschen Literatur des Mittelalters 99, München-Zürich 1991. - Bremer, E. - Ridder, K. (Hrsg.): Jean de Mandeville, Reisen. Reprint der Erstdrucke der deutschen Übersetzungen des Michel Velser (Augsburg, bei Anton Sorg, 1480) und des Otto von Diemeringen (Basel, bei Bernhard Richel, 1480/81) (Deutsche Volksbücher in Faksimiledrucken, Reihe A, Band 21), Hildesheim 1991. - Baumgärtner, I.: Jean de Mandeville, in: Lexikon des Mittelalters 6, München-Zürich 1992, Sp. 188-189. - Gómez-Moreno, M. - Mata Carriazo, J. de (Hrsg.): Andrés Bernáldez, Memorias del Reinado de los reyes católicos, Madrid 1962.

Exponat Nr. 54: Michel Velser, Mittelhochdeutsche Übersetzung der Reisen des Jean de Mandeville, Augsburg (bei Anton Sorg) 1480.

Ausgestellt wird der lange verschollene Erstdruck in einem kürzlich erschienenen Reprint (Hildesheim 1991), pp. [116]/[117].
p. [117] Mitte (Velser resümiert Mandevilles Ausführungen über die Kugelgestalt der Erde): "Ich sag euch auch mit kurczen worten das ich vil red underwegen gelassen hab. Das einer mag das land umbfaren und das erdtreich und die welt und wider kommen in sein land do er auffsaß."

Abb. 73.

Exponat Nr. 55: Cod. Hamburgensis Geogr. 58. 2° Jahr 1447 Papier pp. 174 mm 287x210.

Otto von Diemeringen, Mittelniederdeutsche Übersetzung der Reisen des Jean de Mandeville.

Das schon von Ridder identifizierte Wasserzeichen Ochsenkopf wurde genauer geprüft: es ist sehr ähnlich Piccard (s. Nr. 72) Ochsenkopf

VII 281 (Bamberg/Venlo 1444-45) und bestätigt die in das Jahr 1447 datierte Subscriptio am Ende des Textes (p. 170).
p. 104 (Diemeringen geht auf Mandevilles Vorstellung von der Kugelgestalt der Erde nicht ein und beschließt das Kapitel mit einem in der Handschrift rot gekennzeichneten, lateinischen Psalmen-Zitat - 73,12): "unde dat bewyset David sulven de dar konigh was do he sprak et operatus est salutem in medio terrae".

Lit.: Ridder (s.o.), 55-56.

Ausgestellt: p. 104/105.
Abb. 74.

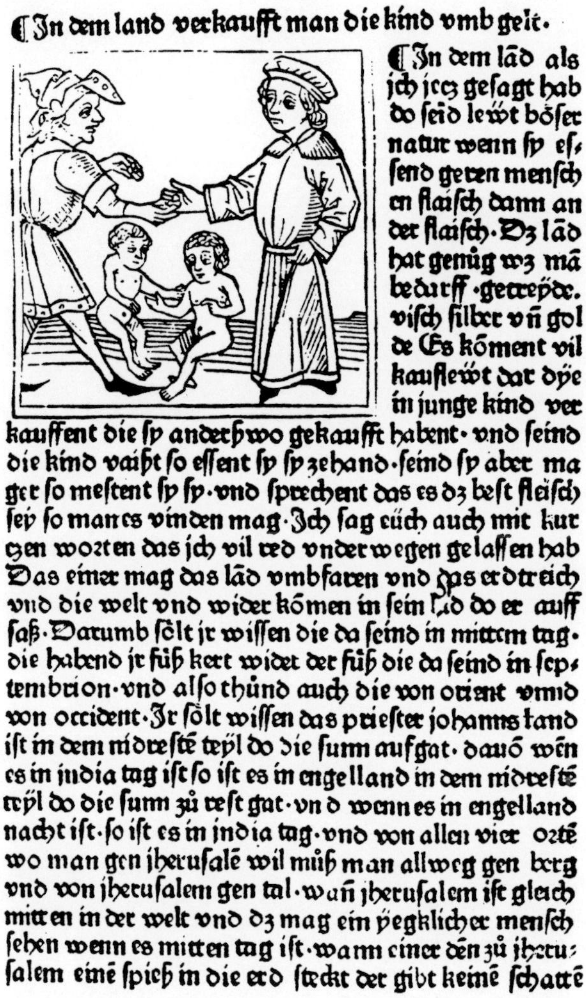
In dem land verkaufft man die kind vmb gelt.
In dem lād als
ich ieez gesagt hab
do seind lewt böser
natur wenn sy es-
send geren mensch
en flaisch dann an
der flaisch. Dz lād
hat genůg wz mā
bedurff . getrepde.
visch silber vñ gol
de Es kōment vil
kaufleẅt dar dye
in junge kind ver
kauffent die sy anderßwo gekaufft habent. vnd seind
die kind vaißt so essent sy sy zehand. seind sy aber ma
ger so mestent sy sy. vnd sprechent das es dz best fleisch
sey so man es vinden mag. Ich sag euch auch mit kur
czen worten das ich vil red vnderwegen gelassen hab
Das einer mag das lād vmbfaren vnd das erdtreich
vnd die welt vnd wider kōmen in sein lād do er auff
saß. Darumb sölt ir wissen die da seind in mittem tag.
die habend ir füß kert wider der füß die da seind in sep-
tembrion. vnd also thůnd auch die von orient vnnd
von occident. Ir sölt wissen das priester johanns land
ist in dem nidrestē teyl do die sunn aufgat. dauō wēn
es in india tag ist so ist es in engelland in dem nidrestē
teyl do die sunn zů rest gat. vnd wenn es in engelland
nacht ist. so ist es in india tag. vnd von allen vier ortē
wo man gen iherusalē wil můß man allweg gen berg
vnd von iherusalem gen tal. wañ iherusalem ist gleich
mitten in der welt vnd dz mag ein yegklicher mensch
sehen wenn es mitten tag ist. wann einer dēn zů iherusalem einē spieß in die erd steckt der gibt keinē schattē

Abb. 73: Mandeville in der dt. Übersetzung des Michel Velser (Inkunabel, Augsburg 1480), p. [117] (= Nr. 54).

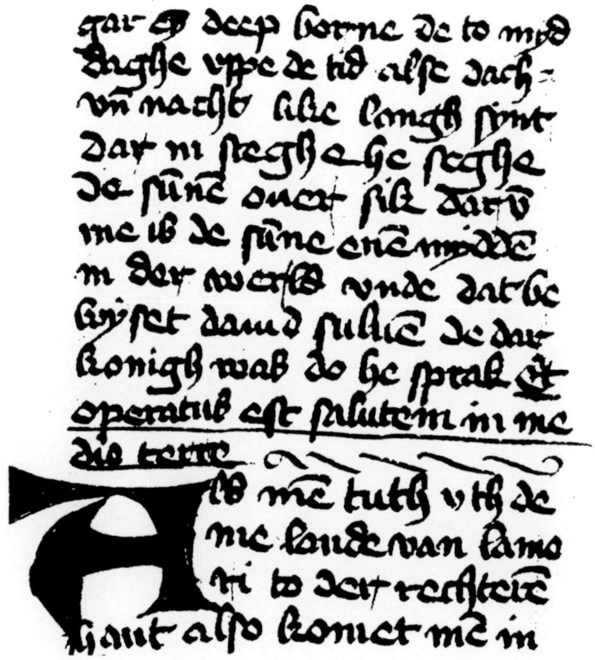
gar deep borne de to myd
dughe vppe de hovet alse dach
vnde nacht like lange synt
dar ny stegh he segghe
de sunne ouer sik dar v
me is de sunne ene midde
in der werlt vnde dat be
wyset dauid sulue de dar
konigh was do he sprak et
operatus est salutem in me
dio terre
Als me tuth vth de
me lande van Camo
ni to der rechteren
hant also komet me in

Abb. 74: Cod. Hamburgensis Geogr. 58. 2°: Mandeville in der dt. Übers. des Otto von Diemeringen (1447), p. 104 (Ausschnitt) (= Nr. 55).

Die Ebstorfer Weltkarte

Die bei Aufräumarbeiten im Kloster Ebstorf bei Uelzen um das Jahr 1830 zufällig aufgefundene und nach ihrem Fundort benannte Ebstorfer Weltkarte ist die vom Format größte und von der Darstellung reichhaltigste der bekannten mittelalterlichen Radkarten.

Auf der im Original 356x358 cm großen geosteten Kartenfläche ordnen sich die damals bekannten Erdteile Asien, Europa und Afrika in einem modifizierten T-Schema (Asien in der oberen Kartenhälfte, darunter, durch das Mittelmeer getrennt, links Europa und, separiert durch den Nil, rechts Afrika; vgl. zum Prinzip Abb. 67) kreisförmig um den Weltmittelpunkt Jerusalem. Die Karte bietet mit ca. 1.500 Zeichnungen sowie erklärenden Texten an den Kartenecken ein unvergleichliches Kompendi-

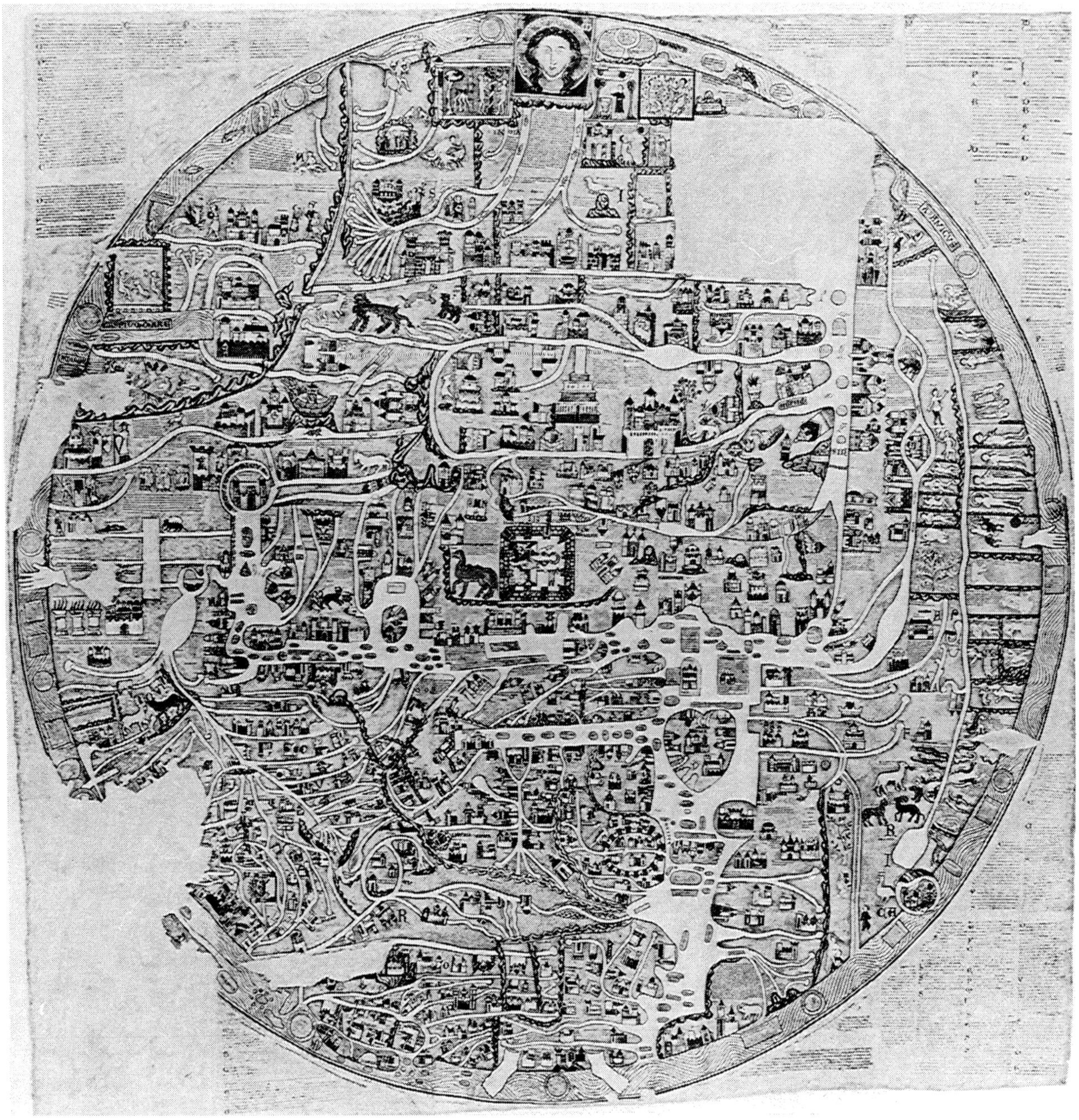

Abb. 75: Die Ebstorfer Weltkarte (nach dem Facsimile von Sommerbrodt) (= Nr. 56).

um hochmittelalterlichen Wissens.

Die jüngste Forschung ist dabei durch die Analyse fehlerhafter und mißverstandener Karteneinträge zu dem Ergebnis gelangt, daß das hier zum Ausdruck kommende Weltbild - aus Quellen verschiedenen Alters und verschiedener Qualität komponiert - prinzipiell offen für Veränderungen und Ergänzungen ist. Die früher bestehende Auffassung von einem statischen, abgeschlossenen Weltbild des Mittelalters, das sich diametral dem der Antike und der Renaissance entgegenstelle, ist aufgebrochen worden u.a. durch Arbeiten, die die Vorstellung der Erde als Kugel auf mittelalterlichen Karten nachweisen und diesen Gedanken auch auf der Ebstorfer Karte wiederfinden.

Indem im Mittelalter Wissenschaft, Weltanschauung und Kunst eine auf den Glauben gegründete Einheit bildeten, war eine realistische Abbildung der Erde nicht angestrebt worden. Die kartographische Form wurde vielmehr gewählt, um das geographische, naturkundliche, historische und politische Wissen mit dem religiösen und mythologischen Gedankengut in einer Synthese zu vereinen. Während sich der moderne Kartenbenutzer erst an den Gedanken gewöhnen muß, daß die Euklidische Geometrie nicht die einzige Möglichkeit bietet, Raum graphisch zu strukturieren, war dies für das Mittelalter die Norm.

So wurde Relevantes überproportional groß dargestellt (wie hier z.B. die Stadt Jerusalem) und die Geographie von Ländern und Erdteilen willkürlich verzerrt. Dies wird am Beispiel Afrikas deutlich, das eine ungekannte Ausdehnung nach Norden erfuhr. Hier scheint der u.a. von Isidor von Sevilla erwähnte und auf anderen mittelalterlichen Karten in der südlichen Hemisphäre lokalisierte, oftmals von Fabelwesen bewohnte Antipodenkontinent auf Afrika projiziert worden zu sein, mit der Konsequenz, daß Afrika die Ausmaße des Antipodenkontinents einnimmt und die Fabelwesen als Teil der Schöpfung Gottes aufnimmt. In einer mehr regional gebundenen Dimension ist besonders die Wiedergabe Norddeutschlands auffällig, die eine außergewöhnlich genaue Kenntnis der örtlichen Topographie und vergleichsweise viele Ortseinträge unter Anspielung auf welfische Besitzverhältnisse zeigt. Auch wurde der Darstellung von Gewässern so viel Raum gegeben, daß die Forschung von der ersten 'hydrographischen' Karte der Geschichte spricht.

In ihrer teleologischen Ausrichtung bezweckt die *Ebstorferin* die 'Schau', die Erkenntnis der Einheit von Mikro- und Makrokosmos: Kopf, Hände und Füße Christi lassen die Welt als Leib des Erlösers erscheinen. So wie der Leib Christi als Mikrokosmos die Welt insgesamt repräsentiert, verweist die Welt, der Makrokosmos, auf den Leib Christi zurück.

Die Ebstorfer Weltkarte, die in der Forschung als Idealtyp der mittelalterlichen Universalkartographie gilt, diente nach ihrer Auffindung im Kloster Ebstorf als Ausstellungsobjekt, wobei sie rechts oben durch Herausschneiden eines Kartenstücks beschädigt wurde. Nach ihrer Restaurierung und wissenschaftlichen Untersuchung in Berlin, wo die insgesamt 30 Pergamentblätter im Lichtdruckverfahren reproduziert wurden, verbrachte man die Karte nach Hannover. Dort ist sie durch einen Bombenangriff im Oktober 1943 zerstört worden.

In den 50er Jahren wurden 4 Nachbildungen in einem speziell entwickelten Druckverfahren angefertigt, von denen eine im Kloster Ebstorf, eine weitere im Museum für das Fürstentum Lüneburg aufgestellt wurde. Als Grundlage der Rekonstruktion wie auch der anhaltenden wissenschaftlichen Auseinandersetzung mit der Karte dienen Handzeichnungen und photomechanische Wiedergaben, z.T. handkoloriert, aus dem 19. Jahrhundert. Grundlegend sind die 25 Tafeln im Lichtdruckverfahren von Ernst Sommerbrodt, die 1891 veröffentlicht wurden, ferner, insbesondere für den Text, Konrad Miller (Hrsg.): Die ältesten Weltkarten, Heft 5: Die Ebstorfkarte, Stuttgart 1896.

Jedoch sind auch nach über 150 Jahren mehr oder weniger intensiver Auseinandersetzung mit der Ebstorfer Weltkarte Urheberschaft, Entstehungsort und Datierung noch immer umstritten. Insbesondere die Frage der Datierung hat zu reger Forschungstätigkeit geführt, deren Ergebnisse einen Zeitraum von mehr als 150 Jahren zwischen dem Anfang des 13. Jahrhunderts und dem Jahr 1370 zur Einordnung anbieten. Mit der Datierung hat sich die Frage der Autorschaft verbunden, bei welcher der Person des Gervasius von Tilbury (um 1152/60 bis nach 1220) eine Schlüsselfunktion zukommt. Die mehr von stilkritischen und paläographischen Gesichtspunkten bestimmten Forscher streiten dabei zwar den Einfluß des Gervasius auf die Karte nicht ab, deuten sie jedoch als Kopie von ca. 1280 zu einer älteren Vorlage. Als Entstehungsort wird neben Hildesheim, Lüneburg und Braunschweig hauptsächlich und neuerdings wieder Ebstorf vorgeschlagen.

Neben diesen Kardinalfragen hat die interpretatorische Auseinandersetzung mit der Karte bis vor kurzem eine nur untergeordnete Rolle gespielt. Dabei hatte Ernst Sommerbrodt bereits 1891 die kultur- und bewußtseinsgeschichtliche Bedeutung der Ebstorfer Weltkarte skizziert (S. 11): "Das Mittelalter mit seinem Glauben und seinem Aberglauben, mit seinem Hang zum Wunderbaren und Abenteuerlichen, mit seiner Gebundenheit an die Lehren der Kirche und mit seiner Abhängigkeit von dem durch die Römer überkommenen Wissen tritt uns hier in der anschaulichsten Weise entgegen. 'Illustrated romances' nannten daher die Herausgeber der Hereforder Mappa Mundi diese Art von Karten. Und schliesslich kündigt sich in der gesamten Vereinigung dieser Elemente auch schon die neue Zeit an. Denn während sich die früheren Jahrhunderte des Mittelalters mit rohen, dürftigen Kartenmachwerken und öden, geistlosen Kompendien begnügten, tritt uns hier eine Fülle des Stoffes, ein eifriges Sichversenken in das bessere Wissen der Römer, so weit es noch zu erreichen war, entgegen, kurz ein Streben, das wir als Vorläufer der Renaissance bezeichnen möchten, durch welches die Brücke geschlagen wurde zu den Römern und von da zu den Griechen, von der Reichskarte zu Ptolemäus und von da zu den großen Entdeckungen. Erst nachdem das Abendland sich so wieder versenkt hatte in die gute römische Überlieferung, war es in Stand gesetzt, die Erbschaft der Griechen anzutreten und mit deren Wissen ausgerüstet, weit über die Grenzen dessen hinauszugehen, was die Alten jemals erforscht hatten und neue Welteile der antik-christlichen Kultur zu erschliessen."

Lit. (Auswahl): Die Ebstorfer Weltkarte im Auftrage des Historischen Vereins für Niedersachsen ... herausgegeben von Ernst Sommerbrodt. Hierbei ein Atlas von 25 Tafeln im Lichtdruck, Hannover 1891. - Miller, Konrad (Hrsg.): Mappae mundi. Die ältesten Weltkarten, Heft 5: Die Ebstorfkarte, Stuttgart 1896. - Hahn-Woernle, Birgit: Die Ebstorfer Weltkarte, Stuttgart 1987. - Kugler, Hartmut (Hrsg.): Ein Weltbild vor Columbus. Die Ebstorfer Weltkarte. Interdisziplinäres Colloquium 1988, Weinheim 1991 - v. den Brincken.

Exponat Nr. 56: Die Ebstorfer Weltkarte.

Ausgestellt: Facsimile (im Maßstab 1:3) der Nachbildung von 1953, erschienen im Schuler-Verlag Stuttgart.
Abb. 75.

Die Walsperger Karte

Ebenso wie die Ebstorfer Weltkarte ist auch die Walsperger Karte ein einzigartiges Testimonium mittelalterlicher Universalkartographie.

In Konstanz im Jahr 1448 von dem Benediktiner Andreas Walsperger erstellt, steht die Karte in der Tradition der sog. Wien-Klosterneuburger Kartographenschule. In dieser Schule, die ihre Blütezeit zwischen 1430 und 1440 erlebte, entstand ein Kartentyp, der die auf Jerusalem als Weltmittelpunkt orientierte Weltkarte mit Elementen aus Ptolemaios und den Portolanen verband. Grundlage hierfür bildeten von der Schule angelegte Verzeichnisse mit ca. 2.000 geographischen Koordinaten, die in ein gitterförmiges Muster aus 12 Geraden, die von einem Mittelpunkt in die Richtungen der 12 Winde ausstrahlen und von 3 konzentrischen Kreisen geschnitten werden, eingezeichnet wurden. Spuren dieser Geographie in Form von strahlenförmigen Geraden sind auch auf der Walsperger Karte selbst zu finden.

Sie mißt 75x58,7 cm, wobei die Erde selbst einen Durchmesser von 42,5 cm, zusammen mit den Himmelssphären inklusive Planetenbahnen und Winden 57,5 cm hat. Unterhalb der Radkarte gibt es eine sechszeilige lateinische Legende:

Diese Figura enthält eine mappa mundi oder geometrische Beschreibung der Erde, erstellt nach der Kosmographie des Ptolemaios gemäß den Längengraden, Breitengraden und Klimaunterteilungen. Und mit einer wahrheitsgetreuen und vollständigen Karte für die Meeresnavigation. So kann jeder hier genau ersehen, wieviele Meilen eine Gegend oder Provinz von einer anderen entfernt ist oder auf welcher Fläche sie sich nach Osten, Westen, Süden und Norden erstreckt. Das Land ist weiß, das Meer grün, die Flüsse sind blau, die Gebirge verschiedenfarbig. Rote Punkte bezeichnen die christlichen Städte, schwarze die Städte der Ungläubigen auf dem Land und im Meer.

Wer also auf dieser Zeichnung messen will, wie viele Meilen ein Gebiet oder eine Stadt von einer anderen entfernt ist, nehme einen Zirkel und setze eine seiner Spitzen in die Mitte des Punktes, der durch den Namen einer Stadt gekennzeichnet ist, und die andere Spitze auf den Punkt der anderen gewählten Stadt. Dann lege er den so eingestellten Zirkel über die untenstehende Skala; auf dieser Skala entspricht jeder Strich, unabhängig von seiner Farbe, zehn deutschen Meilen. Zu beachten ist, daß eine deutsche Meile zehntausend Schritt enthält und ein Schritt zwei Fuß.

Autorenvermerk, Datum und Angabe des Entstehungsortes beschließen die Legende, die wie auch die Karte selbst, in verschiedener Hinsicht bemerkenswert ist: Noch vor dessen Wiederentdeckung in Deutschland berief sich Walsperger auf Ptolemaios als eine seiner Kartengrundlagen, wenngleich es scheint, daß das ptolemäische Weltbild dem mittelalterlichen nur dort aufgesetzt wurde, wo es nicht stört: Die Kugelvorstellung bleibt - wenn überhaupt - Beiwerk, indem der Radkarte die Klimata nach Ptolemaios einfach am Kartenrand durch Vignetten hinzugesetzt werden. Der noch immer die Erde umgebende Ozeangürtel ist im Gegensatz zu früheren christlichen Weltkarten vom Norden bis Nordosten recht breit, wird jedoch durch eine augenfällige Legende als unschiffbar ausgewiesen, wie auch das Meer im Nordwesten, das wegen Magnetismus unbefahrbar sei. Das Kaspische Meer ist darüber hinaus die seit den Vorsokratikern offene Ozeanbucht geblieben.

Walsperger zeigt ein auffälliges Interesse für den Norden von Asien und Europa, während er von der Portolankartographie wenig berührt ist. Das Interesse gilt primär den Menschen und nur sekundär den physikalischen Gegebenheiten der Erde, was auch die Auswahl des nach wie vor historisch bestimmten Materials zeigt, das sich hauptsächlich an der Heilsgeschichte und an Sagen der klassischen Antike orientiert. Wenngleich Jerusalem nicht mehr den Weltmittelpunkt bildet, erscheinen noch immer u.a. das irdische Paradies - hier als Blickfang am linken Bildrand - und die Fabelwesen, die von Afrika in die Antarktis verlegt worden sind.

Neben diesen der christlichen Universalkartographie verhafteten Reminiszenzen verfolgt die Walsperger Karte jedoch als erste ihrer Gattung einen dezidiert profanen Zweck; sie wurde als Gebrauchskarte entwickelt und dafür mit einer Unterweisung in die Benutzung eines Entfernungsmessers (vgl. Abb. 101) und mit einem Maßstab versehen, dessen Skala 430 mm lang und aufgeteilt in 18 von 100 bis 1.800 nume-

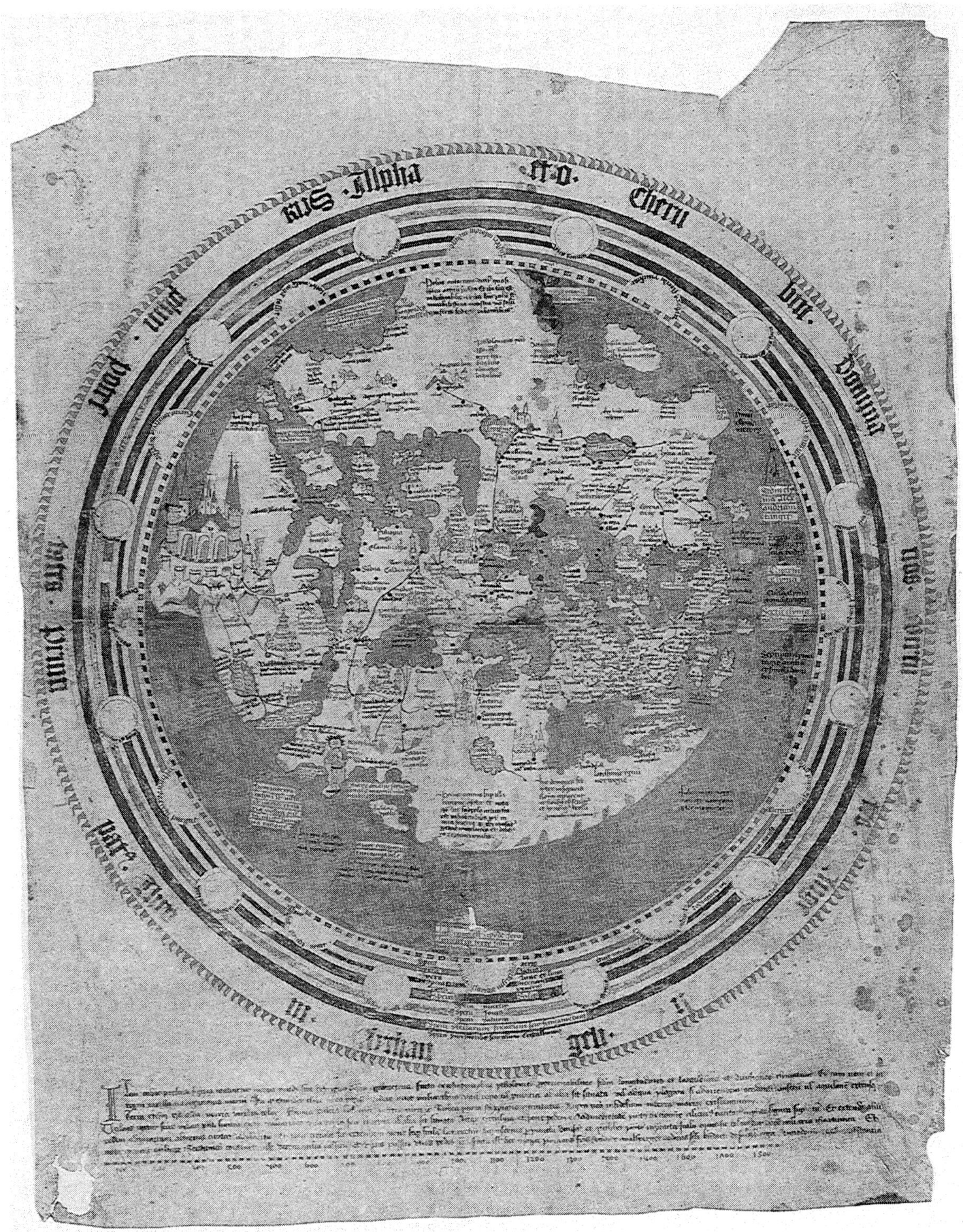

Abb. 76: Die Walsperger Karte (1448) (= Nr. 57).

rierte Abschnitte ist, die jeweils in 10 kleinere, abwechselnd schwarz und rot gezeichnete Bereiche unterteilt sind, von denen ein jeder 100 römischen Meilen entspricht.

Eine weitere Besonderheit ist ihre Südung, die die Walsperger Karte mit nur wenigen christlichen Weltkarten gemein hat, ist sie doch hauptsächlich das Kennzeichen der arabischen Kartographie.

"Insgesamt betrachtet ist die Variationsbreite der Weltkarten im Westen entschieden bescheidener als im Osten. Eine Anzahl aus der Antike bekannter Inseln ist zumeist von Plinius über Martin Capella, auch über Isidor, durch Lambert dem Mittelalter vermittelt worden und von dort in die Großkarten gelangt (...). Die Portolankarten führen hier zunächst kaum weiter und bleiben dem Mittelmeer verhaftet (...). Auf diesen Karten läßt sich ein Anreiz zur Westentdeckung nicht ausmachen, es sei denn, es handelt sich um den Nachweis des kürzesten und schnellsten Weges in den Osten. Das Meer war die große Unbekannte, für die Symbolisten Ort des Jüngsten Gerichts, dem der Mensch nicht entgegenstrebt, sondern das er als Schranke vor dem Paradies, dem Osten, fürchtet. (...) Mithin stellt auch die Ptolemaios-Renaissance in der ersten Hälfte des 15. Jahrhunderts das überkommene Weltbild nur langsam und stellenweise in Frage, zumal die großen Entdekkungen erst am Ende des Jahrhunderts gemacht wurden." (v. den Brincken, 166f., 147)

Die Walsperger Karte markiert den Übergang von den christlichen, auf das Heilsgeschehen orientierten Weltdarstellungen des Mittelalters hin zur profanen, zweckgerichteten Kartographie der Neuzeit und ist in ihrer Anlage und Komposition als frühe Seekarte bedeutsam, wenngleich von ihr noch nicht gesagt werden kann, daß sie zum Umschiffen der Erde animiere.

Lit.: Kretschmer, Konrad C. Heinrich: Eine neue Mittelalterliche Weltkarte der Vatikanischen Bibliothek, in: Zeitschrift der Gesellschaft für Erdkunde zu Berlin 26 (1891) 371-406. - Durand, Dana Bennett: The Vienna-Klosterneuburg Map Corpus of the Fifteenth Century. A Study in the Transition from Medieval to Modern Science, Leiden 1952. - Manoscritti cartografici e strumenti scientifici nella Biblioteca Vaticana. Secc. XIV-XVII. Mostra organizzata in occasione della IX Conferenza internazionale di storia della cartografia (Giugno-Dicembre 1981), Rom 1981. - v. den Brincken.

Exponat Nr. 57: Die sog. Walsperger Karte. Biblioteca Apostolica Vaticana, Pal. lat. 1362 B.

Ausgestellt: Facsimile im Originalformat des Belser Verlags Zürich.
Abb. 76.

Johannes de Sacrobosco

Johannes de Sacrobosco ist vermutlich englischer Abstammung (Holywood > Sacrobosco) und lehrte in der ersten Hälfte des 13. Jahrhunderts in Paris Mathematik. Seine mathematischen und astronomischen Traktate zum Quadrivium waren ein integraler Bestandteil des mittelalterlichen Universitätsunterrichts und blieben teilweise bis ins 17. Jahrhundert in Benutzung. Sein "Tractatus de sphaera", der auf dem Almagest des Ptolemaios beruht, enthält die Grundlagen der geozentrischen Astronomie und behandelt im ersten Kapitel unter anderem die Krümmung der Meeresoberfläche.

Lit.: Krafft, F., in: Lexikon des Mittelalters 5, München-Zürich 1991, Sp. 598 - 599. - Der lateinische Text in Thorndike, L.: The Sphere of Sacrobosco and Its Commentators, Chicago 1949, 83.

Aufgeschlagen in beiden Exponaten das Kapitel: *Über die Krümmung der Wasseroberfläche (Quod aqua sit rotunda):*
Daß aber die Wasseroberfläche eine Krümmung hat und zur Rundheit (scil. der Erde) beiträgt, geht aus folgendem hervor. Man errichte ein Zeichen an der Meeresküste, ein Schiff segele aus dem Hafen und entferne sich so weit, daß ein Auge am Mastfuß das Zeichen nicht sehen kann. Wenn

das Schiff aber keine Fahrt macht, wird das Auge derselben Person, die jetzt am höchsten Punkt des Mastes ist, jenes Zeichen gut sehen. Aber das Auge dessen, der am Mastfuß steht, müßte das Zeichen besser sehen als der, welcher an der Spitze ist, wie aus den Linien hervorgeht, die von beiden zu dem Zeichen gezogen werden. Und es gibt keinen anderen Grund für diese Erscheinung als die Krümmung der Wasseroberfläche. Denn alle anderen Hindernisse wie Nebelbänke und aufsteigender Dunst können ausgeschlossen werden. (...)

Exponat Nr. 58: Johannes de Sacro Busto, Sphaera Mundi, Venedig (Erhard Ratdolt) 1485 mm 200x145.
fol. 5: Die Abbildung verdeutlicht die Argumentation des Textes, daß infolge der Krümmung der Meeresoberfläche ein Punkt am Lande (neben der Festung) vom Mastkorb des Schiffes aus gesehen werden kann, nicht aber vom Heck, weil die von dort zum Lande gezogene Linie das Wasser durchschneidet.

Staats- u. Universitätsbibliothek Hamburg: AC VII 233 (in dieser Ausgabe fehlt das Titelblatt).

Ausgestellt: fol. 4v/5 mit den Kapiteln: De caeli rotunditate (Schluß), Quod terra sit rotunda, Quod aqua sit rotunda, Quod terra sit centrum mundi.
Abb. 77.

Exponat Nr. 59: Cod. Hamburgensis Jacobi 33 15. Jahrhundert (Anfang) Papier ff. 140 mm 215x145.
Johannes de Sacro Busto, Sphaera Mundi.
fol. 113: Auch auf dieser Zeichnung soll die Krümmung der Meeresoberfläche erläutert werden. Ein Seemann im Mastkorb wird mit einem Gesicht dargestellt und mit 'oculus' bezeichnet. Von dort zieht der Kommentator eine Linie zum 'a' des Wortes 'terra', welches das Gestade darstellen soll. Auch vom Seemann, der neben dem Mast auf den Schiffsplanken steht, führt eine Linie zu diesem 'a', die jedoch den mit 'mare' bezeichneten Teil der Erdkugel durchkreuzt, während die Linie vom Mastkorb denselben nur tangiert.

Lit.: Maehler, Herwig: Die Handschriften der S. Jacobi-Kirche Hamburg, Hamburg 1967, 189-190.

Ausgestellt: fol. 112v/113.
Abb. 78.

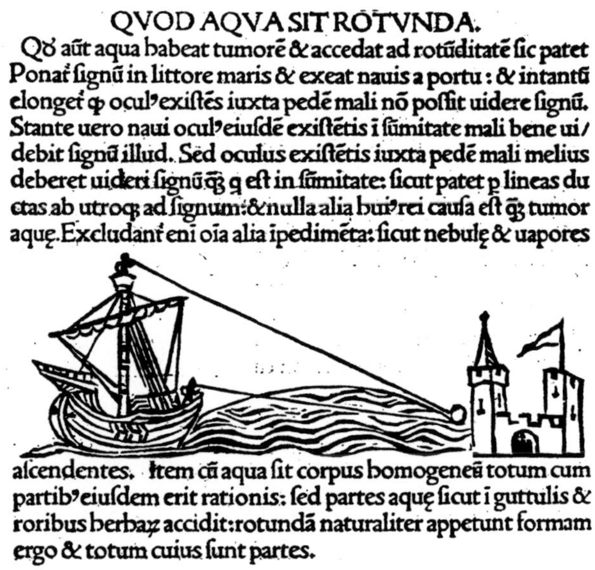
QVOD AQVA SIT ROTVNDA.
Qđ aũt aqua habeat tumorẽ & accedat ad rotũditatẽ sic patet
Ponat signũ in littore maris & exeat nauis a portu: & intantũ
elonget φ ocul' existẽs iuxta pedẽ mali nõ possit uidere signũ.
Stante uero naui ocul' eiusdẽ existẽtis i sũmitate mali bene ui/
debit signũ illud. Sed oculus existẽtis iuxta pedẽ mali melius
deberet uideri signũ q̃ q est in sũmitate: sicut patet p lineas du
ctas ab utroq; ad signum: & nulla alia hui' rei causa est q̃ tumor
aquę. Excludant eni oĩa alia ipedimẽta: sicut nebulę & uapores
ascendentes. Item cũ aqua sit corpus homogeneũ totum cum
partib' eiusdem erit rationis: sed partes aquę sicut i guttulis &
roribus herbaȝ accidit: rotundã naturaliter appetunt formam
ergo & totum cuius sunt partes.

Abb. 77: Johannes de Sacrobosco, Sphaera Mundi (Inkunabel, Venedig 1485), fol. 5 (Ausschnitt) (= Nr. 58).

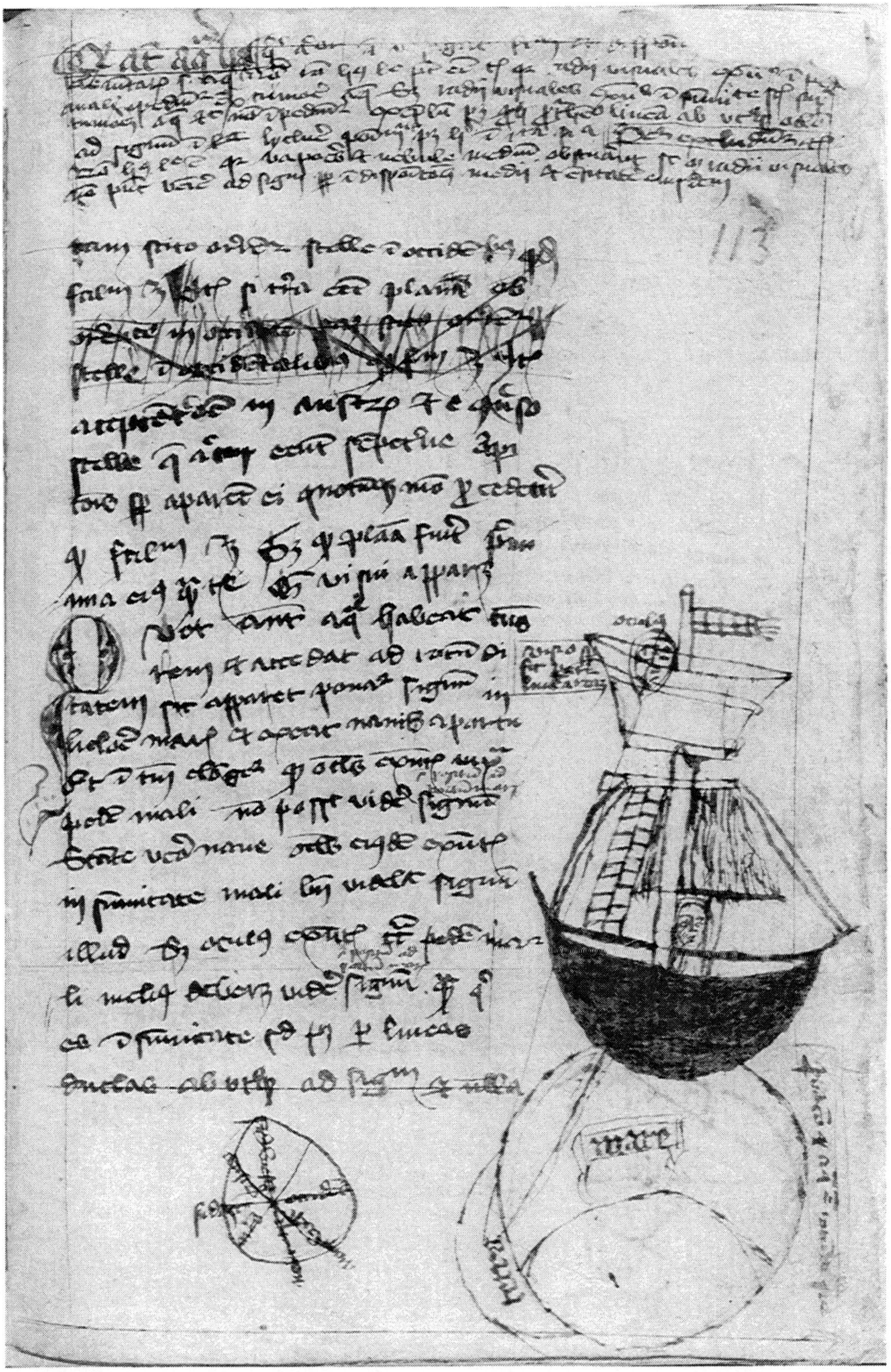

Abb. 78: Cod. Hamburgensis Jacobi 33 (15. Jh.), fol. 113 (= Nr. 59).

Griechisch-byzantinische Spezimina

In Byzanz wurden - was unsere Thematik angeht - nicht nur die Texte der Antike bewahrt, 'editorisch' und erläuternd bearbeitet und in Kopien verbreitet (vgl. oben, vor allem zu Homer, Platon, Aristoteles und Ptolemaios), auch eigene Anstrengungen sind unternommen worden. Ein Überblick über die im weitesten Sinne geographischen wissenschaftlichen Bemühungen findet sich bei Hunger, I, Kap. V, S. 505-542. Eine systematische Heuristik und Untersuchung der byzantinischen Quellen zum Weltbild und den damit verbundenen Detailfragen scheint bisher nicht geleistet zu sein. Sie ist umso mehr ein Desiderat der Forschung, als die westliche Mediävistik in den letzten beiden Dezennien gerade hier viel Fortschritt erzielt hat.

Vier kleine Mosaiksteine aus Byzanz sind im folgenden aufgelesen:

Exponat Nr. 60: Cod. Marcianus gr. 314 (733) 14. Jahrhundert Pergament ff. 286 mm 290x215.
Ausgestellt ist eine Photographie.

In diesem Manuskript mit hauptsächlich mathematisch-astronomischen Schriften des Ptolemaios finden sich im Anschluß an die 'Handtafeln' (Procheiroi Kanones) auch figürliche Darstellungen. Eine davon (auf fol. 222[v]) ist die in Photographie ausgestellte: eine griechische Weltkarte, die nach den Überlegungen von O. Neugebauer ihren Ursprung letztlich in Ägypten während der ersten zwei oder drei Jahrhunderte des römischen Reichs haben dürfte - also im eigentlichen Sinne kein byzantinisches Stück ist. Diese Zonenkarte läßt uns auch einen Blick in die heidnische Unterwelt werfen: im unteren Bereich öffnet sich ein tiefer Schlund hinab zu den Flüssen der Unterwelt und zum Acherusischen See. Neugebauer hat die Karte, die in mehreren Handschriften vorkommt, transkribiert und detailliert analysiert; auf seinen Aufsatz sei für alles weitere verwiesen: Neugebauer, O.: A Greek World Map, in: Le Monde Grec. Hommages à Claire Préaux, Brüssel 1975, 312-317. "A Map of the here described kind must have become the prototype of a whole class of mediaeval world maps, preserved in Isidorus of Seville's *De natura rerum.*"

Lit.: Mioni, 26-28.

Abb. 79.

Exponat Nr. 61: Anonymus, 'Diagnose mathematischer Geographie' im Cod. Parisinus Suppl. gr. 443A 14. Jahrhundert Pergament.
Ausgestellt ist eine Photokopie.

Der Traktat ist sowohl in die Spätantike als auch in die Palaiologenzeit (13./14. Jahrhundert) datiert worden. Er wird hier hauptsächlich wegen seiner Figuren auf der ersten Seite des Texts präsentiert. Sie illustrieren die Textaussage, daß die Oikumene ein Viertel der ganzen Erde darstelle; die Grenzen und Größenverhältnisse sind in Graden, Stadien und Stunden angezeigt.

Lit.: Diller, Aubrey: The Anonymous Diagnosis of Ptolemaic Geography, in: Classical Studies in Honor of William Abbott Oldfather, Urbana 1943, 39-49.

Abb. 80.

Georgios Gemistos Plethon

Plethon (um 1355-1452), der 'letzte der Hellenen' aus Mistra, ist zweifellos die führende intellektuelle Persönlichkeit im ausgehenden byzantinischen Reich. Im Jahre 1438/39 weilte er auf dem Unionskonzil in Ferrara - Florenz, wo er einen großen Eindruck bei den Koryphäen der italienischen Renaissance hinterließ. Die 'platonische Akademie' der Medici in Florenz

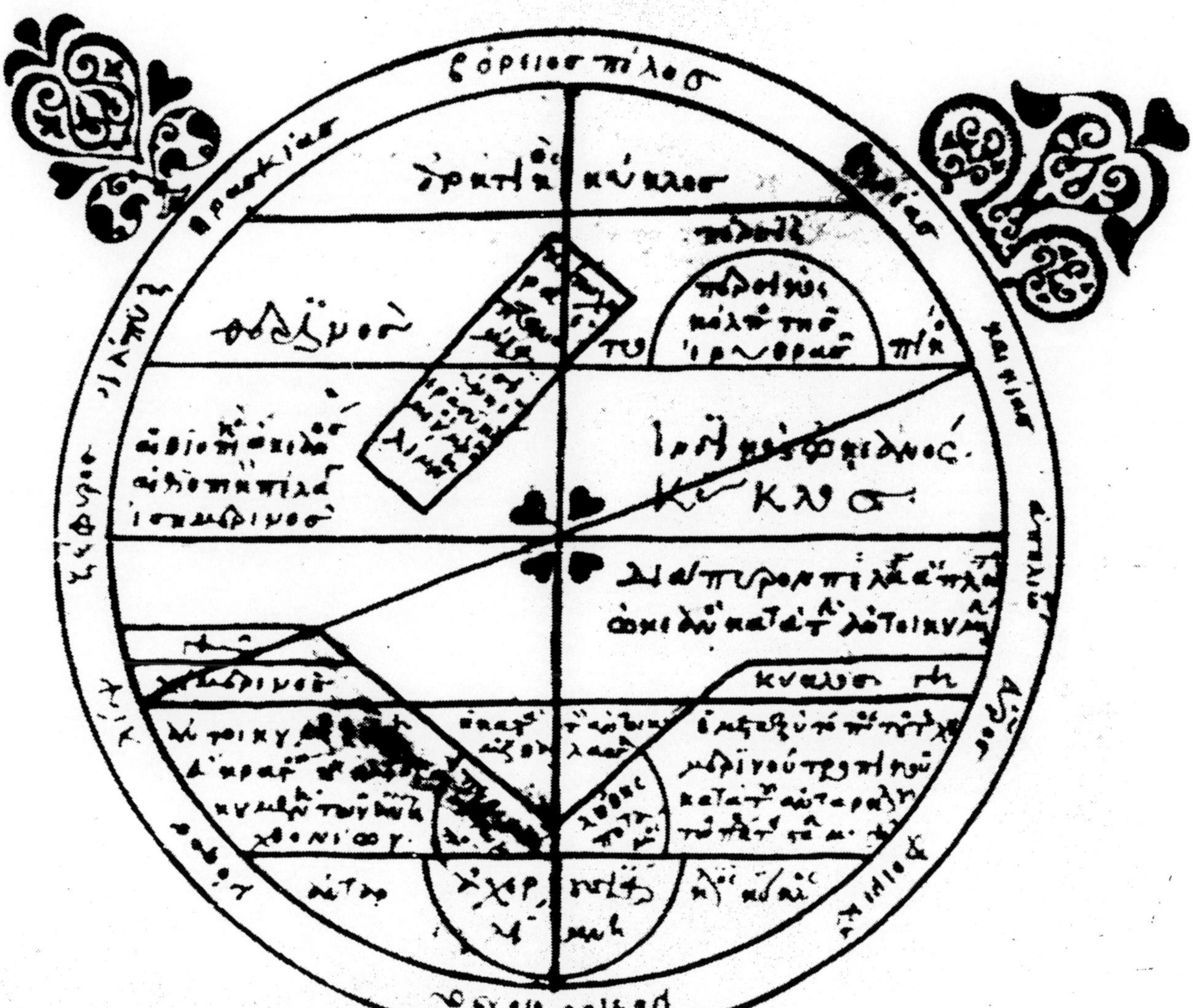

Abb. 79: Cod. Marcianus gr. 314 (733) (14. Jh.), fol. 222^v (= Nr. 60).

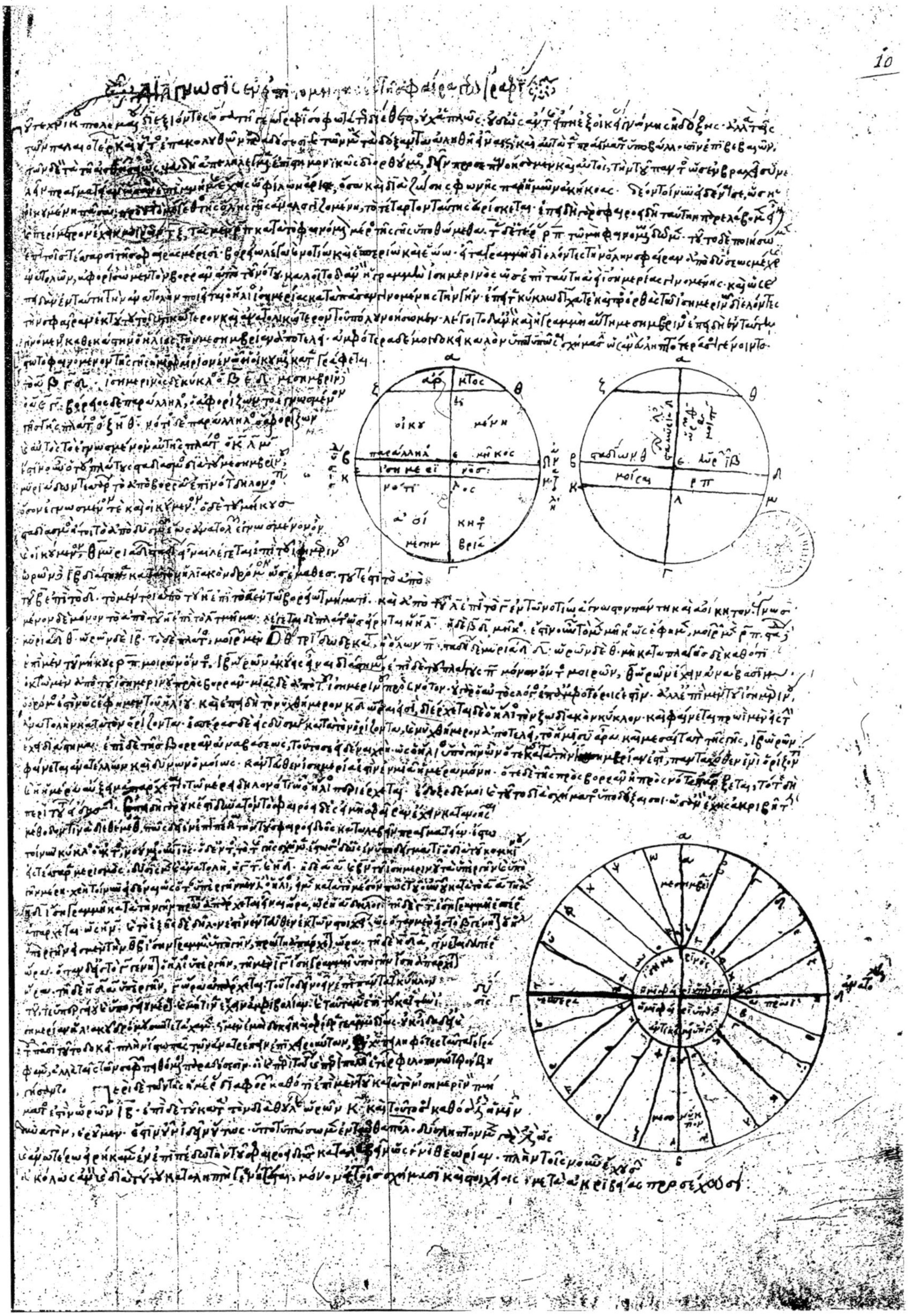

Abb. 80: (Photo: Bibliothèque Nationale Paris): Cod. Parisinus Suppl. gr. 443A (= Nr. 61).

geht auf seinen inspirierenden Einfluß zurück.

Plethon war geographisch interessiert; unter seinen umfangreichen Exzerpten aus klassisch-griechischen Schriftstellern finden sich auch solche aus Strabon. Er exzerpiert zunächst Abschnitte zum Thema 'Über die Gestalt der Oikumene' aus dem 2. Buch des Strabon und fügt dann einen eigenen Kurztraktat an, eine Diorthosis zu einigen Fehlern des Strabon im 2. Buch. Diese Diorthosis geht aber - abgesehen von einigen Ergänzungen aus Aristoteles und vor allem Ptolemaios - über die Grundkenntnisse des Strabon kaum hinaus.

Zwei zeitgenössische Quellen - eine über Skandinavien, eine andere über Rußland - sind allerdings eingearbeitet. Wie er selbst sagt, habe er für Nordeuropa eine Karte studieren können, die ihm Paolo (dal Pozzo Toscanelli) aus Florenz (vgl. Nr. 64) gezeigt habe. Paolo habe sie von einem Dänen - man weiß heute, daß es Claudius Clavus war - erhalten. A. Diller hat den Hintergrund, alle Implikationen und die Details nicht nur zu dieser Frage behandelt und die Diorthosis neu ediert (auf ihn sei für alles weitere verwiesen: Diller, Aubrey: A Geographical Treatise by Georgius Gemistus Pletho, in: Isis 27 [1937] 441-451).

Lit.: Diller (s.o.). - Anastos, Milton V.: Pletho and Strabo on the Habitability of the Torrid Zone, in: Byzantinische Zeitschrift 44 (1951) 7-10. - derselbe: Pletho, Strabo and Columbus, in: Annuaire de l'Institut de Philologie et d'Histoire Orientales et Slaves (Mél. H. Grégoire) 12 (1952) 1-18.

Exponat Nr. 62: Cod. Marcianus gr. 379 (520) 15. Jahrhundert (1. Hälfte) Papier ff. 350 mm 220x140.

Ausgestellt ist eine Photographie.

Die Exzerpte aus Strabon und die Diorthosis des Plethon finden sich am Anfang der Handschrift, die in diesem Teil von Plethons eigener Hand stammt (Autographon).

Lit.: Mioni, 136-137.

Ausgestellt: fol. 12ᵛ/13 (dort auf fol. 13ᵛ, Zeilen 8-10 die Erwähnung des Paolo dal Pozzo Toscanelli).
Abb. 81.

Georgios Amirutzes

Anders als Plethon ist Georgios Amirutzes (um 1400 bis nach 1469) außerhalb der byzantinistischen Fachkreise kaum bekannt; auch er hatte am Konzil in Ferrara - Florenz teilgenommen. Der zunächst in Trapezunt tätige Philosoph und Theologe spielte später eine wichtige Rolle am Hof des Eroberer-Sultans Mehmet II.

Hatte das Exponat Nr. 18 auch dem Ziel gedient, eine mögliche Schriftprobe des Amirutzes der Forschung an die Hand zu geben, so gilt unsere Aufmerksamkeit hier seinen kartographischen und geographischen Anstrengungen, die bisher in der Forschung kaum beachtet worden sind.

Als er aber zufällig auch auf die Karten des Ptolemaios stieß, auf welchen jener mit wissenschaftlicher und philosophischer Einsicht die gesamte geographische Gestalt der Welt und ihren Umriß darstellt, wollte er diese zunächst einmal, da sie in dem Buch in lauter kleine Teile zerlegt ist und man sich schwer hindurchfinden kann, auf eine einzige Leinwand übertragen lassen, zusammengefaßt in einem Stück und auf einer Karte, da sie auf diese Weise klarer erkennbar sei und es einem leichter falle, sie sowohl im Ganzen geistig zu erfassen als auch sich einzuprägen und dann genau zu kennen. Denn ihm schien dieses Wissen notwendig und sehr wichtig zu sein. Er ließ also Georgios, den Philosophen, zu sich kommen und übertrug ihm die schwierige Durchführung dieser Aufgabe, ein seiner Würde und Größe als Sultan angemessenes Unternehmen. Und dieser unterzog sich ihr gern und war dem Vorhaben und Geheiß des Sultans bereitwillig zu Diensten. Und er nahm also das Buch zur Hand, und nachdem er sich den ganzen Sommer hindurch damit beschäftigt, es eingehend studiert und sich eine

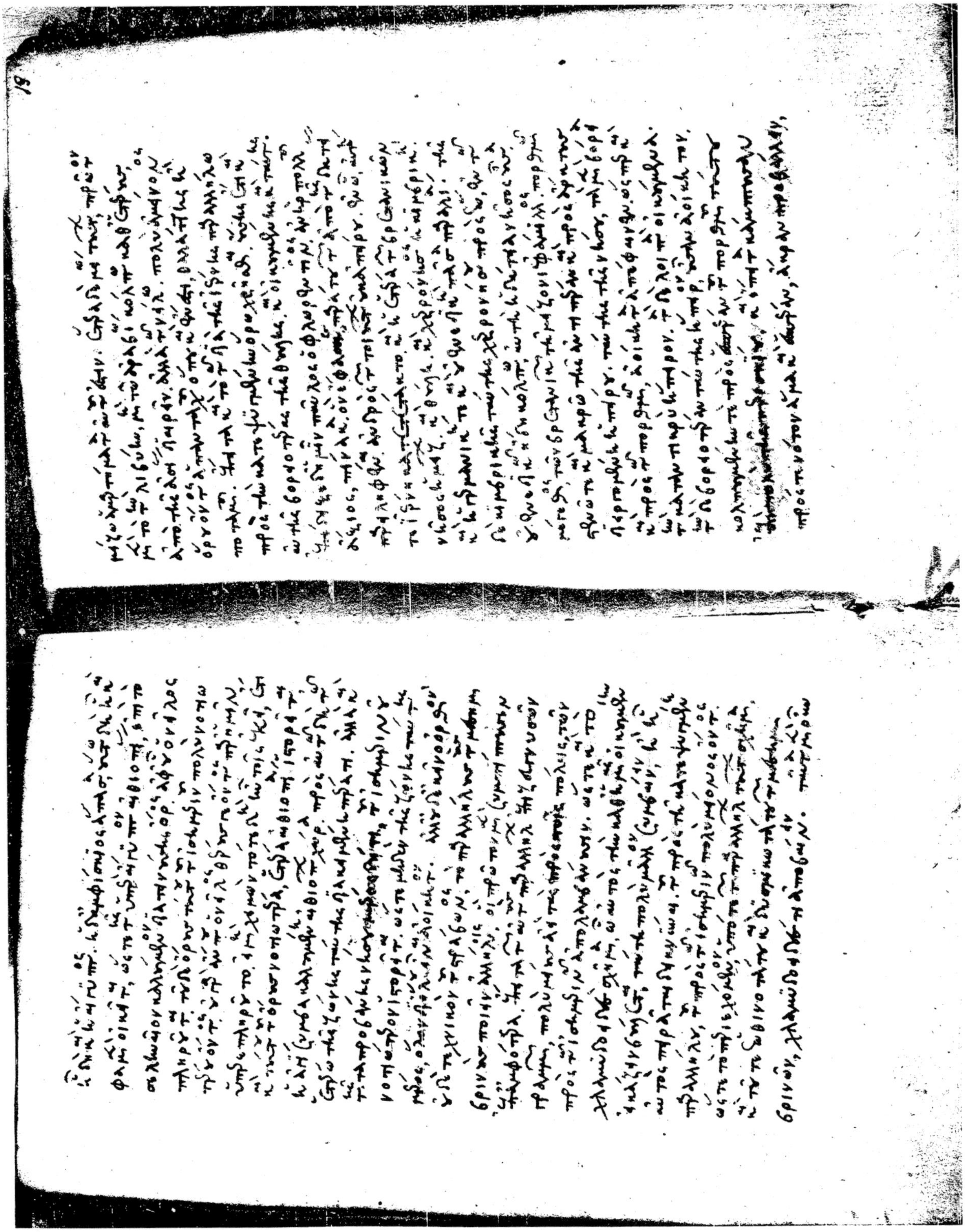

Abb. 81: Cod. Marcianus gr. 379 (520) (15. Jh., 1. Hälfte), Autographon des Plethon, fol. 12ᵛ/13 (= Nr. 62).

ausreichende Kenntnis von ihm verschafft und das in ihm enthaltene Wissen in sich aufgenommen hatte, zeichnete er in vortrefflicher Weise und mit großem Sachverstand die Gesamtdarstellung der Erde, sowohl der Landmasse als auch des Meeres, in einem Stück und auf einer Karte, ich meine Flüsse, Seen, Inseln, Gebirge, Städte und schlechthin alles, indem er auch Richtmaße, Maßstäbe und Entfernungen und alles übrige darauf verzeichnete, so daß man die richtige Kenntnis davon erhielt. Und er übergab dem Sultan damit ein Studien- und Lehrwerk, welches für alle wissenschaftlich interessierten, lernbegierigen und der höheren Kultur gegenüber aufgeschlossenen Menschen dringend notwendig und nützlich ist. Er gab aber auch in arabischer Sprache die Namen der Länder, Gebiete und Städte auf der Karte an, wobei ihm sein eigener Sohn als Dolmetscher diente, da dieser sowohl in der arabischen wie in der griechischen Sprache gut bewandert war. Über dieses Werk nun war der Sultan hoch erfreut, und er bewunderte Weisheit und reiche Kenntnis des Ptolemaios, aber auch desjenigen, der dieses Werk so anschaulich dargestellt hatte, und er beschenkte ihn daher auf vielfältige und großzügige Weise und befahl, sie sollten das gesamte Buch in arabischer Sprache herausgeben, indem er ihnen große Belohnungen und Geschenke dafür in Aussicht stellte. Und soviel nun hierüber.

Dieses Zitat aus dem Geschichtswerk des Kritobulos von Imbros über die ersten Regierungsjahre des Sultans Mehmet Fatih (Mehmet II. erobert Konstantinopel. Das Geschichtswerk des Kritobulos von Imbros, übers., eingel. u. erkl. von Diether Roderich Reinsch, Graz 1986, dort S. 280-282) spricht aus sich heraus (vgl. auch Deissmann, wie oben Nr. 30, S. 27-34).

Amirutzes hat sich nicht nur den Karten des Ptolemaios gewidmet, er hat auch einen eigenen geographischen Traktat verfaßt. Dieser scheint im Griechischen nicht herausgegeben zu sein, möglicherweise ist er im Original nicht einmal erhalten. Die lateinische Übersetzung in einem Nürnberger Frühdruck ist ausgestellt.

Exponat Nr. 63: Georgios Amirutzes, De his quae geographiae debent adesse Frühdruck von 1514.

In hoc opere haec cõtinentur/ Noua translatio primi libri Cl. Ptolomaei (etc.), Nürnberg 1514 mm 300x200.

Herausgeber des Bandes ist der Nürnberger Astronom und Mathematiker Johannes Werner (1468-1528), der auch eigene Opuscula beigesteuert hat, unter anderem: In idem Georgii Amirucii opusculum ... Appendices.
Der Traktat des Amirutzes beginnt auf fol. i ii.

Lit.: Legrand, Émile: Bibliographie Hellénique, III, Paris 1903, Nr. 167, S. 194-205.

Universitätsbibliothek Tübingen: Cd 4415.2°.

Ausgestellt: fol. i i^v/ii.
Abb. 82.

---

politani opuſculũ a me fideliter recognitũ:atq; ipſi⁹ appẽdices Reuerẽdiſſime dñe & Illuſtriſſ.prin
ceps: celſitudini tuæ deuotiſſime dedico ſuppliciter orans ne eiuſdem opuſculi exilitatem: ipſiuſq;
appendices ꝓ ingenii modulo:a me vtcunq; lucubratas aſpernari velit: hæc ipſa deinde patiaẽ ſui
nominis ſuffulta præſidio ac auctoritate quæ p Germaniã haud mediocris exiſtit publica quoq;
donari lucæ:vt cunctis geographiæ ſtudioſis:nedum ingentem afferant cõmoditatẽ:verumetiam
maximæ exiſtant voluptati. Vale Germanoꝝ antiſtitum decus ac ornamentũ maximũ. Ex Nu-
renberga anno noſtræ ſalutis Milleſimoquingenteſimodecimoquarto.

De his quæ geographiæ adeſſe debent Georgii Amirucii opoſculum.

Voniã neceſſariũ quidem eſt ſcienter de terræ ſitu ſcribẽti cognoſcere circũferentiã:quæ
q inter duo puncta ſm verticem locoꝝ datorum in geographia quãta ſit ſm propriũ circu-
lum:quanta videlicet pars eius ſit & ſm maximũ. hinc eñ diſtantiæ cum terræ totius tum
partium ſm menſuras ex poſitiõe capiunẽ:quod ad geographiã manifeſte pertinet. Hoc aũt non
licet vbiq; capere ab ipſa geograpghica tabula: ſed earum ſane quæ ſub eodẽ parallelo ſũt quãtitas
interiacẽtis circũferẽtiæ circuli per ipſas ſcripti ſm ꝓpriũ circulũ daẽ ſolũmodo. De his vero quæ
ſub aliis parallelis & meridianis ſunt nihil penitus illic determinatũ eſt:vnde nam quãtitas ipſius ca
pi poſſit neutro modo. Prætermiſſa aũt ſunt vt quæ ex mathematica compoſitione capi poſſit: ve-
rũtamẽ ſine methodo hæc accipi non facile poſſunt: nec a quolibet volente: exiſtimaui oportere
methodũ quandã de his ex diſciplinis ædere vt liceat prompte quæſitum inuenire. Hæc autẽ vtili-
tas ex hac methodo emergit: vt non ſolum domi ſedentes ciuitates oẽs inueniamus quantũ tam
inuicẽ quã ab extremis habitabilis finib⁹:tam ſm lõgitudinẽ ꝙ ſm latitudinẽ diſtent. Sed etiã vt ad
imperatorias actiones audacia quædã cum prudentia acquiraẽ. Etẽm ignoratio locoꝝ in quibus
imperatoriæ actiones fiunt metum inducit ac tarditatẽ: experientia autem & cognitio fiduciam &
promptitudinẽ ad agendũ. Quibus igiẽ vita in armis ob gloriam & laus ex tropeis præ cæteris in
precio eſt vtile eſſet vtiq; hanc tenere. Neceſſe eſt igitur data loca quoꝝ interiacens ſm verticẽ pun-
ctorum quæriẽ circũferẽtia:aut ſub eodem quidẽ eſſe meridiano: ſub aliis aũt parallelis aut ſub eodem parallelo ſub aliiſq; meridianis:aut neq; ſub eodem meridiano neq; ſub eodẽ parallelo ſed ſub
aliis. Si igiẽ ſub eodẽ quidẽ ſint meridiano ſub aliis aũt parallelis ſm latitudinẽ ſolũmodo ſit diſtã-
tia & queriẽ interiacens ſm verticem ipſis punctoꝝ meridiani circũferentia quãta ſit. Hoc aũt datum eſt ab Ptolemæo tam p geographicã tabulã quã per regulã ciuitatũ. Item per methodũ ex qua
eleuatio poli accipiẽ. Licet aũt & id ipſum accipe & per aſtrolabũ & per alia quibus cõſueuimus inſtrumenta. Si vero ſub eodẽ ꝗdem parallelo ſint: ſub aliis aũt meridianis perſpicuũ eſt qđ ſm lon-
gitudinẽ ſit diſtantia & ꝗritur interiacens ſm verticem punctoꝝ p ipſa deſcripti paralleli circũferẽtia quãta eſt. Scđm propriũ igitur circulũ ipſa quoq; data eſt. hoc eſt. quot partium proprii circuli
exiſtit: nõ tñ ſm maximũ. vnde ſane quãtitatẽ ipius etiã ſm menſuras ex poſitione licuiſſet accipe:
qm̃ pars paralleli non eſt æꝗlis meridiani: excepto maximo parallelo. Reliquorũ vero ſingulorũ
neq; meridiani parti æꝗlis eſt:neq; aliorum ſinguloꝝ:excepto illo qui æꝗliter diſtat ab æqnoctiali
Opus eſt igiẽ methodo ex ꝙ differentiã in ſingulis parallelis venabimur. Primũ igiẽ de hoc ipſo
conſiderandũ: vnde nam datæ circũferẽtiæ cuiuſq; paralleli quantitas ſm maximũ circulum capi
poſſit. Quoniã vero pars alicui⁹ ꝗritur ꝙta poſſit eſſe pars alterius: primũ vtiq; ꝗrendũ ſit: de toto
ipſo quã rationẽ habet ſm magnitudinẽ ad qđ pars eius comparaẽ. Prius eñ eſt ratiõe totũ parte
& definitur quodammodo pars toto: quemadmodũ & acutus recto. Hac autem re cognita perſpi-
cua erit etiam quantitas datæ circumferentiæ ſecundum maximum circulum.

Prout eñ totum ſe habet ad totũ: ſic neceſſario & pars ſe habet ad ſimilẽ partem.
Qđ ita demonſtraẽ Si duæ magnitudines æꝗliter diuidanẽ: ſint aũt ſegmẽta æꝗlia
inuicem in vtraq;:vt eſt totum ad totũ ſic pars ad partem. Sint eñ duæ magnitudi
nes a b. c d. & diuidanẽ æꝗliter a b. in. a e. e f. f b. æquales inuicẽ:c d. aũt in. c h. h g.
g d. has quoq; inuicem æꝗles dico quod eſt vt a b. ad c d. ſic a e. ad c h. & relꝗ ad re
liquas. Qm̃ eñ æquales numero diuiſæ ſunt ad a b. c d. Quotuplũ ergo eſt a b. ad
a e. totuplum eſt etiam c d. ad c h. Rationẽ igiẽ habet quã a b. ad a e. eam c d. ad c h.
Permutatim ergo vt a b. ad c d. ſic a e. ad c h. Idẽ aũt dicere licet etiã in reliqs. Si er
go duæ magnitudines æqualiter diuidanẽ ſm dictã determinationẽ: vt totũ ad totum: ſic pars ad partem. Perſpicuũ igitur eſt quod vt ſe habet parallelus ad meridia
num ſm magnitudinẽ: ſic habet etiam data circũferẽtia eius ad ſimilem illius: & cõ-
ſequẽter etiam diſtantia ad diſtantiã quã in terra cõtinent. Quare neceſſe eſt ad
meridianũ cuiuſq; paralleli rationẽ ſcire is qui vbiq; diſtantiã terræ ſm poſitionis mẽſuras cogni-

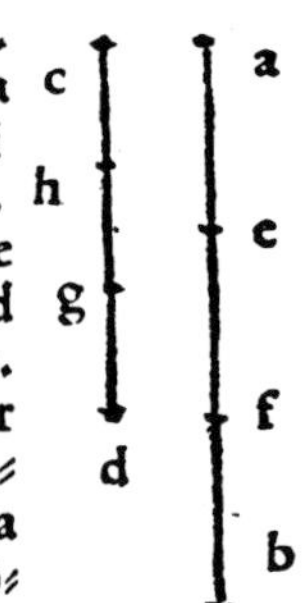

i ii

Abb. 82: Georgios Amirutzes, De his quae geographiae adesse debent (Nürnberg 1514), fol. i ii (= Nr. 63).

Jüngste Wegbereiter und Instrumente

Die Geschichte der naturwissenschaftlichen Leistungen in den Dezennien unmittelbar vor der Ausfahrt des Columbus ist in der ausufernden Columbus-Literatur der jüngsten Zeit mit Vorliebe untersucht worden. In unserem Zusammenhang sollen wenigstens drei Persönlichkeiten kurz erwähnt sein (für Martin Behaim und seinen Globus etwa sei auf die gleichzeitige Prunkausstellung im Germanischen Nationalmuseum in Nürnberg hingewiesen).

Paolo dal Pozzo Toscanelli

Die Bedeutung des großen Mathematikers und Astronomen Paolo dal Pozzo Toscanelli (1397-1482) aus Florenz als Autorität in geographischen Fragen ist wohl nicht hoch genug einzuschätzen (vgl. auch oben Nr. 62). Im Juni 1474 überreichte er dem königlichen Hof in Portugal eine - heute leider verschollene - Karte mit einem Begleitschreiben, in welchem die Westroute nach Indien skizziert war:

Ich schicke Ihrer Majestät (Alfons V. von Portugal) eine Karte, die ich eigenhändig gezeichnet habe, auf welcher eure Küsten angegeben sind und die Inseln, von welchen aus man die Reise gegen Westen beginnen muß, und die Orte, zu welchen ihr gelangen müßt, und wie weit sie vom Pol bzw. vom Äquator entfernt sind, und die Distanz, wieviele Meilen man zurücklegen muß, um zu den an Gewürzen und Edelsteinen reichen Orten (den sog. Gewürzinseln) zu kommen. Man wundere sich nicht, wenn ich die Gegend der Gewürzinseln als westlich bezeichne, während sie gewöhnlich als östlich angenommen wird: wenn man nämlich nach Westen fährt, wird man - gewissermaßen auf einer Fahrt hinter der Erde herum - auf jene Orte stoßen. (Übers. von A. Stückelberger, Kolumbus)

Es ist eine sehr kontroverse Frage, ob dieser Brief dem Columbus - und zwar vor 1492 - zur Kenntnis gelangt ist. Selbst die Eigenhändigkeit der Abschrift dieses Briefes in der 'Historia' des Silvio Piccolomini (Nr. 64) ist mit guten paläographischen Gründen (Streicher) bezweifelt worden.

Abb. 83: Toscanelli, Gemälde des Giorgio Vasari.

Exponat Nr. 64: Aeneas Silvius, Historia rerum ubique gestarum, Venedig 1477.
Exemplar der Biblioteca Colombina in Sevilla.

Ausgestellt ist ein Facsimile: Testimonio Compañía Editorial S.A. - Madrid und Verlag Bibliotheca Rara - Düsseldorf. Auf dem Recto des ersten hinteren Schutzblattes eine Kopie des lateinischen Toscanelli-Briefes. Sie gilt den meisten Columbisten als Autographon des Entdekkers.

Ohne Abb.

In dem Toscanelli-Brief sind Distanzangaben angeführt, "die offensichtlich auf den Größenvorstellungen des Ptolemaios beruhen. (...) Dies ergibt (...) einen Erdumfang von 32.233 km" (Stückelberger).

Es hat verschiedene Versuche gegeben, jene Karte des Toscanelli zu rekonstruieren; am bekanntesten ist derjenige von Wagner.

Exponat Nr. 65: Rekonstruktion der Toscanelli-Karte durch Wagner, Hermann: Die Rekonstruktion der Toscanelli-Karte vom J. 1474 und die Pseudo-Facsimilia des Behaim-Globus vom J. 1492. Vorstudien zur Geschichte der Kartographie III, in: Nachrichten von der Königl. Gesellschaft der Wissenschaften zu Göttingen, Philol.-hist. Kl. 1894, 208-312. Die Karte findet sich als Falttafel am Ende der Abhandlung. Die Projektion ist die zylindrische des Marinos von Tyros (vgl. Abb. 41).

Abb. 84.

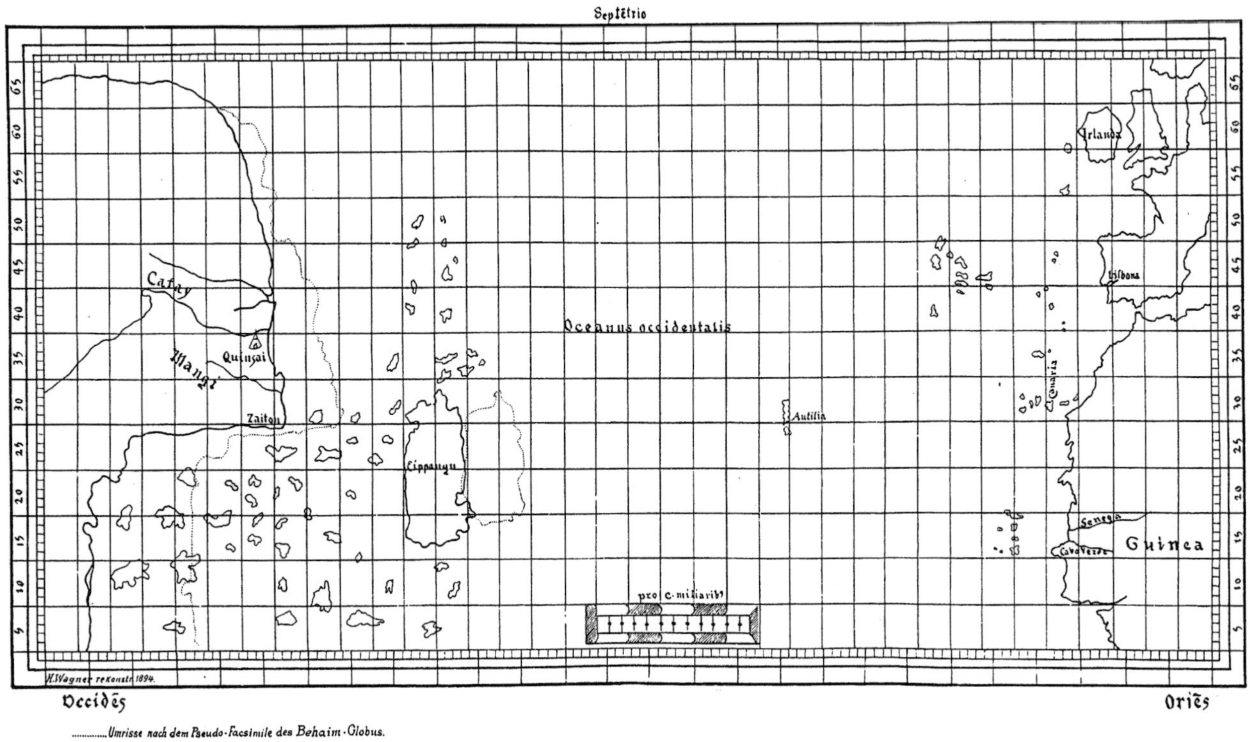

Abb. 84: Rekonstruktion der Toscanelli-Karte (nach Wagner, 1894) (= Nr. 65).

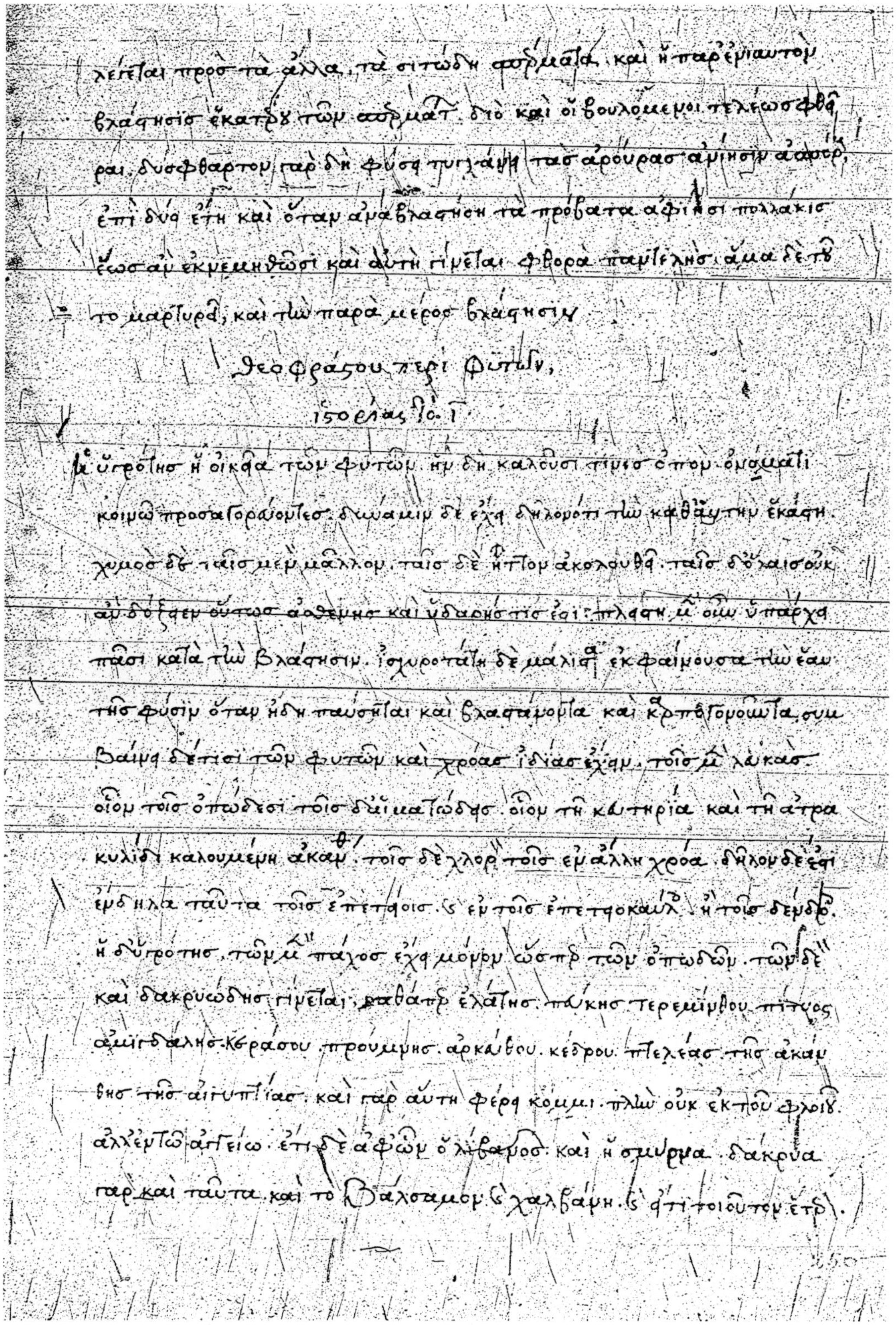
λέγεται πρὸς τὰ ἄλλα, τὰ σιτώδη σπέρματα. καὶ ἡ παρ' ἐνιαυτὸν
βλάστησις ἑκατέρου τῶν σπερμάτων. διὸ καὶ οἱ βουλόμενοι τελέως φθεῖ-
ραι δύσφθαρτον γὰρ δὴ φύσει τυγχάνει τὰς ἀρούρας ἀνιᾶσιν ἀσπόρους
ἐπὶ δύο ἔτη καὶ ὅταν ἀναβλαστήσῃ τὰ πρόβατα ἀφιᾶσι πολλάκις
ἕως ἂν ἐκνεμηθῶσι καὶ αὕτη γίνεται φθορὰ παντελής. ἅμα δὲ τοῦτο μαρτυρεῖ, καὶ τὴν παρὰ μέρος βλάστησιν.

Θεοφράστου περὶ φυτῶν,
ἱστορίας θ.

Ἡ ὑγρότης ἡ οἰκεία τῶν φυτῶν. ἣν δή καλοῦσί τινες ὀπὸν ὀνόματι
κοινῷ προσαγορεύοντες. δύναμιν δὲ ἔχει δηλονότι τὴν καθ' αὑτὴν ἑκάστη.
χυμὸς δὲ ταῖς μὲν μᾶλλον. ταῖς δὲ ἧττον ἀκολουθεῖ. ταῖς δ' ὅλως οὐκ
ἂν δόξειεν οὕτως ἀσθενὴς καὶ ὑδαρής τις εἶναι. πλὴν ἄρα μὲν οὖν ὑπάρχει
πᾶσι κατὰ τὴν βλάστησιν. ἰσχυροτάτη δὲ μάλιστα ἐκφαίνουσα τὴν ἑαυ-
τῆς φύσιν ὅταν ἤδη παύσηται καὶ βλαστανομία καὶ καρποτοκοῦντα. συμ-
βαίνει δ' ἐνίοις τῶν φυτῶν καὶ χρόας ἰδίας ἔχειν. τοῖς μὲν λευκάς.
οἷον τοῖς ὀπώδεσι τοῖς δ' αἱματώδεις. οἷον τῇ κατηρία καὶ τῇ ἀτρα-
κυλίδι καλουμένῃ ἀκάνθῃ. τοῖς δὲ χλωρὸν τοῖς ἐν ἄλλῃ χρόᾳ. δῆλον δὲ ἐστὶ
ἐν δὴ ἅπαντα τοῖς ἐπετείοις. ἐν τοῖς ἐπετειοκαύλοις. ἢ τοῖς δένδροις.
ἡ δ' ὑγρότης, τῶν μὲν πάχος ἔχει μόνον ὥσπερ τῶν ὀπωδῶν. τῶν δὲ
καὶ δακρυώδης γίνεται, καθάπερ ἐλάτης. πεύκης. τερεμίνθου. πίτυος
ἀμυγδαλῆς. κεράσου. προύμνης. ἀρκεύθου. κέδρου. πτελέας. τῆς ἀκάν-
θης τῆς αἰγυπτίας. καὶ γὰρ αὕτη φέρει κόμμι. πλὴν οὐκ ἐκ τοῦ φλοιοῦ.
ἀλλ' ἐν τῷ ἀγγείῳ. ἔτι δὲ ἀφ' ὧν ὁ λίβανος. καὶ ἡ σμύρνα. δάκρυα
γὰρ καὶ ταῦτα. καὶ τὸ βάλσαμον καὶ χαλβάνη. καὶ ἔτι τοιοῦτον ἕτερον.

Abb. 85: Cod. Laurent. 85,22 (15. Jh., 1. Hälfte), fol. 250; Kopist: Toscanelli (?) (= Nr. 66).

Eine Seite der umfassenden Gelehrtenkompetenz des Toscanelli hat die Forschung bisher kaum beleuchtet, die gräzistische. Wie wir aus Briefen des Ambrogio Traversari an Niccolò Niccoli der Jahre 1430 und 1431 wissen, war Toscanelli auch als Kopist griechischer Handschriften tätig.

Exponat Nr. 66: Cod. Laurentianus 85, 22
15. Jahrhundert (1. Hälfte) Pergament ff. 269
mm 254x190.
Ausgestellt ist eine Photokopie.

Kombiniert man die Angaben des Traversari mit textkritisch-stemmatischen Kriterien, so spricht vieles dafür, daß dieser Codex mit der Historia Plantarum des Theophrastos von Toscanelli geschrieben wurde.

Lit.: Aristoteles Graecus, wie Nr. 18, 277-279 (D. Harlfinger).

Ausgestellt: fol. 250 (der Titel stammt von jüngerer Hand [Camillus Venetus]).

Abb. 85.

Nikolaus von Kues

Toscanelli und Cusanus sind sich als junge Männer in Padua begegnet. Nikolaus von Kues (1401-1464), Theologe, Philosoph, Rechtsgelehrter, dazu noch Kardinal und weitsichtiger Wohltäter, interessiert uns hier, weil er auch eine naturwissenschaftliche Ausrichtung hatte. Die Mathematik, Astronomie, auch die Geographie - von ihm stammt eine Deutschlandkarte - fanden sein Interesse. Anläßlich seines Aufenthaltes in Nürnberg im Jahre 1444 als Gesandter des Papstes kaufte er drei Instrumente, nämlich einen großen hölzernen Globus, ein Torquetum und ein Astrolabium. Diese astronomischen Instrumente kann man mit anderen zusammen in seinem Heimatort besichtigen.

Abb. 86: Portrait des Kardinals Cusanus als Detail des Altarbildes im St. Nikolaus-Hospital, Bernkastel-Kues.

Exponat Nr. 67: Farbposter einer Schauvitrine mit astronomischen Instrumenten in der Bibliothek des St. Nikolaus-Hospitals / Cusanusstifts in Bernkastel-Kues (in der Mitte das Torquetum).

Lit.: Hartmann, J.: Die astronomischen Instrumente des Kardinals Nikolaus Cusanus (Abhandlungen der Königl. Gesellschaft der Wissenschaften zu Göttingen, Math.-Phys. Kl., N.F. 10, Nr. 6), Berlin 1919.

Abb. 87.

Abb. 87: Astronomische Instrumente des Nikolaus v. Kues (= Nr. 67).

Johannes Regiomontanus

In Deutschland ging umgekehrt wie in Italien die Wiedererweckung der astronomischen und mathematischen Wissenschaften den sprachlichen und literarischen Studien voraus. Der führende Mathematiker des 15. Jahrhunderts, der fortgeschrittenste Astronom der europäischen Renaissance war der Peuerbach-Schüler Johannes Regiomontanus (1436-1476). Seine Schriften - darunter mathematische Kalendarien und Tabellen - hatten praktischen Nutzen für die Entdeckungsfahrten. Er besaß gute Griechischkenntnisse, die er sich während seines Aufenthalts bei Kardinal Bessarion in Italien erworben hatte.

IN hispania ward auff absterben könig
hannis des königs zu Arrogonia sun. de
vnd zwischen Alphonso, dem könig portugali
tochter schützet. In dem nehst darnachfolgend
Johañes võ Königsperg tugalie in dem Num
JOhannes Kö
Milesius oder
nischer zungen hoh
von fürtreffenlich
weißheit von Ma
det. vnd in Teütsch
achtperkeit gehalte
syñschicklichkeit vn
dere ding in der as
mit rechtfertigunn
Sixto auß Nürm
de zerechtfertigen
nochmals vorawg
Jcolaus estensis der sich vmb das regim
nachfolgend gefangen vnd vnlang dar
IN dem edeln Franckenland erewget sich
iar in eim dorff Niclaßhawsen genãt vñ v
das ir leben verschmahlich wer. vnd man solt

Abb. 88: Koloriertes Holzschnittbildnis des Regiomontanus mit Astrolabium in Schedels Weltchronik (s. Nr. 35) (Exemplar der HAB Wolfenbüttel: Gb gr. 2° 8).

Exponat Nr. 68: Cod. Basiliensis O IV 32 15. Jahrhundert (Mitte) Papier ff. 220 mm 223x148.

Ptolemaios, 'Geographie' (lateinisch). Die Handschrift ist das Arbeitsexemplar des Regiomontanus, der die Schrift neu herausgeben wollte. Er hat die lateinische Übersetzung des Jacopo Angelo da Scarperia (s. oben S. 65) von Grund auf überarbeitet, mit Hilfe des griechischen Originaltextes. Das Manuskript ist über und über mit Notizen in Griechisch und Latein versehen, an den Rändern und auf eingelegten Zetteln.

Während der Vorarbeiten für die Ausstellung konnte, als Makulatur hinten im Band eingebunden, ein zweifach gefaltetes Exemplar des Einblattdruckes der berühmten Verlagsanzeige des Regiomontanus aufgefunden werden. Einblattdrucke - "so viele ihrer einst auch gewesen sein mögen, jetzt sind sie fast verschwunden" (Meyer).

Ausgestellt: fol. 29v/30 und ein Photo der Verlagsanzeige (2 Viertel des zweifach gefalteten Einblattdruckes). Abb. 89 und 90.

Die Verlagsanzeige weist Regiomontanus also auch als Drucker aus. Er war darüber hinaus ebenfalls Instrumentenbauer.

Wir sind ohnehin unversehens auf dem für das Entdeckungszeitalter grundlegenden Gebiet der Instrumentenkunde für Astronomie und Nautik angelangt.

Die Grundlagen auch hierfür sind wie in der Geo- und Kartographie im Hellenismus, in Alexandreia, gelegt; die Rolle der arabisch-islamischen Welt bei der produktiven Vermittlung und Neuerwerbung des einschlägigen Wissens (siehe z.B. Nr. 70) kann man wohl nicht hoch genug einschätzen.

Dem Philologen fehlt die Kompetenz, auch nur annähernd Adäquates zu formulieren. So seien - wie schon oben Nr. 67 - weitere Instru-

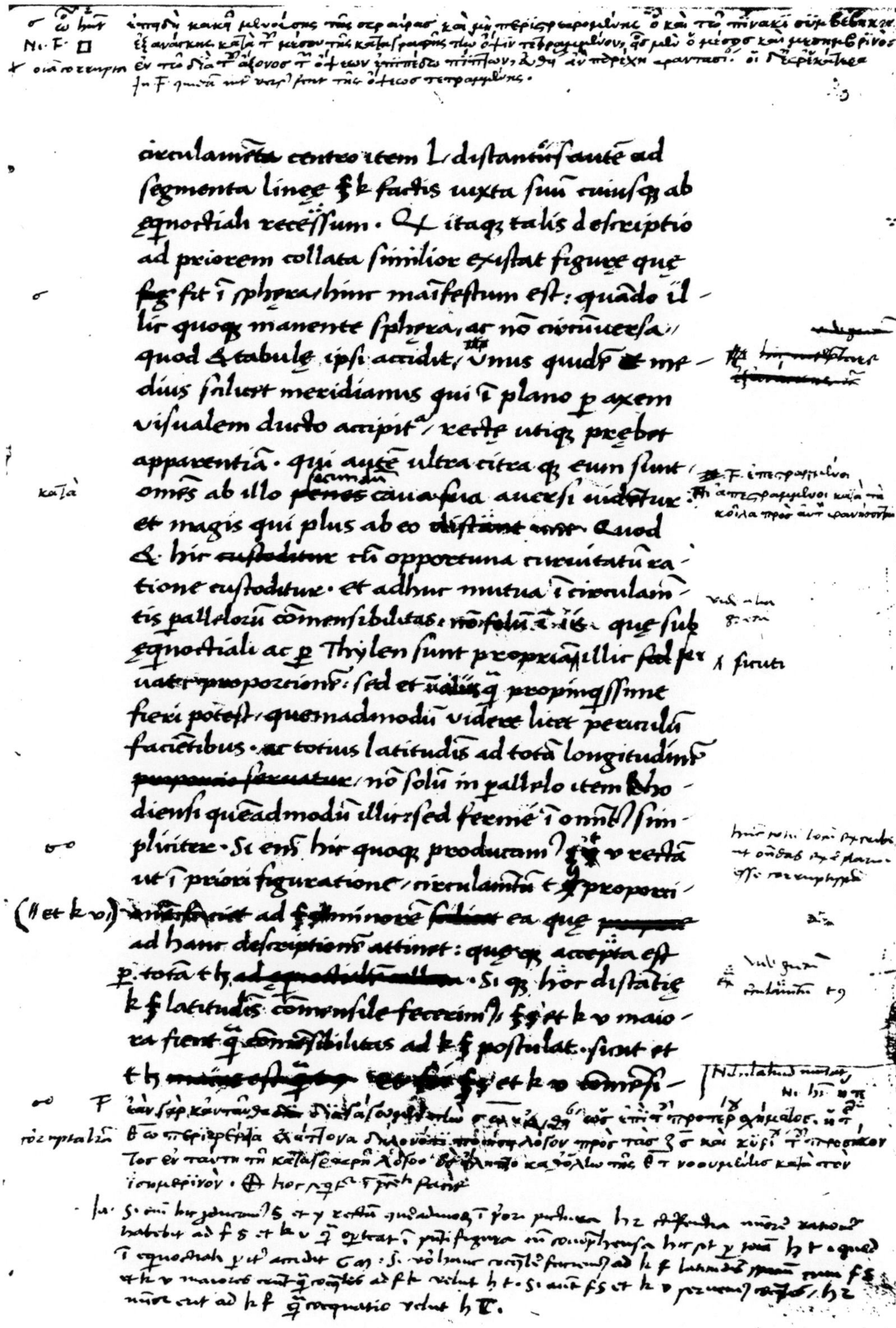

Abb. 89: Cod. Basiliensis O IV 32 (15. Jh. Mitte), fol. 29ᵛ. Handexemplar des Regiomontanus (= Nr. 68).

Hęc opera fient in oppido
ALIENA.

Theoricę nouę planetarum Georgii Purbachii a
lebratiſſimi: cum figurationibus opportunis.
Marci Manlii aſtronomica. Hęc duo explicit
Coſmographia Ptolemęi noua traductioẽ. Nã ue
bi Angeli Florẽtini quę uulgo habetur uicioſa ẽ:
(bona ueĩa dictũ fuerit) neq̃ lĩguę gręcę ſatis ne
noticiam tenente. Quaĩ re ſummis arbitris fide
erit: Theodoro Gazę clariſſimo uiro ac gręcę
ctiſſimo: & Paulo Florentino gręcarũ quidem b
in mathematicis aũt plurimũ excellenti.
Magna compoſitio Ptolemęi: quã uulgo uocãt A
ua traductione.
Euclidis elemẽta cum anaphoricis Hypſiclis editio
euulſis tamen pleriſq̃ mendis: quę pprio etiã id
mentariolo.
Theonis alexandrini clariſſimi mathematici com
Almaieſtum.
Procli ſufformationes aſtronomicę.
Quadriptitum Ptolemęi & Centum fructus eiu
ductione.
Iulius Firmicus quantus reperitur.
Leopoldus de Auſtria. & ſi qui alii p̃dictores aſt
ſtratione digni uidebuntur. Nam Antonii quo
mo q̃uis fragmenta in uſum multiplicem expon
Archimedis geometrę acutiſſimi opa de ſphęra &
circuli dimenſione. De conalibus & ſphęralibus
ralibus. De ęquipõderãtibus. De quadratura p
renę numero. Cum cõmẽtariis Eutocii aſcalon
ex prędictis: ſcilicet de ſphęra & cylindro. de di
culi. de ęquipõderãtibus. Traductio eſt Iacob
ſed nõ nuſq̃ emendata.
Perſpectiua Vitelonis. opus ingens ac nobile.
Perſpectiua Ptolemęi.
Muſica Ptolemęi cum expoſitione Porphyrii.
Menelai ſphęrica noua editione.
Theodoſii ſphęrica. ite...

bus noua traductione.
Apollonii pergenſis conica. Item Sereni cylind
Heronis inuenta ſpiritualia. Op⁹ mechanicũ mi
Elementa arithmetica Iordani. Data eiuſdem ari
Quadriptitũ numerorũ. Opus uariis ſcatens ar
Problemata mechanica Ariſtotelis.
Hygini Aſtronomia cum deformatione imaginũ

Facta p̃terea eſt arbor rhetoricę tullianę ſpecioſa i
Et fiet deſcriptio totius habitabilis notę quam uu
Mappam mundi. Cęterũ Germanię particular
Italię: Hiſpanię: Gallię uniuerſę: Gręcięq̃. Sed
hiſtorias ex auctoribus plurimis curſim colliger
quę uidelicet ad montes: quę ad maria: ad lacus
alia particularia loca ſpectare uidebuntur.

In officina fabrili Aſtrarium in
Fiunt & alia inſtrumenta aſtro
rem quotidi
Poſtremo omnium artem illam
dare decretum eſt. (deus bone f
non erit: quom tantum munus

Abb. 90: Cod. Basiliensis O IV 32 (15. Jh.), hintere Schutzblätter: Verlagsanzeige des Regiomontanus (= Nr. 68).

mente einfach als Schaustücke mit der Beschreibung, wie sie von ihren Herkunftsinstitutionen zur Verfügung gestellt wurden, vorgeführt.

Exponat Nr. 69: Allgemeines Uhrentäfelchen und Sonnenquadrant.
Messing, graviert mm 161x103 Deutschland, letztes Viertel 15. Jahrhundert.

Kunstgewerbesammlung der Stadt Bielefeld, Stiftung Huelsmann, Inv.Nr. H-W 97.

Die hochrechteckige Messingtafel, auf deren oberer Schmalseite zwei Plättchen mit je einem Öhr und mit Kimme bzw. Korn sitzen, diente als Zeitmesser. Sie weist auf der einen Fläche die Skalen eines Sonnenquadranten, auf der anderen die Liniensysteme eines Allgemeinen Uhrentäfelchens auf.

SONNENQUADRANT: Der Zeitmesser wird in der oberen Zeile in unorthographischem Latein als *"SINGNA ‡ ET ‡ DECLINACIONIS ‡ SOLLIS"* bezeichnet. Darunter befindet sich ein Viertelkreis (Quadrant), in dem mit gekrümmten Linien die bürgerlichen Stunden aufgetragen sind. Der Sonnenquadrant ist für den angegebenen Breitengrad von 50° 30' berechnet, was etwa demjenigen von Augsburg entspricht. Zur Berücksichtigung der Deklination der Sonne wurde im waagerechten Halbmesser eine Tierkreisskala angebracht. Die Linie der Tag- und Nachtgleiche ("*Equenoctial*") wird dabei angegeben, ebenso die im Jahr wechselnde Anzahl der Sonnenstunden. Am Radius des Viertelkreises und weiter innen finden sich eine Gradeinteilung und eine weitere Zählung mit sich verengenden Abständen.

Die Zeitmessung erfolgte mittels eines heute nicht mehr vorhandenen Lotes, das an einer kleinen Öse im Mittelpunkt des Quadranten befestigt werden konnte. Das Lot bestand aus einem kräftigen Faden mit einer Perle, die auf dem Faden in Reibung bewegt werden konnte. Zur Messung wurde der Lotfaden zuerst zum augenblicklichen Ort im Tierkreis gespannt und die Perle dorthin verschoben. Dann peilte man die Sonne grob an und drehte und neigte die Messingtafel so lange, bis ein Sonnenstrahl durch die beiden Ösen der Plättchen fiel. Die reale Zeit konnte nun an der Stelle, an der die Perle die Stundenlinie des Sonnenquadranten berührte, abgelesen werden.

Neben den Liniensystemen des Sonnenquadranten weist diese Seite der Messingtafel am unteren und rechten Rand zwei senkrecht zueinander stehende Skalen (1-12 und Viertelungen) auf. Sie werden mit *"AVFRECHT"* und *"VERKERT"* bezeichnet und dienten wohl zusammen mit der Gradeinteilung des Quadranten zur Messung von Höhen und Entfernungen, in der Art eines Schattenquadranten.

ALLGEMEINES UHRENTÄFELCHEN: Auf der anderen Fläche der Tafel wurden die Liniensysteme eines Allgemeinen Uhrentäfelchens nach Regiomontanus eingraviert:

Diese Art der Sonnenuhr setzt sich aus drei Hauptteilen zusammen. Im oberen Bereich des Instruments befindet sich eine trapezförmige Skala mit schiefwinkligem Koordinatensystem. Die Linien bezeichnen in der Horizontalen zwölf verschiedene Polhöhen von 27° bis 60°. Die schräg senkrechten Linien gehen von den Datumslinien der Tierkreise aus. Am linken Rand der Messingplatte befindet sich ein kleines Scharnier, von dem eine Linie ausgeht, die diejenige der Polhöhe von 33° schneidet.

In der Mitte der Tierkreiszeichentabelle wurde ein beweglicher Hebel mit dreiteiligem Gelenkarm befestigt, an dessen letztem Glied ursprünglich ein Lotfaden mit einer verschiebbaren Perle angebracht worden war.

Unterhalb dieser Skala befindet sich das Uhrblatt. Es besteht aus parallel verlaufenden Stundenlinien. Rechts neben dem Uhrblatt wurde eine zweite Skala der Tierkreiszeichen mit Drittelung aufgetragen. Sie wird als "*Singnam meridiei*" bezeichnet.

Zur Zeitmessung wurde zunächst das Ende des dreiteiligen Hebels auf den Schnittpunkt der zutreffenden Ortsbreiten- mit der Tierkreislinie im Koordinatennetz gelegt. Dann wurde der Lotfaden zu der Tierkreisskala des Uhrblattes geschwenkt, und die Perle auf den betreffenden Tierkreisort verschoben. Damit war die richtige Länge des Lotfadens markiert. Nun wurde das Visier auf der oberen Schmalseite der Messingtafel auf die Sonne gerichtet. Die Perle des Zeigerlotes zeigte dann auf dem Uhrblatt die reale Zeit an. Zusammen mit dem Sonnenquadranten der anderen Fläche der Messingtafel konnte man auf dem Allgemeinen Uhrentäfelchen auch die Sonnendeklination bestimmen. Dazu mußte zunächst die Uhrzeit durch den Sonnenquadranten festgestellt werden. Stellte man mittels des Zeigerlotes diese auf dem Allgemeinen Uhrentäfelchen ein, konnte man die gewünschten Daten auf den Skalen ablesen.

Das Allgemeine Uhrentäfelchen (Quadratum horarium generale) wurde von Regiomontanus 1474 in seinem in deutscher und lateinischer Sprache gedruckten Kalender vorgestellt. Es bestand zwar nur aus Karton, weist aber erhebliche Ähnlichkeiten mit der Messingtafel der Stiftung Huelsmann auf. Aufgrund der verwendeten Buchstaben und Zahlen läßt sich das vorliegende Instrument ins letzte Viertel des 15. Jahrhunderts datieren. Es ist möglich, daß dieses Instrument aus dem Umkreis Regiomontanus' stammt, vielleicht sogar von ihm selbst in Auftrag gegeben wurde.

(Beschreibung in etwas gekürzter Form übernommen aus Dirk Syndram: Wissenschaftliche Instrumente und Sonnenuhren. Kunstgewerbesammlung der Stadt Bielefeld / Stiftung Huelsmann [Kataloge der Kunstgewerbesammlung / Stiftung Huelsmann 1], München 1989, 69-71)

Abb. 91a und 91b.

Lit.: Meyer, Wilhelm: Bücheranzeigen des 15. Jahrhunderts, in: Centralblatt für Bibliothekswesen 11 (1985) 451-455. - Zinner, Ernst: Deutsche und Niederländische Astronomische Instrumente des 11.-18. Jahrhunderts, München 1956. - Zinner, Ernst: Leben und Wirken des Joh. Müller von Königsberg genannt Regiomontanus (Milliaria X, 1), Osnabrück 1968. - Hamann, Günther (Hrsg.): Regiomontanus-Studien, Wien 1980.

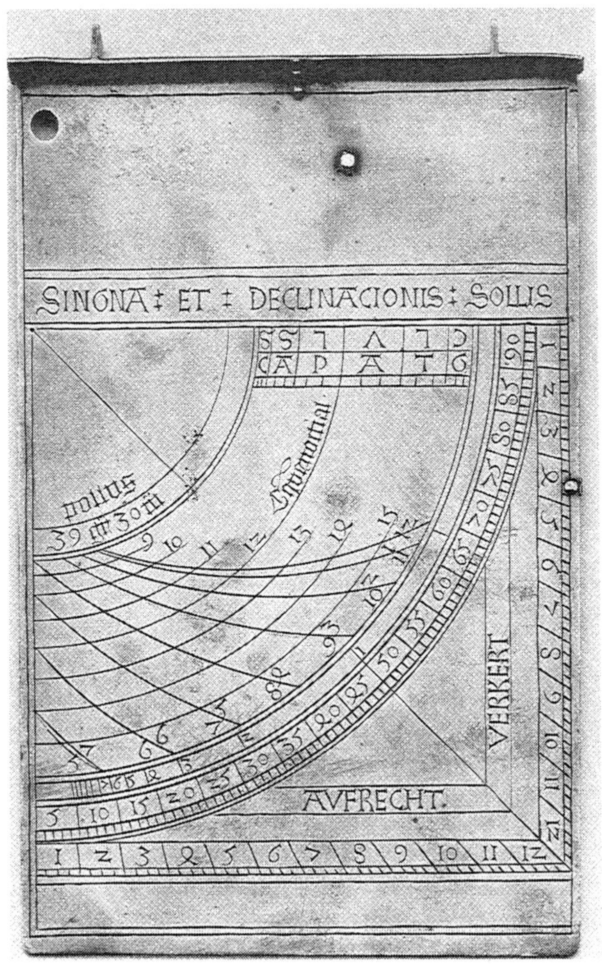

Abb. 91a: Sonnenquadrant (15. Jh. 4. Viertel) (= Nr. 69).

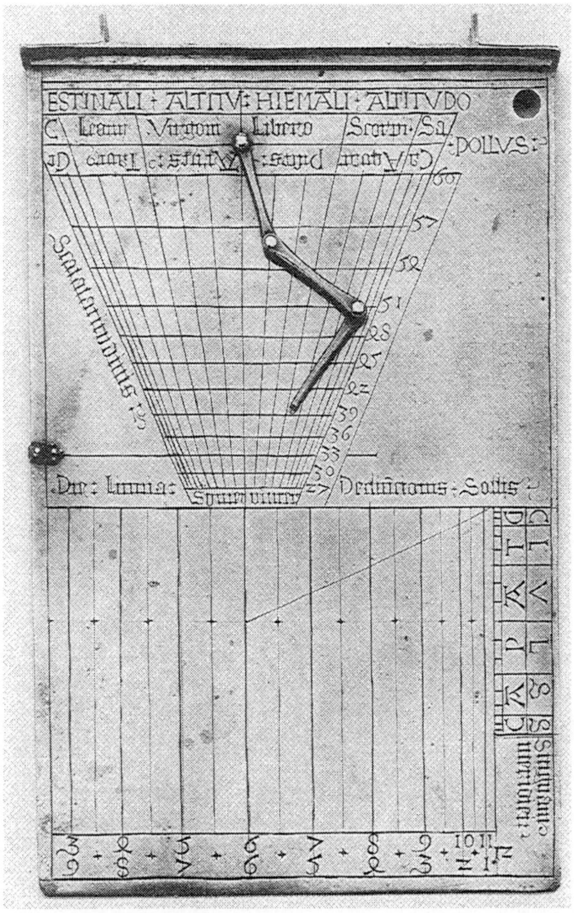

Abb. 91b: Allgemeines Uhrentäfelchen (15. Jh. 4. Viertel) (= Nr. 69).

Exponat Nr. 70: Persisches Astrolabium in seine Einzelteile zerlegt Messing 17. Jahrhundert. Instrument zur Höhenbestimmung der Sterne.

1) MATER mit Randteilung, Vertiefung zur Aufnahme der Einlegescheiben sowie mit einer Hängevorrichtung.

2) Auswechselbare EINLEGESCHEIBEN (TYMPANA) mit stereographischer Projektion der Höhen- und Breitenkreise des Himmelsgewölbes ("Azimute" und "Almucantarathe"), berechnet für verschiedene irdische Breitengrade.

3) RETE - netzartig durchbrochene Scheibe mit Projektion der Ekliptik (Bahn der Sonne durch den Tierkreis) und des nördlichen Sternhimmels. Jede beschriftete Zacke bezeichnet die Position eines besonders hellen Fixsterns.

4) ANLEGELINEAL mit Visiereinrichtungen (Diooptern) für Winkelmessungen.

5) HALTEBOLZEN. Der keilförmige zugehörige Steckverschluß fehlt.

(Vitrinen-Beschriftung des Museums)

Museum für Kunst und Gewerbe, Hamburg: Inv.-Nr. 1906.581 (aus der Sammlung Spitzer, Paris).

Abb. 92a und 92b.

Abb. 92a: Persisches Astrolabium (17. Jh.) (= Nr. 70).

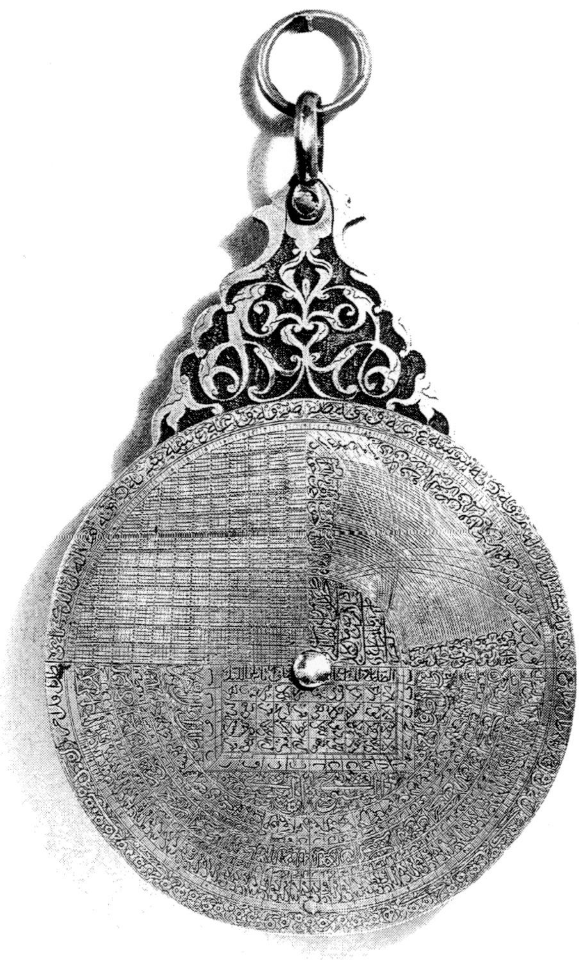

Abb. 92b: Persisches Astrolabium (17. Jh.) (= Nr. 70).

Exponat Nr. 71: Jakobstab. Illustration seiner Benutzung in: Gregor Reisch, Margarita Philosophica, Freiburg 1503, fol. ⟨l iv⟩.

Die Margarita Philosophica des Kartäusers Gregor Reisch ist in der Tat eine 'Perle' des philosophischen und enzyklopädischen Wissens der Zeit, reich ausgestattet mit Illustrationen.

Der Jakobstab, dessen Erfindung dem jüdischen Gelehrten Levi ben Gerson (1288-1344) zugeschrieben wird, ist ein einfaches Winkelmeßinstrument, das zur Bestimmung von Gestirns- und Gebäudehöhen diente. Seinen Namen trägt es "wegen seiner Ähnlichkeit mit dem Sternbild Orion, das im Mittelalter mit dem Pilgerstab des Jacobus Major verglichen wurde. Das Gerät besteht aus einem langen Stab, auf dem längs ein Querstab verschoben werden kann. Mit dem Längsstab zielte man in Richtung auf ein Gestirn an und verschob den Querstab so lange, bis sein oberes Ende das Gestirn "berührte", sein unteres Ende den Horizont. An der Teilung des Längsstabes konnte nun der entsprechende Vertikalwinkel abgelesen werden, der zu weiteren Berechnungen diente." (Petra Feuerstein)

Universitätsbibliothek Tübingen: Aa. 32. 4°

Abb. 93.

Lit.: Neugebauer, O.: The Early History of the Astrolabe, in: Isis 40 (1949) 240-256. - Destombes, Marcel: La diffusion des instruments scientifiques du Haut Moyen Âge au XVe siècle, in: Cahiers d'Histoire Mondiale 10 (1966) 31-51. - ⟨A.P. Segonds, ed.⟩ Jean Philopon, Traité de l'Astrolabe (Astrolabica 2), Paris 1981. - Sezgin, Fuat: Zur Frage der Entdeckung des astronomischen Gerätes "Jakobsstab", in: Zeitschrift für Geschichte der Arabisch-Islamischen Wissenschaften 2 (1985). - Folkerts, Menso - Knobloch, Eberhard - Reich, Karin: Maß, Zahl und Gewicht. Mathematik als Schlüssel zu Weltverständnis und Weltbeherrschung (Ausstellungskatalog der Herzog August Bibliothek Nr. 60), Wolfenbüttel 1989 und Feuerstein, Petra: Von Euklid bis Gauss, Begleitheft zur Ausstellung Maß, Zahl und Gewicht. - Goldstein, Bernard R.: The Astronomy of Levi ben Gerson (1288-1344), New York etc. 1985.

Exponat Nr. 72: Begleitende Schiffchen zur Ausstellung. Embleme aus zeitgenössischen Papieren.

Die Wasserzeichen - seit dem Ende des 13. Jahrhunderts in Papieren als Hersteller- und Sortenkennzeichen belegt und im Mittelalter vor allem Reflexe des täglichen und Symbole des religiösen Lebens - haben im Rahmen der Erfassung und Beschreibung von Büchern und Schriftstücken über eine romantisch-ästhetisierende Betrachtungsweise hinaus mehr und

Abb. 93: Jakobstab, aus Gregor Reisch, Margarita Philosophica (Freiburg 1503) (= Nr. 71).

Abb. 94: Schiffe als Wasserzeichen (= Nr. 72).

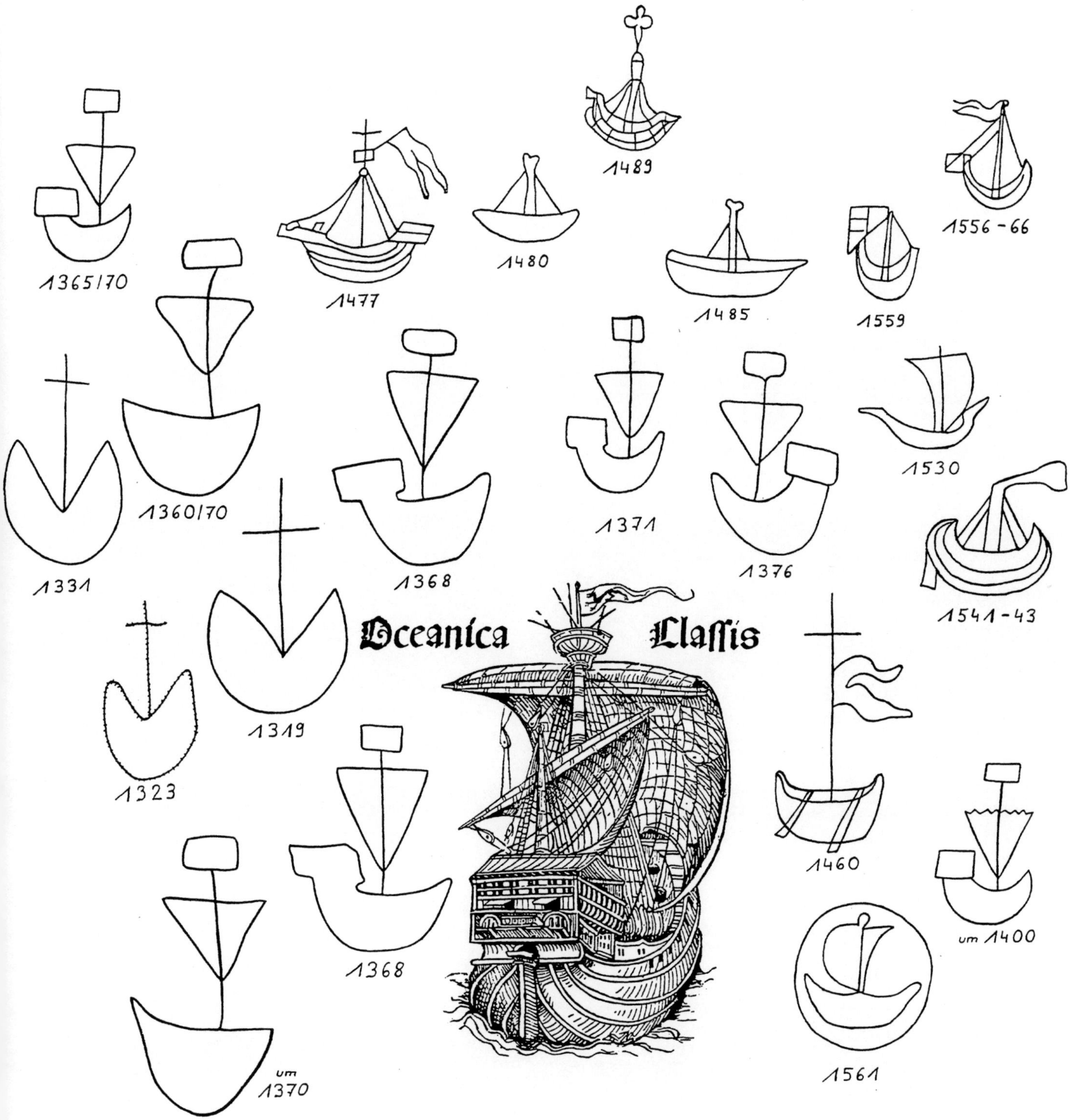
1489
1556-66
1365/70
1477
1480
1485
1559
1360/70
1331
1530
1368
1371
1376
1541-43
Oceanica Classis
1319
1323
1460
1368
um 1400
1561
um 1370

mehr an Bedeutung gewonnen. In Manuskripten und Büchern der Handpapierzeit treten sie aufgrund der Tatsache, daß beim Schöpfen des Papiers in der Regel 2 Siebe gleichzeitig benutzt wurden, normalerweise in Paaren, d.h. - da die Herstellung der Schöpfsiebe Handarbeit war - in 2 Varianten auf (Zwillinge).

Ihre exakte Identifizierung mit Zeichen aus datierten Schriftstücken ermöglicht in der Regel eine relativ genaue Bestimmung der Entstehungszeit, da die Lebensdauer des empfindlichen Schöpfsiebes auf 1-2 Jahre begrenzt war und die Gebrauchsdauer des Papiers den Zeitraum von ± 4 Jahren kaum überschritt. Sind darüber hinaus in einem verwandten Vergleichsobjekt Entstehungsort oder Schreibername genannt, so führt das Wasserzeichen möglicherweise auch auf die Spur eines bestimmten Schreibateliers oder direkt eines Schreibers.

Lit.: Als leicht greifbare Standardwerke vgl. Briquet, Ch.-M.: Les filigranes. Dictionnaire historique des marques du papier dès leur apparition vers 1282 jusqu'en 1600, Genf 1907, Leipzig ²1923; The New Briquet, Jubilee Edition, Amsterdam 1968. - Weiß, K.Th.: Handbuch der Wasserzeichenkunde, bearb. und hrsg. von W. Weiß, Leipzig 1962. - Mošin, Vladimir A. - Traljić, Seid M.: Filigranes des XIIIe et XIVe ss., 2 Bde., Zagreb 1957. - Ein gewaltiges im Erscheinen befindliches Unternehmen: G. Piccard, Findbuch I, II etc. der Wasserzeichenkartei Piccard im Hauptstaatsarchiv Stuttgart, Stuttgart 1961 ff. - Zum Speziellen: Harlfinger, D. & J.: Wasserzeichen aus griechischen Handschriften, I-II, Berlin 1974-1980. - Harlfinger, D.: Zur Datierung von Handschriften mit Hilfe von Wasserzeichen, in: Griech. Kodikologie und Textüberlieferung, hrsg. v. D.H., Darmstadt 1980, 144-169.

Oben links die ältesten bisher bekannten Wasserzeichenschiffchen von 1314 und 1315; sie sind - wie die 3 Schiffe von 1371 in ihrer Nähe - in Genua belegt, das 'junge' Schiffchen oben rechts (1556-66) in Lübeck. Der berühmte Holzschnitt mit der Oceanica Classis stammt aus Nr. 76.

Abb. 94.

Aus der Bibliothek des Columbus

Abb. 95: Profil-Portrait des Columbus? Zeichnung im Buchstaben E auf der Titelseite des 'Buchs der Privilegien' (stark vergrößert) (Thacher II hinter S. 530 und III 78).

Es ist verständlich, daß sich die Columbisten seit jeher bemüht haben, die Bibliothek des Entdeckers zu rekonstruieren. Aus Zitaten und Anspielungen in seinen Schriften konnte man die ihm bekannten Autoren und Werke zu erschließen versuchen, wobei freilich immer mit den indirekten Entlehnungen über vermittelnde Quellen zu rechnen ist. Andererseits haben sich in der Biblioteca Colombina in Sevilla Bücher aus dem Columbus-Nachlaß erhalten, hier konnte man nach eigenhändigen Notizen und Exlibris suchen. So hat man denn auch verschiedene Buchkandidaten gefunden. Erhalten sind z.B. eine 'Historia Naturalis' des älteren Plinius und ein 'Marco Polo'. Während sich die Forschung über diese beiden Bände - wie auch über andere (so etwa auch über Exponat Nr. 75) - einig zu sein scheint, herrscht in anderen Fällen, wie etwa beim 'Silvio Piccolomini' (oben Nr. 64), Uneinigkeit.

Lit.: Streicher. - Gil, Mitos, 123ff.: Los libros del almirante.

Im folgenden sind zwei sichere Fälle präsentiert, ein authentisches Leseexemplar des Columbus (Nr. 75) und ein Werk, das er (in welcher Ausgabe auch immer) benutzt hat (Nr. 73).

Exponat Nr. 73: Johannes Balbus, Catholicon, Venedig (Hermann Liechtenstein) 1487 mm 330x210.

Das 1286 vollendete Catholicon des Genueser Dominikaners Giovanni Balbi ist "eine voluminöse philologische Summe, die das grammatisch-lexikalische Wissen der Zeit zusammenfaßte und im Bildungswesen des 14. bis frühen 16. Jahrhunderts zu großer Wirkung gelangen sollte" (Powitz). Die ersten vier Teile bilden eine Grammatik, der fünfte Teil ein sehr umfangreiches alphabetisches Lexikon, das 5/6 des Gesamtwerkes umfaßt.

Das Catholicon, das schon Petrarca und Boccaccio eifrig benutzt hatten, ist auch das lateinische Lexikon des Columbus gewesen. Aufgrund von gewissen Textvarianten in Zitaten des Columbus glaubt man sogar, die in Venedig 1487 erschienene Inkunabel unter den zahlreichen Druckausgaben namhaft machen zu können.

Lit.: Powitz, Gerhardt: Zum "Catholicon" des Johannes de Janua, in: Archivum Fratrum Praedicatorum 53 (1983) 203-218. - Pittaluga, Stefano: Cristoforo Colombo amanuense (e il suo incunabulo del "Catholicon" di Giovanni Balbi), in: Columbeis II (1987) 137-181. - Cavallo, G. (Hrsg.), Due mondi, III. 3.

Universitätsbibliothek Rostock: Cd 200.

Ausgestellt: fol. ⟨y VII^v/VIII⟩, Buchstaben He (wie im Exponat Nr. 74).
Abb. 96.

Exponat Nr. 74: Handschriftenfragment, Hannover, Niedersächsisches Hauptstaatsarchiv Ms Z Nr. 03 I.
Ausgestellt ist ein Pergamentblatt (mm 425x

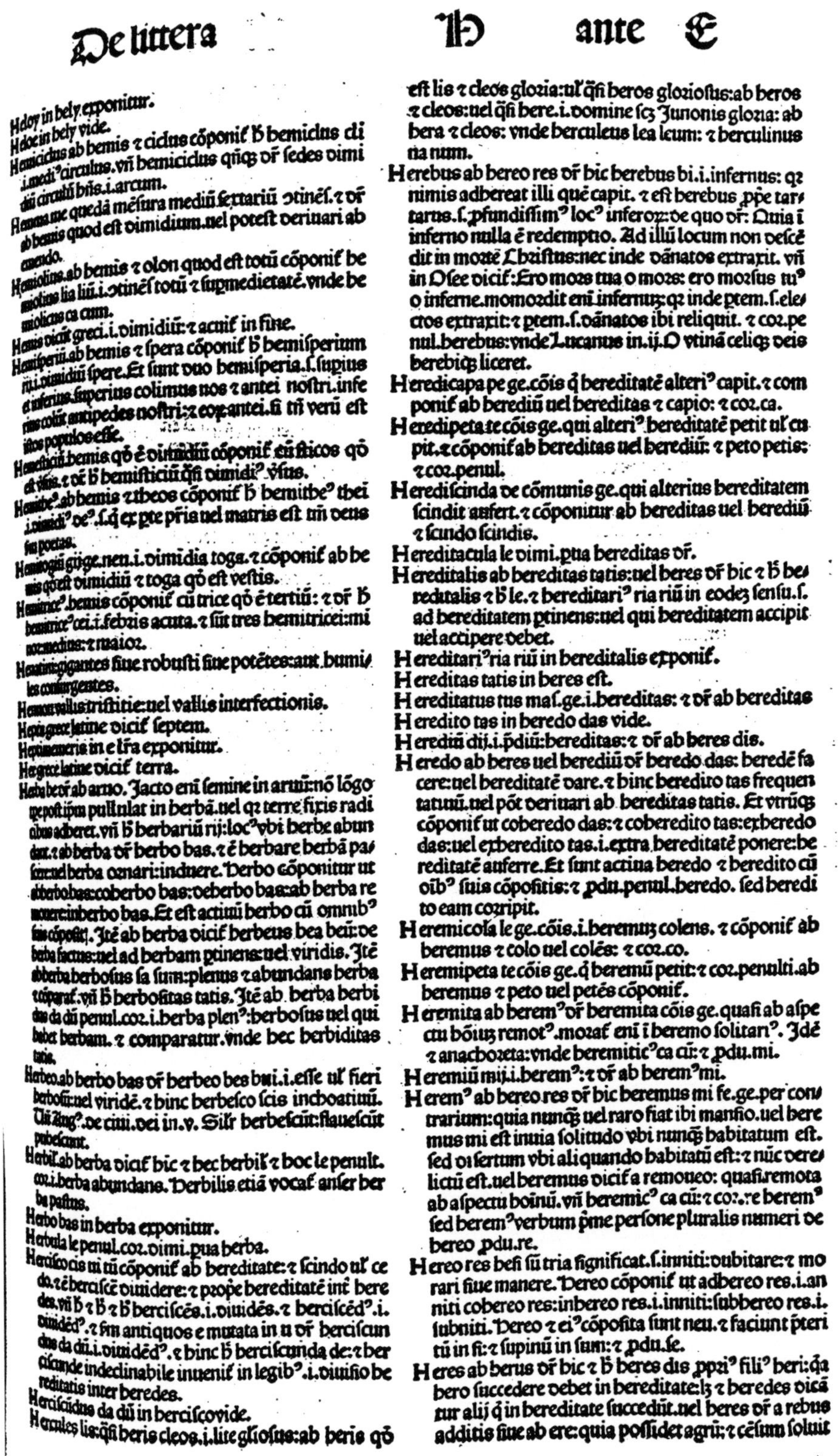

De littera H ante E

Abb. 96: Johannes Balbus, Catholicon (1487) (= Nr. 73).

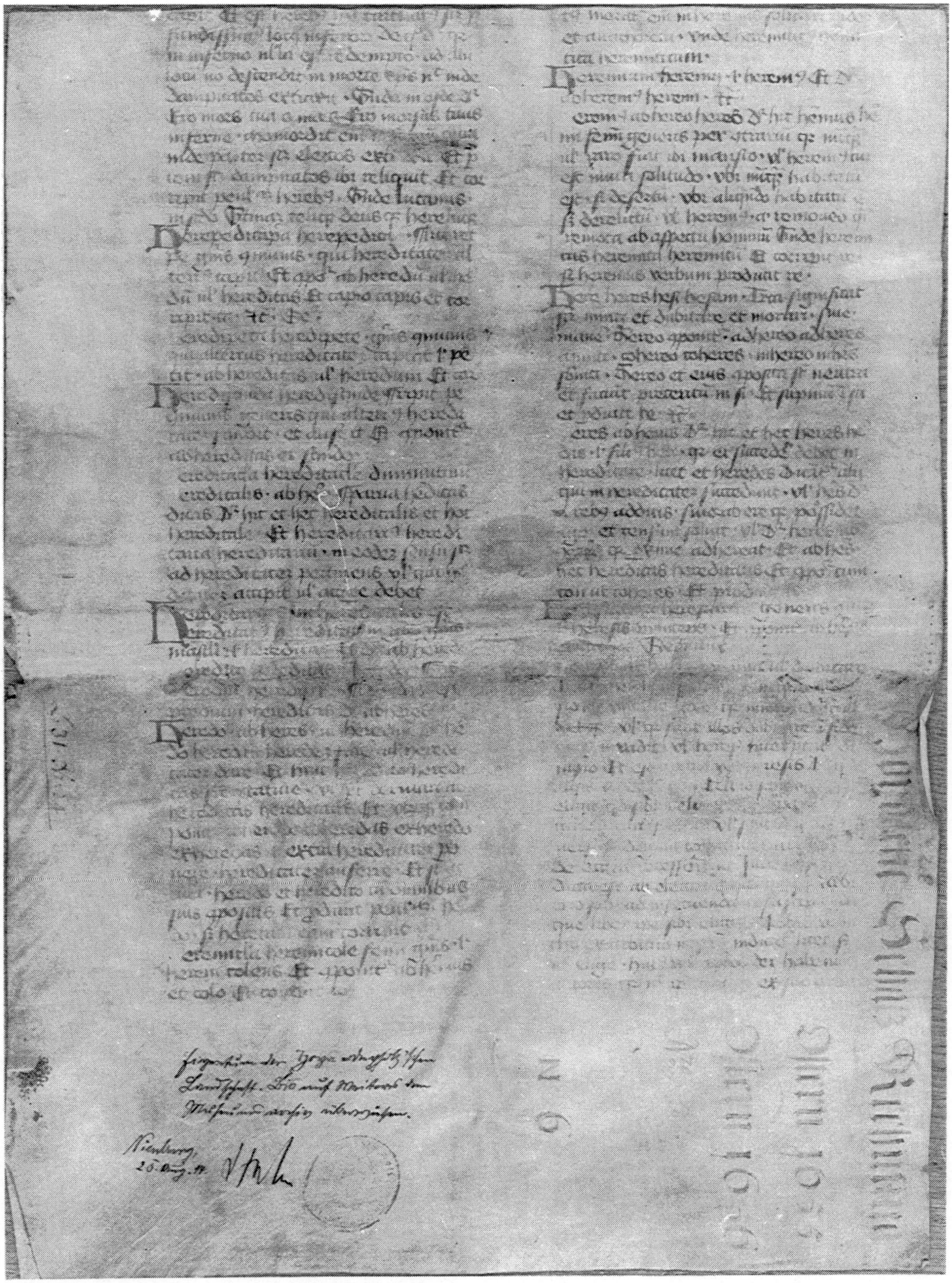

Abb. 97: Johannes Balbus, Catholicon. Pergamentfragment (14.-15. Jh.) (= Nr. 74).

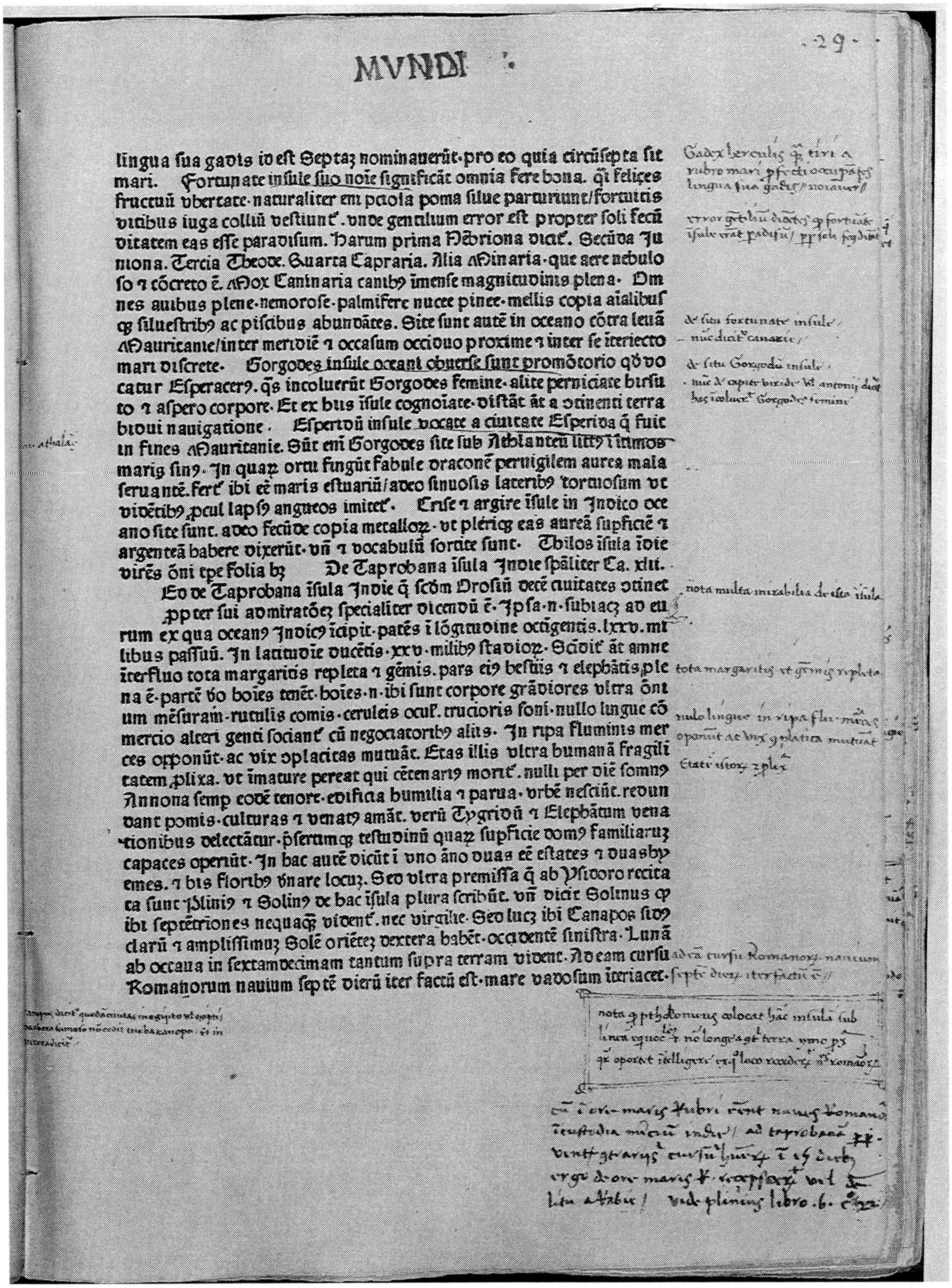
MVNDI

lingua sua gadis id est Septaz nominauerūt. pro eo quia circūsepta sit mari. Fortunate insule suo noīe significāt omnia fere bona. qⁱ felices fructuū ubertate. naturaliter eni pciosa poma silue parturiunt/fortuitis vitibus iuga colliū vestiunt᷑. unde gentilium error est propter soli fecū ditatem eas esse paradisum. Harum prima Mbriona dicit᷑. Secūda Junona. Tercia Theode. Quarta Capraria. Alia Minaria. que aere nebuloso ꝛ cōcreto ē. Mox Caninaria canib9 imense magnitudinis plena. Omnes auibus plene. nemorose. palmifere nucee pinee. mellis copia aialibusq silvestrib9 ac piscibus abundātes. Site sunt autē in oceano cōtra leuā Mauritanie/inter meridiē ꝛ occasum occiduo proxime ꝛ inter se iteriecto mari discrete. Gorgodes insule oceani obuerse sunt promōtorio qd vocatur Esperacer9. qs incoluerūt Gorgodes femine. alite perniciate hirsuto ꝛ aspero corpore. Et ex his īsule cognoīate. distāt āt a ɔtinenti terra biduj nauigatione. Esperidū insule vocate a ciuitate Esperida q̄ fuit in fines Mauritanie. Sūt eni Gorgodes site sub Athlanteū litt9 i intimos maris sin9. In quaꝝ ortu fingūt fabule dracone͞ peruigilem aurea mala seruantē. fert᷑ ibi eē maris estuariū/adeo sinuosis laterib9 tortuosum vt vidētib9 ꝓcul laps9 angueos imitet᷑. Crise ꝛ argire īsule in Indico oceano site sunt. adeo fecūde copia metalloꝝ. vt plēriqꝫ eas aureā supficiē ꝛ argenteā habere dixerūt. vn̄ ꝛ vocabulū sortite sunt. Thilos īsula īdie virēs ōni tpe folia hꝫ

De Taprobana īsula Indie spālit̄er Ca. xlii.

Eo de Taprobana īsula Indie q̄ scdm Drosiū decē ciuitates ɔtinet ꝑpter sui admiratōēꝫ specialiter dicendū ē. Ipsa. n. subiacꝫ ad eurum ex qua ocean9 Indic9 īcipit. patēs ī lōgitudine octigentis. lxxv. milibus passuū. In latitudīe ducētis. xxv. milib9 stadioꝝ. Scīdit᷑ āt amne iterfluo tota margaritis repleta ꝛ gēmis. pars ei9 bestiis ꝛ elephātis plena ē. partē vo hoīes tenēt. hoīes. n. ibi sunt corpore grādiores vltra ōnium mēsuram. rutulis comis. ceruleis ocul᷑. trucioris soni. nullo lingue cōmercio alteri genti sociant᷑ cū negociatorib9 aliis. In ripa fluminis merces opponūt. ac vix ɔplacitas mutuāt. Etas illis vltra humanā fragilitatem ꝓlixa. vt imature pereat qui cētenari9 morit᷑. nulli per diē somn9 Annona semp eodē tenore. edificia humilia ꝛ parua. vrbē nesciūt. redundant pomis. culturas ꝛ venat9 amāt. verū Tygridū ꝛ Elephātum venationibus delectātur. pserti mqꝫ testudinū quaꝝ supficie dom9 familiaruꝫ capaces operiūt. In hac autē dicūt i vno āno duas eē estates ꝛ duas hyemes. ꝛ bis florib9 vnare locuꝫ. Sed vltra premissa q̄ ab Ysidoro recitata sunt Plini9 ꝛ Solin9 de hac īsula plura scribūt. vn̄ dicit Solinus qꝫ ibi septētriones nequaqꝫ vident᷑. nec virgilie. Sed lucꝫ ibi Canapos sid9 clarū ꝛ amplissimuꝫ Solē orietēꝫ dextera habēt. occidentē sinistra. Lunā ab octaua in sextamdecimam tantum supra terram vident. Ad eam cursu Romanorum nauium sep tē dierū iter factū est. mare vadosum iteriacet.

Abb. 98: Pierre d'Ailly, Imago mundi (ca. 1483), fol. 29 (ganz unten rechts mit Sicherheit eine Randnotiz von der Hand des Columbus) (= Nr. 75).

320; am oberen Rand beschnitten) aus einer Handschrift des Catholicons des Johannes Balbus (14. oder 15. Jahrhundert). Der Text (Buchstaben He) scheint eine andere Redaktion als die vorangehende Inkunabel zu repräsentieren.

Das Fragment hat als archivalische Pergamenthülle für "Schatzrechnungen" (Ostern 1655/56) gedient.

Lit.: Kühne, Udo: Handschriften in Hannover, Wiesbaden 1991, 140-141.

Ausgestellt: Die Fleischseite des Pergaments.
Abb. 97.

Exponat Nr. 75: Pierre d'Ailly, Imago mundi, Löwen ca. 1483 Exemplar der Biblioteca Colombina in Sevilla.
Ausgestellt ist ein Facsimile: Testimonio Compañía Editorial S.A. - Madrid und Verlag Bibliotheca Rara - Düsseldorf.

Pierre d'Ailly (Petrus Alliacus) (1352-1420) war einer der einflußreichsten Theologen in Paris. Sein geographisches Werk 'Imago mundi' - eine Kompilation aus diversen Quellen - hat offensichtlich großen Einfluß auf Columbus ausgeübt. Man hat in ihm die Inspirationsquelle für den Plan des Columbus erkennen wollen. Das Exemplar der Biblioteca Colombina trägt zahlreiche handschriftliche Randnotizen. Daß unter ihnen auch solche des Columbus sind, haben selbst die skeptischsten Kritiker der Autographen-Theorie bestätigt. Eine authentische Notiz findet sich z.B. auf fol. 29 ganz unten rechts.

Lit.: Sarmati, Elisabetta: Le postille di Colombo all' "Imago mundi" di Pierre d'Ailly, in: Columbeis IV (1990) 23-42.

Ausgestellt: fol. 28^v/29.
Abb. 98.

Nach der Auffindung der Neuen Welt

Information und erster Widerhall

Unsere kleine Überschau soll nicht enden, ohne daß ein Blick auf die ersten anderthalb Jahrzehnte nach der Entdeckung geworfen worden ist. Zwar herrscht gerade in der jüngsten Zeit beileibe kein Mangel an Literatur zu diesem Bereich, aber Hamburg und Bremen können hier mit authentischen Dokumenten aufwarten und manche sehenswerte kartographische Nachbildung verdankt diesem Interesse ihre Entstehung.

Das aktuelle Nachrichtenmedium des ausgehenden 15. und des 16. Jahrhunderts sind Flugschriften.

Columbus und Amerigo Vespucci haben sich ihrer bedient. Der Brief des Columbus über die Vollendung seiner Fahrt, die Nachricht des Vespucci über die Neue Welt konnten in kurzer Zeit ihr Publikum erreichen; Übersetzungen sorgten für 'internationale' Verbreitung. Beigegebene Holzschnitte förderten die Neugier des Lesers.

Columbus- und Vespucci-Briefe

Exponat Nr. 76a: Columbus, Epistola (lateinisch), ohne Ort und Jahr mm 198x139.

Lit.: Ruge, Nr. 21. - Cavallo (Hrsg.), Due mondi, Nr. III. 23 (mit Abb.).

Commerzbibliothek Hamburg: S 153.

Ausgestellt: erste Seite.
Abb. 99a.

¶ Epistola Christofori Colom: cui etas nostra multũ debet: de Insulis Indie supra Gangem nuper inuẽtis. Ad quas pergrenandas octauo antea mense auspiciis et ere inuictissemoꝝ Fernãdi et Helisabet Hispaniaꝝ Regũ missus fuerat: ad magnificum dñm Gabrielem Sanchis eorundẽ serenissimoꝝ Regum Tesaurariũ missa: quã nobilis ac litteratus vir Leander de Cosco ab Hispano idiomate in latinum cõuertit tertio kals Maii. M.cccc.xciii. Pontificatus Alexandri Sexti Anno primo.

Quoniam suscepte prouintie rem perfectam me consecutum fuisse gratum tibi fore scio: has constitui exarare: que te uniuscuiusqꝫ rei in hoc nostro itinere geste inuenteqꝫ admoneant: Tricesimotertio die postqꝫ Gadibus discessi in mare Indicũ perueni: vbi plurimas insulas innumeris habitatas hominibus repperi: quarum omnium pro felicissimo Rege nostro preconio celebrato et vexillis extensis contradicente nemine possessionem accepi: primeqꝫ earum diui Saluatoris nomen imposui: cuius fretus auxilio tam ad hanc: qꝫ ad ceteras alias peruenimus. Eam hõ Indi Guanahanin vocant. Aliarũ etiam vnam quamqꝫ nouo nomine nuncupaui: quippe aliã insulam Sancte Marie Conceptionis. aliam Fernandinam. aliam Hysabellam. aliam Joanam. et sic de reliquis appellari iussi. Cum primum in eam insulam quam dudum Joanam vocari dixi appulimus: iuxta eius littus occidentem versus aliquantulum processi: tamqꝫ eam magnam nullo reperto fine inueni: vt non insulã: sed continentem Chatai prouinciam esse crediderim: nulla tñ videns oppida municipiaue in maritimis sita confinib⁹ preter aliquos vicos et predia rustica: cum quoꝝ incolis loqui nequibam. quare simul ac nos videbant surripiebant fugam. Progrediebar vltra: existimans aliquã me vrbem villasue inuenturũ. Deniqꝫ videns qꝫ longe admodum progressis nihil noui emergebat: et hmõi via nos ad Septentrionem deferebat: qꝫ ipse fugere exoptabã: terris etenim regnabat bruma: ad Austrumqꝫ erat in voto cõtendere:

Abb. 99a: Columbus, Epistola, erste Seite (= Nr. 76a).

Abb. 99b: Columbus, De insulis, 1494, fol. 29v (= Nr. 76b).

Exponat Nr. 76b: Columbus, De insulis nuper inventis, 1494. Mit Holzschnitten mm 180x128.
Der Brief ist Anhang zu dem Festspiel, das Carolus Verardus zur Feier des Falls von Granada gedichtet hat.

Lit.: Ruge, Nr. 23.

Staats- und Universitätsbibliothek Bremen: I Nr. 147 / VI.9.b.23. / bs 0654-14.

Ausgestellt: fol. 29ᵛ/30.
Abb. 99b.

Exponat Nr. 77a: Vespucci, Mundus Novus (lateinisch), ohne Ort und Jahr mm 193x140.

Lit.: Ruge, Nr. 32. - Mostra, Nr. 56.

Commerzbibliothek Hamburg: S 173.

Ausgestellt: fol. 1ᵛ/2.
Abb. 100a.

Exponat Nr. 77b: Vespucci, Mundus Novus (lateinisch), ohne Ort und Jahr mm 200x135.

Lit.: Ruge, Nr. 33. - Mostra, Nr. 58.

Commerzbibliothek Hamburg: S 172.

Ausgestellt: fol. 1.
Abb. 100b.

Exponat Nr. 77c: Vespucci, Mundus Novus (lateinisch), ohne Ort und Jahr mm 192x140.

Lit.: Ruge, Nr. 36. - Mostra, Nr. 57. - Cavallo (Hrsg.), Due mondi, Nr. IV.13 (mit Abb.).

Commerzbibliothek Hamburg: S 174.

Ausgestellt: fol. 3ᵛ/4.
Abb. 100c.

Exponat Nr. 77d: Vespucci, Von den newen Insulen, Leipzig (Martin Landeßberg) 1506 mm 183x130.

Lit.: Ruge, Nr. 30.

Staats- und Universitätsbibliothek Bremen: XII.4.b.94 No.6.

Ausgestellt: Titelblatt mit Holzschnitten.
Abb. 100d.

Albericus vespucius Laurentio
Petri de medicis salutem plurimam dicit.

Superioribus dieb⁹ satis ample tibi scripsi de reditu meo ab
nouis illis regionibus q̄s ⁊ classe ⁊ impensis ⁊ mādato isti⁹
serenissimi portugalie regis pq̄siuimus ⁊ inuenim⁹: quasq̧
nouū mundū appellare licet. Quando apud maiores nr̄os
nulla de ipis fuerit habita cognitio ⁊ audientib⁹ oībus sit nouissima res.
Et eñ hec opinionē nostroꝝ antiquoꝝ excedit: cū illoꝝ maior pars dicat
vltra lineā equinoctialē: ⁊ versus meridiem nō esse ꝯtinentē: sed mare tan
tum qd̄ atlanticū vocauere. ⁊ si qui eoꝝ ꝯtinentē ibi eē affirmauerūt: eam
esse terrā habitabilē multis rōnibus negauerūt. Sed hanc eoꝝ opinionē
esse falsam ⁊ veritati omnino ꝯtrariā: hec mea vltima nauigatio declara
uit: cū in ꝑtibus illis meridianis continentē inuenerim frequentioribus
pplis ⁊ aīalibus habitatā: q̄ȝ nostrā europā seu asiam vel africā: ⁊ insup
aerē magis tempatū ⁊ amenum q̄m in quauis alia regione a nobis cogni
ta prout inferius intelliges: vbi succincte tantum reꝝ capita scribem⁹ ⁊
res digniores annotatione ⁊ memoria que a me vel vise vel audite in hoc
nouo mundo fuerevt infra patebit.

Prospero cursu quartadecima mensis maij millesimo q̄ngentesi
mo primo recessim⁹ ab olysippo mādante prefato rege cū tribus
nauibus ad inq̄rendas nouas regiones versus austrū et viginti
mensibus ꝯtinēter nauigauimus ad meridiē: cuius nauigationis
ordo talis est. Nauigatio nr̄a fuit ꝑ insulas fortunatas: sic olim dictas
nunc aūt appellātur insule magne canarie: que sunt in tertio climate ⁊ in
ꝯfinibus habitati occidentis. Inde ꝑ oceanū totum littus africum ⁊ par
tem ethiopici ꝑcurrimus vsq̧ ad ꝓmontoriū ethiopum: sic a ptolomeo
dictū: qd̄ nunc a nr̄is appellat̄ caput viride: ⁊ ab ethiopicis besegbice: ⁊
regio illa mandinga gradib⁹. xiiij. intra torridā zonā a linea equinocti
ali versus septētrionē: que a nigris gētibus ⁊ pplis habitat̄. Ibi resump
tis viribus ⁊ necessarijs nostre nauigatōi: extulimus anchoras ⁊ exp an
dimus vel a ventis: ⁊ nostrū iter ꝑ uastissimū oceanū dirigentes versus
antarcticū parūper ꝑ occidentē inflex imus ꝑ ventū qui vulturnus dicit̄:
et a die qua recessimus a dicto ꝓmontorio: duū mensiū ⁊ triū dieꝝ spatio
nauigauimus anteq̄ȝ vlla terra nobis appareret. In ea aūt maris vastita
te qd passi fuerimus: que naufragij picula ⁊ que corporis incōmoda susti
nuerimus: qbusq̧ anxietatibus animi laborauerimus: existimationi eoꝝ
relinquo: qui multaꝝ rerū expientia optime norūt: qd sit incerta querere
⁊ que an si sint ignorātes inuestigare: ⁊ vt vno verbo vniuersa ꝯstringā:

Abb. 100a: Vespucci, Mundus Novus (lat.), fol. 1ᵛ (= Nr. 77a).

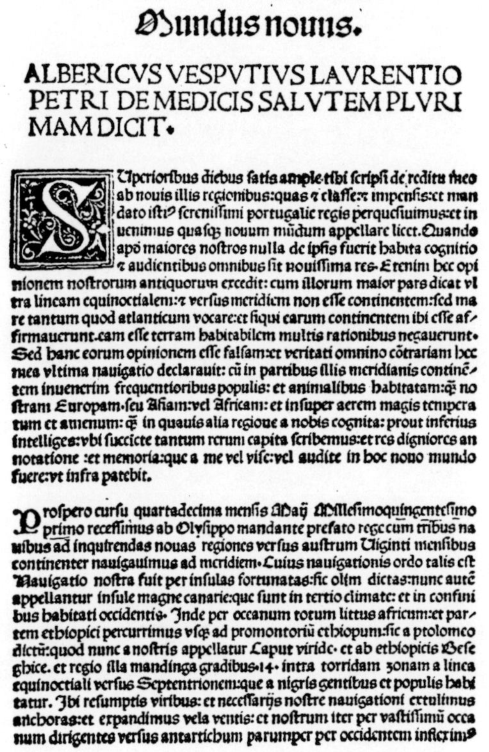

Mundus nouus.

ALBERICVS VESPVTIVS LAVRENTIO
PETRI DE MEDICIS SALVTEM PLVRI
MAM DICIT.

Superioribus diebus satis ample tibi scripsi de reditu meo
ab nouis illis regionibus: quas ⁊ classe: ⁊ impensis: et man
dato isti⁹ serenissimi portugalie regis perquesiuimus: et in
uenimus quasq̧ nouum mūdum appellare licet. Quando
apd̄ maiores nostros nulla de ipsis fuerit habita cognitio
⁊ audientibus omnibus sit nouissima res. Etenim hec opi
nionem nostrorum antiquorum excedit: cum illorum maior pars dicat vl
tra lineam equinoctialem: ⁊ versus meridiem non esse continentem: sed ma
re tantum quod atlanticum vocare: et siqui earum continentem ibi esse af
firmauerunt. eam esse terram habitabilem multis rationibus negauerunt.
Sed hanc eorum opinionem esse falsam: et veritati omnino cōtrariam hec
mea vltima nauigatio declarauit: cū in partibus illis meridianis continē
tem inuenerim frequentioribus populis: et animalibus habitatam: q̄ȝ no
stram Europam. seu Asiam: vel Africam: et insuper aerem magis tempera
tum et amenum: q̄ȝ in quauis alia regione a nobis cognita: prout inferius
intelliges: vbi succicte tantum rerum capita scribemus: et res digniores an
notatione: et memoria: que a me vel vise: vel audite in hoc nouo mundo
fuere: vt infra patebit.

Prospero cursu quartadecima mensis Maij Millesimoquingentesimo
primo recessimus ab Olysippo mandante prefato rege cum tribus na
uibus ad inquirendas nouas regiones versus austrum Viginti mensibus
continenter nauigauimus ad meridiem. Cuius nauigationis ordo talis est
Nauigatio nostra fuit per insulas fortunatas: sic olim dictas: nunc autē
appellantur insule magne canarie: que sunt in tertio climate: et in confini
bus habitati occidentis. Inde per oceanum totum littus africum: et par
tem ethiopici percurrimus vsq̧ ad promontoriū ethiopum: sic a ptolomeo
dictū: quod nunc a nostris appellatur Caput viride. et ab ethiopicis Bese
ghice. et regio illa mandinga gradibus. 14. intra torridam zonam a linea
equinoctiali versus Septentrionem: que a nigris gentibus et populis habi
tatur. Ibi resumptis viribus: et necessarijs nostre nauigationi extulimus
anchoras: et expandimus vela ventis: et nostrum iter per vastissimū ocea
num dirigentes versus antarticum parumper per occidentem inflexim⁹

Abb. 100b: Vespucci, Mundus Novus (lat.), fol. 1 (= Nr. 77b).

Albericus vespuccius Laurentio Petri de medicis salutem plurimam dicit.

Abb. 100c: Vespucci, Mundus Novus (lat.), fol. 1ᵛ (= Nr. 77c).

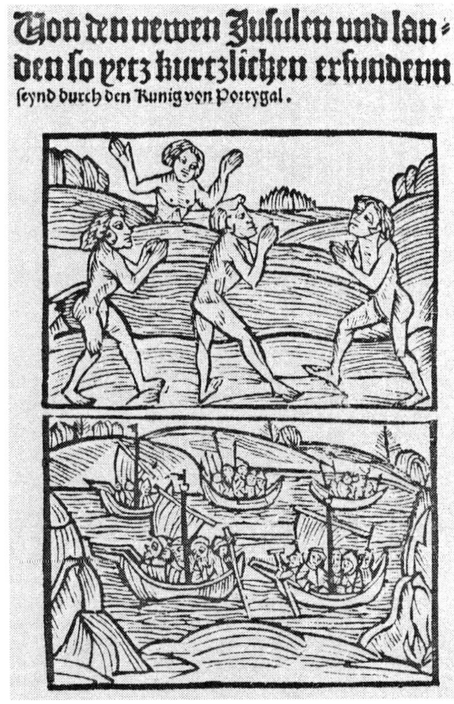

Abb. 100d: Vespucci, Von den newen Insulen, Titelblatt (= Nr. 77d).

Abb. 100e: Vespucci, Von der new gefunnden Region, Titelblatt (= Nr. 77e).

Abb. 100f: Vespucci, S'Ensuyt le nouveau monde, Titelblatt (= Nr. 77f).

Exponat Nr. 77e: Vespucci, Von der new gefunnden Region, Nürnberg (Wolffganng Hueber) ohne Jahr mm 180x140.

Lit.: Ruge, Nr. 40. - Vignaud, S. 13 Nr. 19.

Commerzbibliothek Hamburg: S 155.

Ausgestellt: fol. 5^v/6.
Abb. 100e.

Exponat Nr. 77f: Vespucci (Montalboddo - Mathurin du Redouer), S'Ensuyt le nouveau monde, Paris ohne Jahr mm 180x110.

Lit.: Ruge, Nr. 96. - Vignaud, S. 26 Nr. 57.

Commerzbibliothek Hamburg: S 154.

Ausgestellt: Titelblatt.
Abb. 100f.

Sebastian Brant

Das Narrenschiff von Sebastian Brant (1457-1521) - ein Bestseller aus dem Jahre 1494, der "größte deutsche Bucherfolg vor Goethes Werther" (Christine Stoll).

Im 66. Kapitel seiner Moralsatire, die den Schwächen, Fehlern und Lastern des Menschen, seinen unzähligen Narrheiten, gewidmet ist, handelt Brant "von erfarung aller land". Es geht um Geographie, Erforschung und Erkundung der Erde. Auch wer all sein Sinnen und seinen Fleiß auf die Erkundung aller Stadt und Land setzt, wer einen Zirkel zur Hand nimmt, um die Maße der Erde zu bestimmen, wer die Geheimnisse des Ozeans zu erkennen sucht und sich die Frage stellt, ob "unter unseren Füßen" Leute leben oder nicht vielmehr alles auf der anderen Seite hinunterfällt, auch der muß mit an Bord auf das Narrenschiff, denn eitles Streben ist all diese Wissenschaft. Die Kreise im Sand, was nützen sie dem Archimedes? Die Gefahr des Todes hat er nicht erkannt. Was erreichte Dikaiarchos in seinem Fleiß? Höchste Bergesgipfel meinte er zu messen:

"Doch maß er nit mit syner handt
Die Alppen hoch jm Schwitzer landt
Masß ouch nit wie tieff wer das loch
Do hyn er müst / und sitzet noch". (33-36)

In diesem Kapitel kommt Brant auch auf die neuesten Entdeckungen zu sprechen:

"Ouch hatt man sydt jnn Portigal
Und jnn hispanyen uberall
Golt / inslen funden / und nacket lüt
Von den man vor wust sagen nüt". (53-56)

Entdeckungen sind gelungen und haben den Horizont geweitet, doch der Mensch gehe fehl, wenn er alles zu ergründen suche, es aber vernachlässige, sich selbst zu erkennen.

Jeder Abschnitt des Narrenschiffs ist durch einen Holzschnitt illustriert (die zu einem großen Teil mit dem jungen Albrecht Dürer in Verbindung gebracht werden). Das Bild zum 66. Kapitel zeigt einen Narren mit einem Zirkel in der Hand. Ein zweiter Narr sitzt ihm auf dem Buckel. Vor ihnen im Sand ist eine Skizze des Weltalls zu erkennen.

Die Brantsche Satire auf Geographie und Erdvermessung läßt an ähnliche Szenen in den 'Wolken' (s.o. S. 19f.) und den 'Vögeln' (V. 992ff.) des Aristophanes denken. Die Kritik an der Wissenschaft ist bei beiden Autoren gemäß der literarischen Gattung ihrer Werke in satirisch-karikierender Weise übertrieben. Beide sind nicht als überzeugte Wissenschaftsfeinde abzustempeln. Ihre Kritik richtet sich gegen Fehlentwicklungen und falsches, nutzloses Streben.

Lit.: Stoll, Christine: Sebastian Brant. Das Narren Schyff, in: Kindlers Neues Literatur Lexikon, Bd. 3, München 1989, 45-47.

Exponat Nr. 78: Narrenschiff, in lat. Übers. von Jakob Locher, Basel (Johann Bergmann von Olpe) 1497 mm 213x155.

Durch die lateinische Übersetzung von Jakob Locher (1497) wurde das Narrenschiff in Europa bekannt. Der Stoff ist gegenüber dem Original gerafft, Strukturen sind stärker herausgearbeitet. Im selben Jahr erscheint auch die erste Übersetzung ins Niederdeutsche; Übertragungen ins Englische, Französische, Niederländische und Flämische folgen bald.

Staats- und Universitätsbibliothek Bremen: VI. 9.b.13.

Ausgestellt: fol. LXXV^{v}/LXXVI (Kapitel 66 mit Holzschnitt).

Abb. 101 (fol. LXXVI, LXXVI^{v}).

LXXVI

De geographica regionũ inquiſitione.

Qui cœlum & terram: latum metit̃ & orbem:
Climata deſcribit: & memorat populos:
Hic fatuum inſtantem craſſa a ceruice repellat:
Nil bonitatis habent hęc monumenta quidem

Stultior il le quidẽ q̃ mẽſurã vndiq; terrę Metit̃: nec ſe nec ſua ſcire valet.

Non ſatis eſt ſapiens: non eſt ratione politus:
Sed noſtra in naui carbaſa plena trahat:
Qui latera immenſi mundi metitur / & orbis
Climata: ſtat fatua circinus inq; manu: k.iiii.

FOLIO

xxvi.q.iiii.c. igitur. Noſſe cupit cunctas regiones / & loca cuncta:
Humano ſiquidem / cognita non generi:
Eſa.xl.& 48. Eccš.iiii. ii. Corin.x. Nunc orbis lati metas: longoſq; reflexus:
Penſantur: fatuos ſedula cura mouet.
Nſſere conant̃ gentes quas ſpectet Eous:
Quas calor auſtralis: occiduuſq; tepor.
Abacuc.iii. Stultus hyperboreum menſuram flectit ad axem:
Et quęrit populos hac regione feros.
Menſuratq; vrſam dygitis quandoq; minorem:
Quo populos tali ſub regione notet.
Europę atq; Aſię ſpatium colluſtrat vtrumq;:
Gręcos / Aeolios / Cappadocas / Cylices:
Et Libyę gentes rutilo ſub ſole iacentes:
Atlantem / & Calpen: Herculis atq; fretum:
Semotam Thylen: quęrit vel in orbe Brytannos
Extręmo: & radio Theutona clauſtra notat.
Noſſeq; vult tumido poſitas in gurgite gentes:
Et cauſas refluí ſucciduiq; maris.
Strabo Pręſtita coſmographi luſtrat documẽta Strabo ĩs:
Intactũ toto nil ſinit orbe quidem.
Eccš.vii. Quid geometer enim tantas in pectore curas
Concipis? incaſſum circulus iſta terit.
Plinius. Plinius errauit: quamuis ſpectabilis auctor:
Ptolomeus Errores varios & Ptolomęus habet.
Sapi.iii. Inuanũ ſiquidẽ multorũ corda laborant:
Hiere.ii. Rebus in incertis quos ita ſudor agit.
Ezech.xiii. Eccle.xxxiiii Antea quę fuerat priſcis incognita tellus:
Expoſita eſt oculis & manifeſta patet.
Ferdinandus hiſpaniarum rex. Heſperię occiduę rex Ferdinandus: in alto
Aequore nunc gentes repperit innumeras.

Abb. 101: Sebastian Brant, Stultifera Navis (1497) (= Nr. 78).

Antonio de Nebrija

Bei dem spanischen Humanisten Antonio de Nebrija (1444-1532) finden wir nach Sebastian Brant vielleicht den frühesten Widerhall der westlichen Entdeckungen im Rahmen eines literarischen bzw. gelehrten Werkes. In seinem in Salamanca ca. 1498 erschienenen 'Introductorium in Cosmographiam Pomponii Melae' kommt er beiläufig auch auf die neu gefundenen Inseln in der anderen Hemisphäre der Welt zu sprechen, mit einer seltsam unsicheren Vermischung von Antipodenvorstellungen und realen Informationen. Bei dem Unternehmungsgeist seiner Zeitgenossen rechnet er mit einer baldigen Deskription der neuen Inseln wie auch des Kontinents ("sed ut est nostri temporis hominum audacia brevi futurum est, ut nobis veram terrae illius descriptionem afferant, tum insularum tum etiam iam continentis"). Doch dann ruft er sich von diesem 'Ausflug' zurück.

Der Hinweis auf den Text wird Francisco Lisi / Cáceres verdankt, der die Edition des Introductorium für die Gesamtausgabe (Salamanca 1992-) vorbereitet.

Exponat Nr. 79: Aelii Antonii Nebrissensis Introductorium in Cosmographiam, Salamanca ca. 1498.
Eine Xerokopie aus dem Exemplar in Salamanca (Signatur: I-00184) der äußerst seltenen Ausgabe ist ausgestellt: fol. a ij^{v}.

Abb. 102.

Juan de la Cosa

Die früheste bekannte Karte mit der Neuen Welt hat der Seefahrer und Kartograph Juan de la Cosa († 1510) gezeichnet, der Columbus zumindest auf dessen zweiter Reise (1493-1494) begleitete, sich auch an anderen Expeditionen beteiligte und selbständig Fahrten in der Karibik (1504, 1507) unternahm.

Diese Karte stellt eigentlich eine Weltkarte dar, erhalten ist jedoch nur der westliche Teil (bis zum Persischen Golf). Der nordamerikanische Teilkontinent erstreckt sich als zusammenhängende Landmasse weit in den Nordatlantik hinaus und die südamerikanische Landmasse läßt ihren kontinentalen Charakter erahnen. Die strittige Frage eines Mittelamerika teilenden Meereskanals und damit eines Seeweges nach Ostasien ließ Cosa dadurch unbeantwortet, daß er die entsprechende Stelle mit einer Miniatur des Hl. Christophorus überdeckte.

Exponat Nr. 80: Juan de la Cosa: Weltkarte, 1500.
Kolorierte Handzeichnung auf Pergament Originale Größe: 180x96 cm Museo Naval, Madrid.

Ausgestellt ist ein auf 133x70 cm reduziertes Pracht-Facsimile, für die Ausstellung zur Verfügung gestellt durch den Verlag Bibliotheca Rara - Düsseldorf.
Abb. 103.

---

terra continenti ambitur: niſi qua per anguſtias oceano coniungitur. Continet autem hic ſinus multas per-
magnaſq; inſulas. De reliquo huic noſtro hemiſpherio
e regiõe oppoſito quod incolũt antichthones: nihil cer-
ti nobis a maioribus noſtris traditum eſt. Sed ut eſt no
ſtri temporis hominum audacia breui futurum eſt: ut
nobis ueram terrę illius deſcriptionem afferant: tum in
ſularum tum etiam continentis: cuius magnam partẽ
oræ maritimæ nautæ nobis tradiderunt: illam maxime
quę ex aduerſo inſularum nuper inuentarũ (hiſpanam
dico iſabelam reliquaſq; adiacentes) poſita eſt. Sed de
his alio tempore atq; loco: nunc ad reliqua pergamus.

De circulis ſphæræ huic nego
tio neceſſariis Cap. ij.

SVpponendum præterea quod eſt ſenſui per
quam manifeſtum primũ mobile quodcũ-
q; tandẽ illud ſit moueri ab ortu in occaſum
ſuper duo puncta diametrum ſiue axem ipſius motus
terminantia: polos græci latini uertices appellãt utrũq;
nomen a uertendo impoſitum: quod ad illos uerti-
tur primum mobile. Supponendum quoq; omnem
circulum qui deſcribitur in ſuperficie ſphęræ eſſe aut
maiorem aut minorẽ: circulũq; maiorẽ eſſe qui deſcri-
ptus in ſuperficie ſphęræ diuidit illam diametraliter in
partes æquales circulum uero minorem eſſe qui deſcri
ptus in eadem ſuperficie diuidit ipſam in portiones
inæquales: utrumq; tamen circulum ſiue ille ſit maior
ſiue minor diuidi in partes trecẽtas ſexaginta quas græ
ci meridas iuniores aſtrologi gradus appellãt. Imagi

Abb. 102: Antonio de Nebrija, Introductorium (ca. 1498) (= Nr. 79).

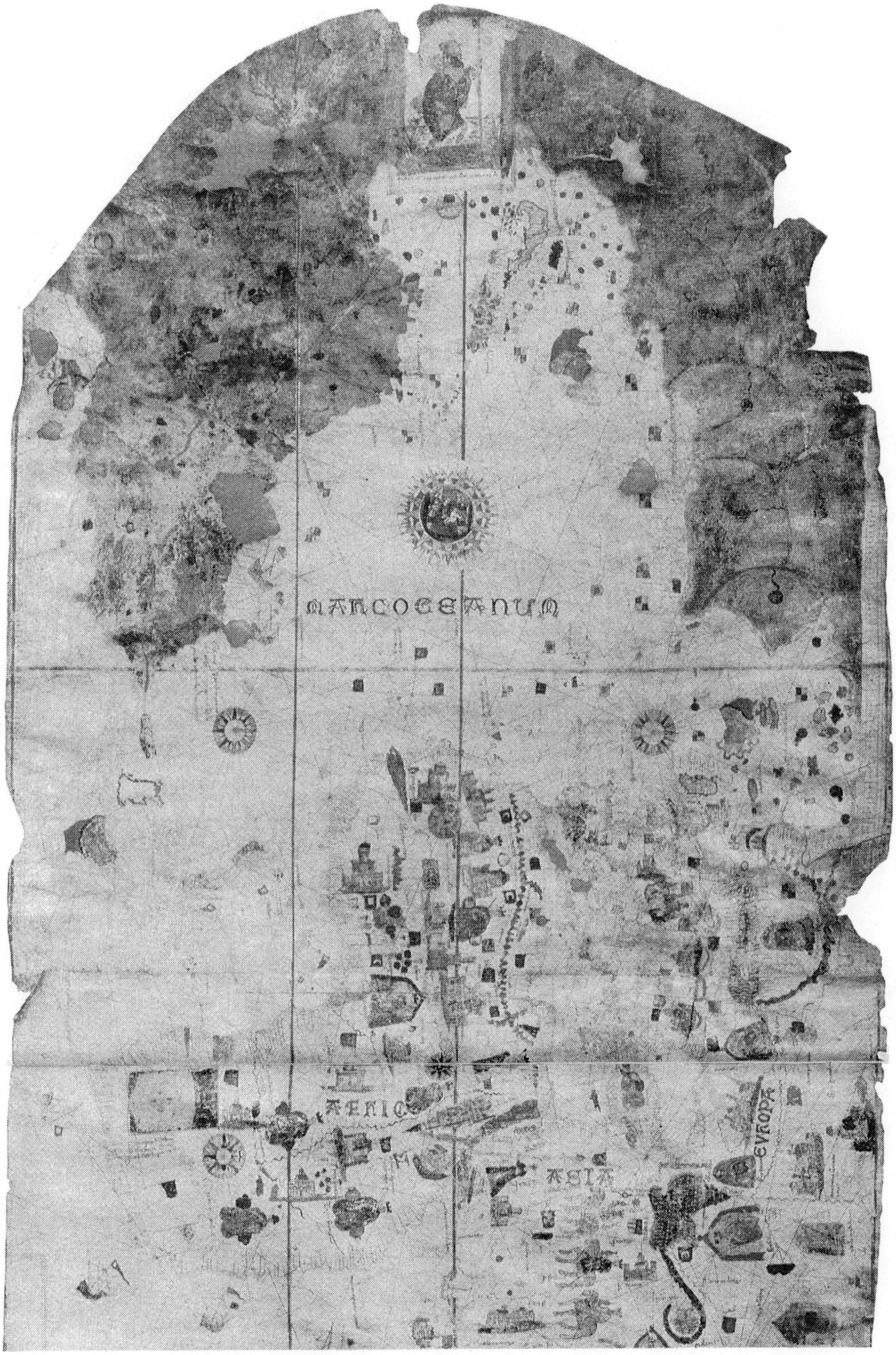

Abb. 103: Juan de la Cosa, Weltkarte (1500) (= Nr. 80).

Die Taufe Amerikas

Matthias Ringmann und Martin Waldseemüller

In der lothringischen Stadt St. Dié erschien am 25.4.1507 die Editio princeps jener Schrift, in welcher der Name 'America' zum ersten Mal auftaucht. In offensichtlicher Überschätzung der Verdienste des Amerigo Vespucci um die Erschließung des aufgefundenen Kontinents wird vorgeschlagen, diesen *Amerigen quasi Americi terrā sive Americam* zu nennen (korrekter, aber klanglich weniger gut wäre Americige bzw. Americica gewesen).

Gewöhnlich wird diese Benennung wie auch das Buch - es handelt sich um die 'Cosmographiae Introductio' (Nr. 81) - dem Martin Waldseemüller zugeschrieben. In Wirklichkeit waren zwei Freunde gemeinsam für die Schrift verantwortlich, Waldseemüller und Matthias Ringmann, der erste ein Kosmograph und Kartograph, der zweite ein Philologe. Es liegt nahe, daß der Philologe für die Namenstaufe verantwortlich zeichnet. So hat denn auch F. Laubenberger gegen die communis opinio gute Argumente für Matthias Ringmann (Philesius) ins Feld führen können.

Geistreiche sekundäre Namensgebungen sind eine typische Erscheinung des Humanismus, insbesondere auch des deutschen. Latinisierungen und Gräzisierungen von Personennamen sind weit verbreitet. Die bekannteste Gräzisierung ist wohl Melanchthon (= Schwarzerd). Auch lateinisch-griechische Mischformen kamen vor. Mit der Etymologie und den Regeln der Wortbildungslehre nahm man es dabei nicht so genau; Klang und Spiel zählten. Ein gutes Beispiel stellt Waldseemüller selbst dar: Wal[t]zenmüller > Wal[t]zemüller > Wald-seemüller > Hylacomylus / Hilacomilus, Ilacomilus (ὕλη bzw. lat. hyle + lacus; auch hier wird in Haplologie des Klanges wegen eine Silbe geopfert, statt Ililacomylus [oder ähnlich]).

Parallel zur 'Introductio' erschien 1507 in Straßburg als monumentales Kartenwerk eine Weltkarte; sie ist das Verdienst Waldseemüllers. Als ursprüngliche Auflagenhöhe werden 1.000 Karten angegeben. Nur noch eine einzige ist bekannt; sie wurde von J. Fischer 1901 in der Schloßbibliothek Wolfegg/Württemberg entdeckt.

Die Publikationen Ringmanns und Waldseemüllers scheinen einen Teil ihres großen geographischen Unternehmens ausgemacht zu haben, zu dem offensichtlich auch eine Neuherausgabe des Ptolemaios gehören sollte. Hier muß die Forschung weiteres Licht in die komplizierten Zusammenhänge zu bringen versuchen.

Lit.: Laubenberger, Franz: Ringmann oder Waldseemüller? Eine kritische Untersuchung über den Urheber des Namens Amerika, in: Erdkunde. Archiv für wissenschaftliche Geographie 13 (1959) 163-179.

Exponat Nr. 81: Eigenhändiger Brief Waldseemüllers an den Verleger und Drucker Johann Amerbach in Basel (St. Dié, 5. April 1507).

Der Brief, in welchem es u.a. um eine griechische Ptolemaios-Handschrift geht, bietet einen schlaglichtartigen Einblick in die intensiven Bemühungen der Gelehrten in St. Dié um den Ptolemaiostext und die Kartenkunde.

Die Unterschrift lautet: *Martinus Vualdsemüller / alias Ilacomylus tibi / ad vota subnixiss.*

Lit.: Hartmann, Alfred: Die Amerbachkorrespondenz, I: Die Briefe aus der Zeit Johann Amerbachs, 1481-1513, Basel 1942, 312-314.

Ausgestellt ist eine Photographie des Baseler Brief-Bandes G II 30/II, fol. 168 (Format des Briefes: mm 219x211). Abb. 104.

Exponat Nr. 82: Facsimile der Editio princeps der 'Cosmographiae Introductio', St. Die 25. April 1507.

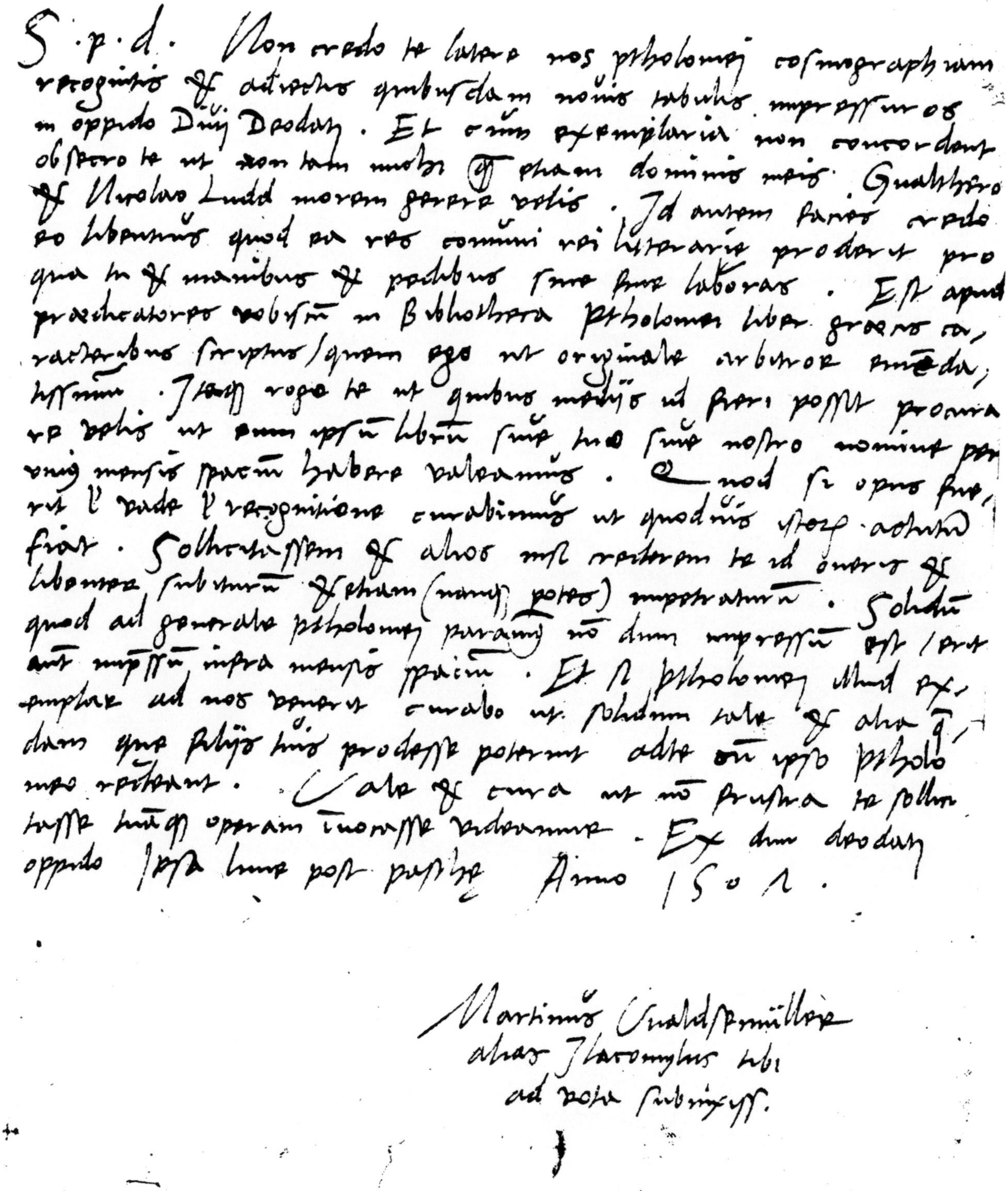

S.p.d. Non credo te latere nos ptholomej cosmographiam
recognitis et additis quibusdam novis tabulis impressuros
in oppido Divi Deodati. Et cum exemplaria non concordant
obsecro te ut non tam mihi quam etiam dominis meis Gualtero
et Nicolao Ludd morem gerere velis. Id autem facere credo
eo libentius quod ea res communi rei litterarie prodest pro
qua tu et manibus et pedibus (ut aiunt) laboras. Est apud
predicatores vestros in Bibliotheca ptholomei liber grecis ca-
racteribus scriptus / quem ego ut originale arbitror emenda-
tissimum. Itaque rogo te ut quibus modis id fieri possit procura-
re velis ut eum ipsum librum tuo seu nostro nomine per
unius mensis spacium habere valeamus. Quod si opus fuerit vel vadio vel recognitione curabimus ut quodlibet [illegible] actum
fiat. Sollicitassem et alios nisi crederem te id onus et
libentius subiturum et etiam (namque [illegible]) impetraturum. Scito
quod ad generale ptholomei paravimus nondum impressum est / sed
aut impressum infra mensis spacium. Et si ptholomei aliud ex-
emplare ad nos venerit curabo ut [illegible] et alia quae-
dam que filiis tuis prodesse poterunt addere cum ipso ptholo-
meo reciperent. Vale et cura ut non frustra te sollici-
tasse tuamque operam invocasse videamur. Ex divi deodati
oppido ipsa luna post pasche Anno 1507.

Martinus Waldseemüller
alias Ilacomilus tibi
ad vota subscripsi.

Abb. 104: Brief Martin Waldseemüllers an Johann Amerbach (1507) (= Nr. 81).

Aufgeschlagen ist p. 30 mit dem berühmten "Taufschein" Amerikas.

Lit.: Die Cosmographiae Introductio des Martin Waldseemüller (Ilacomilus) in Faksimiledruck, hrsg. v. Fr. R. v. Wieser (Drucke und Holzschnitte des XV. und XVI. Jahrhunderts in getreuer Nachbildung 12), Straßburg 1907. Die Vorlage trägt das Exlibris des Beatus Rhenanus aus Schlettstadt.

Abb. 105.

Exponat Nr. 83: Großformatige Weltkarte 'Universalis Cosmographia' des Martin Waldseemüller, Straßburg 1507. Holzschnittverfahren 12 Blätter Gesamtgröße cm 236x132.

Die Karte ist die erste, auf der die Bezeichnung AMERICA steht, und zwar im südlichen Bereich des schmalen Kontinents des Südens. Die Weltkarte ist in Anlehnung an die modifizierte Regelprojektion (vgl. oben S. 58ff.) gezeichnet, mit "eingedrücktem" Pol, also zwiebelförmig. Ptolemaios - die geographische Autorität der Antike - und Vespucci - der Renaissance-Mensch - krönen das Werk.

Ausgestellt ist ein koloriertes (verkleinertes) Facsimile des Schuler-Verlags Stuttgart.
Abb. 106.

COSMOGRPHIAE

Capadociam/Pamphiliam/Lidiam/ Ciliciã/Armenias maiorẽ & minorẽ.Colchiden/Hircaniam/Hiberiam/Albaniã:et pręterea mľtas quas singilatim enumerare longa mora esset.Ita dicta ab eius nominis regina.

Nũc vo & hę partes sunt latius lustratæ/& alia quarta pars per Americũ Vesputiũ(vt in sequentibus audietur)inuenta est/quã non video cur quis iure vetet ab Americo inuentore sagacis ingenij viro Amerigen quasi Americi terrã / siue Americam dicendã:cũ & Europa & Asia a mulieribus sua sortita sint nomina.Eius sitũ & gentis mores ex bis binis Americi nauigationibus quæ sequunť liquide intelligi datur.

Ameri-ca

Hunc in modũ terra iam quadripartita cognoscit:et sunt tres primę partes cõtinentes/quarta est insula:cũ omni quaqз mari circũdata conspiciať.Et licet mare vnũ sit quẽadmodũ et ipsa tellus/multis tamen sinibus distinctum / & innumeris replętum insulis varia sibi noĩa assumit:quę et in Cosmographiæ tabulis cõspiciunť/& Priscianus in tralatione Dionisij talibus enumerat versibus.

Priscia-nus.

Circuit Oceani gurges tamen vndiqз vastus
Qui qзuis vnus sit plurima nomina sumit.
Finibus Hesperijs Athlanticus ille vocatur
At Boreę qua gens furit Armiaspa sub armis
Diciť ille piger necnõ Satur.idẽ Mortuus est alijs.

Abb. 105: Editio princeps der 'Cosmographiae Introductio' (1507) (= Nr. 82).

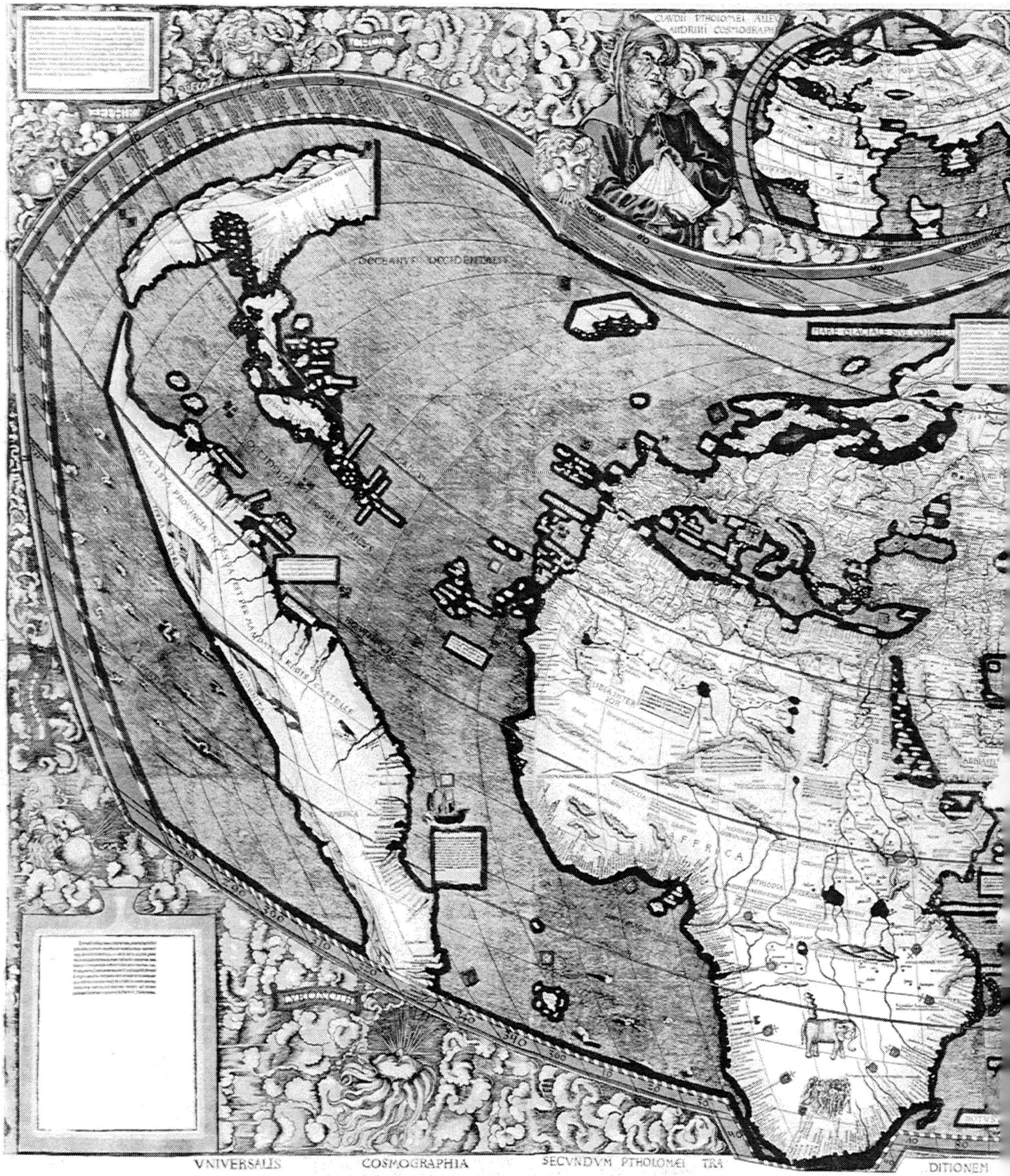

Abb. 106: Weltkarte des Martin Waldseemüller (1507) (= Nr. 83).

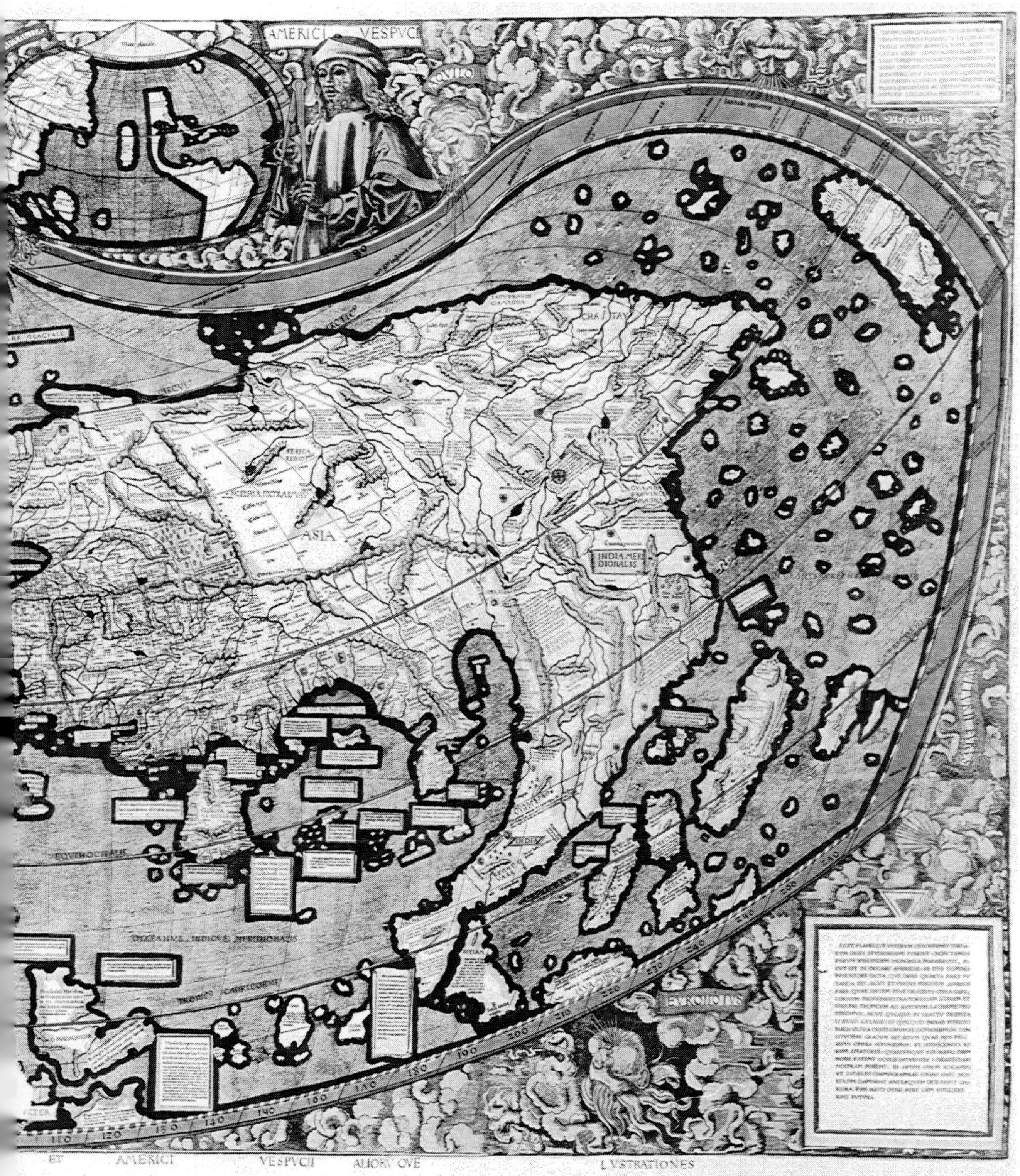
AMERICI VESPUCII
ASIA
INDIA MERIDIONALIS
ET AMERICI VESPVCII ALIORV QVE LVSTRATIONES

Literaturverzeichnis

Amerika 1492 - 1992. Neue Welten - Neue Wirklichkeiten (Ausstellung der Stiftung Preußischer Kulturbesitz im Martin-Gropius-Bau, Berlin 19. Sept. 1992 - 3. Jan. 1993), Katalog und Essays (2 Bde), Braunschweig 1992.

Bensaude, Joaquim: L'astronomie nautique au Portugal à l'époque des grandes découvertes, Bern 1912; Index des noms, Genf 1917.

Berger, Hugo: Geschichte der wissenschaftlichen Erdkunde der Griechen, Leipzig ²1903.

Berschin, Walter: Griechisch-lateinisches Mittelalter. Von Hieronymus zu Nikolaus von Kues, Bern-München 1980.

Bialas, Volker: Erdgestalt, Kosmologie und Weltanschauung. Die Geschichte der Geodäsie als Teil der Kulturgeschichte der Menschheit, Stuttgart 1982.

Brandis, Tilo: Die Codices in scrinio der Staats- und Universitätsbibliothek Hamburg, 1-100 (Katalog d. Handschriften der Staats- u. Universitätsbibliothek Hamburg 7), Hamburg 1972.

Brincken, Anna-Dorothee von den: Fines terrae. Die Enden der Erde und der vierte Kontinent auf mittelalterlichen Weltkarten (Monumenta Germaniae Historica 36), Hannover 1992.

Broc, Numa: La géographie de la Renaissance (1420-1620) (Ministère des Universités, Comité des Travaux Historiques et Scientifiques. Mémoires de la Section de Géographie 9), Paris 1980.

Bunbury, E.H.: A History of Ancient Geography, 2 Bde, Repr. New York 1959.

Burkert, Walter: Weisheit und Wissenschaft. Studien zu Pythagoras, Philolaos und Platon (Erlanger Beiträge z. Sprach- und Kunstwissenschaft 10), Nürnberg 1962.

Cavallo, Guglielmo (Hrsg.): Due mondi a confronto 1492-1728. Cristoforo Colombo e l'apertura degli spazi. Mostra storico - cartografica (Genova - Palazzo Ducale), Rom 1992.

Chiappelli, Fredi (Hrsg.): First Images of America. The Impact of the New World on the Old, I-II, Berkeley-Los Angeles-London 1976.

Columbeis I - IV (Università di Genova, Facoltà di Lettere), 1986-1990.

Dainville, François de, S.J.: La géographie des humanistes, Paris 1940.

Elter, Anton: Das Altertum und die Entdeckung Amerikas, in: Rheinisches Museum 75 (1926) 241-265.

Fischer, Joseph, S.J.: Claudii Ptolemaei Geographiae Codex Urbinas Graecus 82 phototypice depictus ..., Tomus Prodromus, Pars Prior, Pars altera; (Grundwerk) Pars prior, Pars altera (Codices e Vaticanis selecti quam simillime expressi, Vol. XVIII), Leiden-Leipzig 1932.

Focus Behaim-Globus, Referate des internationalen Kolloquiums im Germanischen Nationalmuseum Nürnberg (1990), in: Anzeiger des Germanischen Nationalmuseums 1991.

Fritz, Kurt von: Grundprobleme der Geschichte der antiken Wissenschaft, Berlin-New York 1971.

García Franco, Salvador: Catálogo crítico de astrolabios existentes en España, Madrid 1945.

Gil, Juan - Varela, Consuelo: Cartas de particulares a Colón y Relaciones coetáneas, Recopilación y edición de ..., Madrid 1984.

Gil, Juan: Mitos y utopías del descubrimiento: I. Colón y su tiempo, Madrid 1989.

Gil, Juan: El libro greco-latino y su influjo en Indias, in: Homenaje a Enrique Segura Covarsi etc., Badajoz 1986, 61-111.

Grant, Edward: Das physikalische Weltbild des Mittelalters, Zürich-München 1980.

Haase, Yorck Alex. - Jantz, Harold: Die Neue Welt in den Schätzen einer alten Bibliothek (Ausstellungskatalog der Herzog August Bibliothek 17), Braunschweig 1976.

Harley, J.B. - Woodward, David (Hrsg.): The History of Cartography, Vol. I: Cartography in Prehistoric, Ancient, and Medieval Europe and the Mediterranean, Chicago-London 1987.

Harlfinger, Dieter (Hrsg.): Graecogermania. Griechischstudien deutscher Humanisten. Die Editionstätigkeit der Griechen in der italienischen Renaissance (Ausstellungskatalog der Herzog August Bibliothek 59), Wolfenbüttel 1989.

Heath, Sir Thomas: Aristarchus of Samos the Ancient Copernicus, Oxford 1913.

Heidel, William Arthur: The Frame of the Ancient Greek Maps, New York 1937, Repr. 1976.

Hennig, Richard: Columbus und seine Tat. Eine kritische Studie über die Vorgeschichte der Fahrt von 1492 (Abhandlungen und Vorträge hrsg. v. d. Bremer Wiss. Gesellsch. 13,4), Bremen 1940.

Hieronymus, Frank: Oberrheinische Buchillustration 2. Basler Buchillustrationen 1500-1545 (Ausstellung), Basel 1984.

Höckmann, Olaf: Antike Seefahrt (Beck's Archäolog. Bibl.), München 1985.

Hofmann-Randall, Christina u.a.: Die Alte Welt und die Neue Welt. Mittel- und Südamerika in alten Büchern. Ausstellung zur 500. Wiederkehr der Landung von Christoph Columbus in Amerika (Ausstellung der Universitätsbibliothek Eichstätt ...), Eichstätt 1992.

Holzhey, Karl: Das Bild der Erde bei den Kirchenvätern, in: Festgabe Alois Knöpfler, Freiburg 1917, 177-187.

Honigmann, Ernst: Die sieben Klimata und die ΠΟΛΕΙΣ ΕΠΙΣΗΜΟΙ. Eine Untersuchung zur Geschichte der Geographie und Astrologie im Altertum und Mittelalter, Heidelberg 1929.

Horváth, Eva (Hrsg.): Testimonia Mathematica et Geographica. Zur Überlieferungsgeschichte naturwissenschaftlicher Texte in Handschriften und Drucken norddeutscher Bibliotheken (Ausstellung in der Staats- und Universitätsbibliothek Hamburg), Herzberg 1992.

Humboldt, Alexander von: Kritische Untersuchungen über die historische Entwicklung der geographischen Kenntnisse von der Neuen Welt und die Fortschritte der nautischen Astronomie in dem 15ten und 16ten Jahrhundert. Aus dem Französischen übersetzt von J.L. Ideler, I, Berlin 1836.

Hunger, Herbert: Die hochsprachliche profane Literatur der Byzantiner, 2 Bde (Byzantinisches Handbuch im Rahmen des Handbuchs der Altertumswissenschaft V 1), München 1978.

Kahn, Charles H.: Anaximander and the Origins of Greek Cosmology, New York 1960.

Kliege, Herma: Weltbild und Darstellungspraxis hochmittelalterlicher Weltkarten, Münster 1991.

Knoepfli, Albert: Amerika. Sieger und Besiegte der Kolumbuszeit (Museum Bischofszell: Ausstellung), Bischofszell 1992.

Lemerle, Paul: Le premier humanisme Byzantin. Notes et remarques sur enseignement et culture à Byzance des origines au Xe siècle, Paris 1971.

Levenson, Jay A. (Hrsg.): Circa 1492. Art in the Age of Exploration. Catalogue for a Major Quincentenary Exhibition to be held at the National Gallery of Art, Washington, D.C., Washington 1991.

Lollis, Cesare de: Scritti di Cristoforo Colombo, pubbl. e ill. da ... Autografi di C.C., con pref. e trascr. dipl. di ... (Raccolta di Documenti e Studi pubbl. d. R. Commissione Colombiana Parte I, Vol. 1-3), Rom 1892-1894.

Marinelli, G.: Die Erdkunde bei den Kirchenvätern. Vortrag, Leipzig 1884.

Martini, Giuseppe Sergio: Mostra Vespucciana. Catalogo, Florenz 1955.

Mette, Hans Joachim: Sphairopoiia. Untersuchungen zur Kosmologie des Krates von Pergamon, München 1936.

Mioni, Elpidio: Bibliothecae Divi Marci Venetiarum Codices Graeci Manuscripti, Vol. II: Thesaurus Antiquus, Codices 300-625 (Indici e Cataloghi, N.S. VI), Rom 1985.

Morison, Samuel Eliot: The European Discovery of America. The Northern Voyages A.D. 500 - 1600, The Southern Voyages A.D. 1492 - 1616, 2 Bde, New York 1971-1974.

Mostra s. Martini

Paassen, Christiaan van: The Classical Tradition of Geography, Groningen 1957.

Prontera, Francesco: Geografia e geografi nel mondo antico. Guida storica e critica (Universale Laterza 638), Bari 1983.

Richter, Gisela M.A.: The Portraits of the Greeks, I, London 1965.

Rose, Paul Lawrence: The Italian Renaissance of Mathematics. Studies on Humanists and Mathematicians from Petrarch to Galileo, Genf 1976.

Ruge, W.: Älteres Kartographisches Material in deutschen Bibliotheken. Fünfter Bericht aus den Jahren 1910-1913, Nachrichten von der Kgl. Gesellschaft der Wissenschaften zu Göttingen. Philol.-hist. Kl. 1916. Beiheft, dort S. 65ff.

Sarton, George: The Appreciation of Ancient and Medieval Science during the Renaissance, Philadelphia 1955.

Sievernich, Gereon - Budde, Hendrik: Europa und der Orient 800 - 1900 (Eine Ausstellung des 4. Festivals der Weltkulturen Horizonte '89 ...), Gütersloh-München 1989.

Simek, Rudolf: Altnordische Kosmographie, Studien und Quellen zu Weltbild und Weltbeschreibung in Norwegen und Island vom 12. bis zum 14. Jahrhundert (Ergänzungsbände zum Reallexikon der Germanischen Altertumskunde 4), Berlin-New York 1990.

Simek, Rudolf: Erde und Kosmos im Mittelalter. Das Weltbild vor Columbus, München 1992.

Streicher, Fritz: Die Kolumbus-Originale (Eine paläographische Studie), in: Gesammelte Aufsätze zur Kulturgeschichte Spaniens. Erste Reihe, hrsg. v. H. Finke (Spanische Forschungen der Görresgesellschaft 1), Münster 1928, 196-249 und Tafeln.

Stückelberger, Alfred: Kolumbus und die antiken Wissenschaften, in: Archiv für Kulturgeschichte 69 (1987) 331-340.

Stückelberger, Alfred: Einführung in die antiken Naturwissenschaften, Darmstadt 1988.

Thacher, John Boyd: Christopher Columbus. His Life, his Work, his Remains as Revealed by Original Printed and Manuscript Records ..., I-III, New York 1967.

Varela, Consuelo (Hrsg.): Cristóbal Colón. Textos y documentos completos. Relaciones de viajes, cartas y memoriales, Madrid 1982.

Varela, Consuelo: Colón y los florentinos, Madrid 1988.

Vignaud, Henry: Americ Vespuce 1451-1512, Paris 1917.

Wachsmuth, Dietrich: ΠΟΜΠΙΜΟΣ Ο ΔΑΙΜΩΝ. Untersuchung zu den antiken Sakralhandlungen bei Seereisen, Diss. Berlin 1967.

Warmington, E. H.: Greek Geography, London 1934, Repr. 1973.

Wolff, Hans u.a.: Philipp Appian und die Karthographie der Renaissance (Bayerische Staatsbibliothek. Ausstellungskatalog 50), München 1989.

Wolff, Hans u.a.: America. Das frühe Bild der Neuen Welt. Ausstellung der Bayerischen Staatsbibliothek München, München 1992.

Index

Namen

Adam von Bremen: 98-99.
Ägypten: 110.
Afrika: 103.
Agathemeros: 10.
Agrippa, M.V.: 72.
Ailly, P. d': 98.136-137.
Albinovanus Pedo: 76-77.79.
Alfons V. von Portugal: 117.
Amerbach, J.: 146-147.
America: 146.148.
Amirutzes, G.: 41.113.115-116.
Anaxagoras: 16.
Anaximander: 10-11.16.
Andronikos II.: 64.
Angelo s. Scarperia.
Apuleius: 40.
Archimedes: 44.141.
Archytas: 16-17.
Arethas: 26.
Aristippus, H.: 22.
Aristophanes: 19-21.141.
Aristoteles: 16-17.31-43.53.81.98.113.
Athanasios von Alexandreia: 64-65.
Athen: 19.
Atlantis: VII.26-27.30.83.
Augsburg: 125.
Augustinus: 86-87.91.96.

Balbus, J.: 133-135.137.
Behaim, M.: 117.
Bernáldez, A.: 100.
Bessarion: 122.
Boccaccio, G.: 133.
Bonne'sche Projektion: 58.
Brant, S.: 141-142.
Bruni, L.: 22.

Celtis, K.: 72.
Ceylon: 67.
China: 99.
Christophorus: 143.
Christus: 103.
Chrysoloras, M.: 65.
Cicero: 12.86.
Clarke, E.D.: 26.
Clavus, C.: 113.
Columbus, Ch.: VII-IX.78.98.100.117-118.133-141.143.
Columbus, H.: 79-80.
Cosa, J. de la: 143.145.
Cromer, Earl of: 14.
Cusanus s. Nikolaus von Kues.
Cyriacus von Ancona: 67.

Demokrit: 17.
Diemeringen, O. von: 100-101.
Dikaiarchos: 50.52.86.141.
Diodor: 41.
Diogenes Laertios: 16.18.
Dörpfeld, W.: 1-2.
Dürer, A.: 70.141.

Ebstorf: 101-104.
Erasmus, D.: IV.
Eratosthenes: VII.44-57.64.82-83.
Erhart, M.: 58.
Euboia: 19.
Eudoxos: 44.50.52.
Euripides: 77.

Favorin: 16.
Ficino, M.: 22.
Flaccus, V.: 75.
Friedländer, P.: 22-24.26.

Gaietanus, D.: 79.
Gaiser, K.: 52.54-55.
Gemistos Plethon, G.: 110.113-114.
Germanicus: 77.
Gerson, Levi ben: 128.
Gibraltar (= Säulen des Herakles): VII.31.41.81.
Goethe, J.W. von: 141.
Graf, U.: IV.
Griechenland: 19.
Grönland: 98.
Gronovius, J.: 87.

Heiberg, J.L.: 44.
Hekataios: 12-15.
Helgeland: 98.
Herakleides Pontikos: 52.
Herodot: 12-15.19.
Hesiod: 16.
Hipparchos: 46.50.52.
Homer: 1-9.
Horaz: 73-75.79.
Huth (Sammlung): 14.

Indien: VII.64.82-83.99.117.
Ioannes (Kopist): 26.
Isidor von Sevilla: 86.89.103.107.110.

Jerusalem: 100-101.103-105.

Kappadokien: 26.
Karibik: 143.
Kleomedes: 44.46.50.55-57.
Konstantinopel: 33.
Kosmas Indikopleustes: 91.93-96.
Krates von Mallos: 55.83.86.89.
Kritobulos von Imbros: 115.

Laktanz: 89.92.96.
Lambert: 107.
Laskaris, K.: 64-65.
Lindenbrog, H.: 99.
Locher Philomusus, J.: 79.141-142.

Macrobius: 86.88-89.
Mandeville, J. de: 99-101.
Manilius: 77.
Manutius, A.: 14.20.
Marinos von Tyros: 58-59.118.
Marmita, B.: 79.
Martianus Capella: 86.107.
Massaio, P. del: 67.
Mehmet II.: 113.115.
Mela, P.: 87.143.
Melanchthon, Ph.: 146.
Milet: VII.10.
Montefeltro, F. da: 67.
Musuros, M.: 20.

Nebrija, A. de: 143-144.
Niccoli, N.: 120.
Nikolaus von Kues: 120-121.

Orkneys: 98.
Ovid: 73.

Parmenides: 16-18.
Patmos: 26.
Petrarca, F.: 22.133.
Peutinger, K.: 72.
Philolaos: 16.
Piccolomini, S.: 117-118.133.
Pirckheimer, W.: 59.
Planudes, M.: 64-65.
Platon: VII.17.22-30.52.83.
Plethon s. Gemistos.
Plinius d. Ältere: 46.50-51.107.133.
Polo, Marco: 133.
Poseidonios: 36.46.55.83.
Properz: 75.77.
Ptolemaios: VII-VIII.55.58-71.83.105.107.110.
113.115.118.122.146.
Pythagoras: 16-18.
Pytheas von Massalia: 50.

Regiomontanus, J.: VIII.122-126.
Reisch, Gregor: 128-129.
Ringmann, M.: 146.
Rußland: 113.

Sacrobosco, J. de: 107-109.
Sallust: 86.89.
Scarperia, J. Angelo da: 65.122.
Schedel, H.: 17.70.122.
Seneca d. Ältere: 76-77.79.
Seneca d. Jüngere: VII.77-83.
Silvius, Aeneas s. Piccolomini.
Skandinavien: 113.
Skutariotes, J.: 67.
Skylax von Karyanda: 13.
Sokrates: 19.22.
Solon: 26.
Sparta: 19.
Speusippos: 52.
Strabon: 46.50.52.82-85.113.
Sumatra: 67.

Taprobane: 67.
Theophrast: 16.120.
Tilbury, G. von: 104.
Timaios: 41.
Toscanelli, P. dal Pozzo: VIII.113.117-120.
Traversari, A.: 120.
Türkei: 19.

Valerius s. Flaccus.
Vasari, G.: 117.
Velser, M.: 100-101.
Venetus, Camillus: 120.
Verardus, C.: 139.
Vergil: 77.79.
Vespucci, A.: 138-141.146.
Voß, J.H.: 1.4.

Waldseemüller, M.: 71.146-151.
Walsperger, A.: 104-107.
Werner, J.: 115.
Wilmerding, L.: 14.
Winland: 98-99.

Wolf, F.A.: 4.
Wolgemut, M.: 70.

Xenokrates: 53.

Zenon: 16.
Zypern: 19.

Handschriften

Basel
Basil. O IV 32: 122-124.

Bremen
Brem. b. 23: 46-50.

Florenz
Laurent. 9,28: 96; 85,22: 119-120; 87,17: 41-42.

Hamburg
Hamburg. in Scrinio 5: 96-97; 56: 7-8.
Hamburg. Geogr. 58.2°: 100-101.
Hamburg. Hist. 22.2°: 98-99.
Hamburg. Jacobi 33: 108-109.
Pap. Inv. Nr. 650: 7.9.

Hannover
Niedersächsisches Hauptstaatsarchiv, Ms Z Nr. 03 I: 133.135.137.

Istanbul
Seragl. gr. 57: VIII.62-63.65.67.
olim Metochii Const. S. Sep. 355: 44-45.

Leiden
Leid. B.P.G. 107: 50.

Madrid
Matrit. 4621 (N 72): 64-65.

Oxford
Oxon. Clark. 39: 24-26.30.

Paris
Paris. gr. 1807: 29-30.
Paris. Suppl. gr. 443 A: 110.112.

Rostock
Rostoch. Ms. philol. 27: 89-90.

Salamanca
Salmant. 2747: 36-39.

Tübingen
Tub. Mb 14: 27-28.

Vatikan
Vat. gr. 177: 64.
Vat. Urb. gr. 82: 60-61.65.67.
Vat. Urb. lat. 277: 67-68.

Venedig
Marc. 314 (coll. 733): 110-111; 379 (coll. 520): 113-114; 454 (coll. 822): 4-6; IV 58 (coll. 1206): 43.

Wien
Vindob. 324 (Tab. Peut.): 72.
Vindob. Hist. gr. 1: 66-67.
Vindob. Phil. gr. 64: 31; 100: 32-33.35-36.